PRECEDENTE JUDICIAL COMO FONTE DO DIREITO

JOSÉ ROGÉRIO CRUZ E TUCCI
Professor Titular e ex-Diretor da Faculdade de Direito da USP.
Membro da Academia Brasileira de Letras Jurídicas. Ex-Presidente
da Associação dos Advogados de São Paulo. Advogado

PRECEDENTE JUDICIAL COMO FONTE DO DIREITO

2ª edição, revista e atualizada

GZ
EDITORA
Rio de Janeiro
2023

2ª edição – 2023 (3ª tiragem)
2ª edição – 2021 (2ª tiragem)
2ª edição – 2021

Diagramação
Olga Martins

CIP – Brasil. Catalogação-na-fonte.
Sindicato Nacional dos Editores de Livros, RJ.

T824p
2. ed.

Tucci, José Rogério Cruz e, 1956-
Precedente judicial como fonte do direito / José Rogério Cruz e Tucci. - 2. ed., rev. e atual. - Rio de Janeiro: GZ, 2021.
228 p.; 24 cm.

Inclui bibliografia e índice
ISBN 978-65-5813-003-1

1. Precedentes judiciais. I. Título.

20-66604

CDU: 347.951

Camila Donis Hartmann - Bibliotecária - CRB-7/6472

Av. Erasmo Braga, 299 – sala 202
CEP: 20020-000 – Rio de Janeiro – RJ
Tels.: (0XX21) 2240-1406 / 2240-1416 – Fax: (0XX21) 2240-1511
contato@editoragz.com.br
www.editoragz.com.br

Impresso no Brasil
Printed in Brazil

ÍNDICE SISTEMÁTICO

III

DIREITO VISIGÓTICO

IV

DIREITO COMUM

V

DIREITO HISPANO-LUSITANO

VI

COMMON LAW

VII
DIREITO MODERNO

VIII
LEGADO DA HISTÓRIA AO DIREITO CONTEMPORÂNEO

IX
CONCLUSÃO

Aos meus queridos Colegas da Turma de 1978 da Faculdade de Direito do Largo de São Francisco.

APRESENTAÇÃO

Na atualidade, qualquer que seja a experiência jurídica, inúmeras e cada vez mais intrincadas são as questões que emergem da complexa temática relacionada ao precedente judicial.

Basta consultar, v. g., para ter-se a exata compreensão desta tendência metodológica, a importante coletânea coordenada por Neil MacCormick e Robert Summers, sob o título Interpreting Precedents – A Comparative Study, que encerra 18 preciosos ensaios dedicados à influência da jurisprudência em países de common law e de civil law .

Acerca desse assunto, instado, por força de pesquisa acadêmica, a examinar a doutrina de Francesco Galgano, renomado privatista da Universidade de Bolonha e autor da mais completa obra já escrita sobre negócio jurídico , deparei-me com o título de um artigo que me chamou a atenção: Il contraddittorio processuale è ora nella Costituzione.

Galgano, em princípio, preocupara-se com a nova redação do art. 111 da Constituição italiana, introduzida em 1999, que passou a contemplar, de modo expresso e incisivo, a garantia do contraditório efetivo em toda espécie de processo contencioso.

Imaginei que se tratava, até mesmo pelas dimensões do escrito (apenas 5 páginas), de singelo comentário, de um jurista teórico, sobre tema de direito processual constitucional.

No entanto, atraído pela curiosidade, fiquei realmente surpreso com a indagação preambular formulada pelo referido autor, qual seja, onde é que se encontra a legitimação do juiz para proferir o julgamento?

Respondendo que a investidura do juiz provém da lei, mas a legitimação da sentença decorre da efetiva participação e defesa dos litigantes, Galgano destaca ser inviolável a atuação profissional do advogado.

Costuma-se indicar os sujeitos da argumentação jurídica com a fórmula "doutrina e jurisprudência". Mas a doutrina que o juiz utiliza ao proferir a sentença é, no mais das vezes, a doutrina individuada, selecionada e ilustrada pelo advogado, cuja obra passa despercebida. Mais: costuma-se afirmar que são a doutrina e a jurisprudência as fontes responsáveis pelas inovações no campo do direito.

Contudo, quantas vezes estas inovações, cuja paternidade é atribuída aos tribunais, foram sugeridas nos arrazoados dos advogados. Assim, sob esse aspecto, que não é de secundária importância – aduz o jurista peninsular -, a contribuição criativa do advogado à administração da justiça merece ser certificada e valorizada...

E, assim, nesse contexto, vem sobrelevado o fundamental papel do advogado na construção dos precedentes judiciais. Longe de constituir obra exclusiva do órgão jurisdicional, assevera Galgano, à luz da experiência prática do direito, que a produção e constante evolução da jurisprudência é fruto do esforço conjunto dos juízes e dos advogados.

A estes, de um modo geral, cabe a criação e o aprimoramento das teses jurídicas que são diuturnamente submetidas à apreciação daqueles. Ato contínuo, a orientação adotada pelas cortes de justiça presta-se, a seu turno, a subsidiar os arrazoados dos defensores dos interesses em jogo, que passam a invocar os posicionamentos pretorianos já consolidados, e assim por diante...

Desse modo, tanto nos países de common law quanto de civil law, estabelece-se um diálogo perene entre os operadores do direito, na consecução de um fim perseguido por todos, vale dizer, a interpretação e aplicação do direito ao caso concreto.

Essa a razão fundamental que me estimulou a atualizar o meu livro sobre precedentes judiciais, cuja primeira edição veio a lume há mais de 15 anos e que se encontra esgotada.

Espero que esta nova edição possa de alguma forma servir de subsídio para a pesquisa dos estudiosos e estudantes que se interessam pelo importante tema!

Inverno de 2020.

José Rogério Cruz e Tucci

I

INTRODUÇÃO

Sumário: 1. Idéia de *precedente judicial*. **2.** A questão do *precedente judicial* como fonte do direito. **3.** Objeto e delimitação cronológica da tese.

1. Idéia de precedente judicial[1]

Causaria impressão se, ao tratar, como tema central, da problemática histórica do precedente judicial, não se fizesse alusão preambular à experiência jurídica do *common law* (direito casuístico) em contraposição à dos sistemas do *civil law*, de tradição romanística (direito codificado), cujas diferenças ontológicas remontam à história jurídica, à teoria das fontes do direito, aos critérios de interpretação da lei e das decisões judiciais e às técnicas de raciocínio jurídico.

---

1 Optamos deliberadamente pelo emprego da locução *precedente judicial* em substituição do termo *jurisprudência*, de uso muito mais comum em nossa linguagem jurídica, por duas relevantes razões. Em primeiro lugar porque, enquanto hoje o substantivo *jurisprudência* indica genericamente a atividade dos tribunais no desempenho de seu mister de *ius dicere*, no âmbito da história do direito, *iurisprudentia* tem múltiplo significado, ora indicando ciência do direito, ora designando a própria atividade profissional (jurisprudência forense ou prática contraposta à teórica). O emprego de *iusrisprudentia* no sentido de ciência do direito deriva de uma interpretação da famosa definição de Ulpiano, D. 1.1.10.2 (*l. 1 regularum*): "Jurisprudência é o conhecimento das coisas divinas e humanas, e a ciência do justo e do injusto" (= "*Iuris prudentia est divinarum atque humanarum rerum notitia, iusti atque iniusti scientia*"). Consulte-se, a propósito, Paolo Frezza, *La cultura di Ulpiano*, Studia et Documenta Historiae et Iuris, 1968:363 ss.; Georges Pieri, *Ius et iurisprudentia*, Archives de Philosophie du Droit, t. 30 – La jurisprudence, Paris, Sirey, 1985, pp. 53 ss. Ainda na acepção de ciência do direito, observa-se que, por apego à tradição, até hoje as faculdades de direito da Itália são chamadas de *Facoltà di Giurisprudenza* (v., a propósito dos vários significados do termo *jurisprudência*, o minudente e documentado inventário produzido por Gino Gorla, *La giurisprudenza*, Diritto comparato e diritto comune europeo, Milano, Giuffrè, 1981, pp. 264 ss.; *Giurisprudenza*, Enciclopedia del diritto, 19(1970):489 ss.). Ademais – e essa é a segunda razão da escolha – a expressão *precedente judicial*, como se observará ao longo da tese, é mais abrangente, uma vez que nem sempre, durante os diversos períodos históricos, a decisão anterior, invocada depois como *exemplum*, terá sido proferida por um "tribunal" propriamente dito, e, portanto, não seria correto reconhecer-lhe "proveniência jurisprudencial"... Esclarece, a propósito, Letizia Vacca, que: "no direito romano, por decisão do caso concreto, devemos entender não apenas as sentenças (provindas de qualquer 'órgão jurisdicional', dependendo da espécie de processo e da época histórica), mas também as soluções propostas pelos juristas e os atos discricionários dos magistrados que se corporificavam na aplicação do direito a um caso individual, e, a partir da época do Principado, as resoluções imperiais atinentes a hipóteses concretas, ou seja, os *decreta* e os *rescripta*" (*Contributo allo studio del metodo casistico nel diritto romano* (reed. com apêndice), Milano, Giuffrè, 1982, pp. 5-6).

Por inúmeras e importantes vicissitudes históricas, que serão examinadas em sede adequada, no ambiente dos ordenamentos fundados na teoria do *stare decisis* e na doutrina do *binding precedent*, derivados do direito inglês, os costumes foram se transformando, mediante um lento processo evolutivo, em direito jurisprudencial, norteado pela concepção de que o *Common Law* correspondia a uma ordem jurídica superior, cujos princípios foram conservados e somente poderiam ser revelados pelos juízes, "the depositaries of the law, the living oracles of the law", em suas respectivas decisões.[2]

No modelo seguido, em particular, pelos países da Europa continental, pelo contrário, as codificações determinaram uma ruptura com o passado, ou seja, com o método casuístico herdado do direito romano de época clássica, sobretudo porque a prevalência da lei escrita se sobrepôs a todas as outras formas de expressão do direito.

Seja como for, é certo que em ambas as experiências jurídicas os órgãos judicantes, no exercício regular de pacificar os cidadãos, descortinam-se como celeiro inesgotável de atos decisórios. Assim, o núcleo de cada um destes pronunciamentos constitui, em princípio, um precedente judicial. O alcance deste somente pode ser depreendido aos poucos, depois de decisões posteriores.[3] O precedente então nasce como uma regra de um caso e, em seguida, terá ou não o destino de tornar-se a regra de uma série de casos análogos.

Bem é de ver que, pressupondo, sob o aspecto temporal, uma decisão já proferida, todo precedente judicial é composto por duas partes distintas: a) as circunstâncias de fato que embasam a controvérsia; e b) a tese ou o princípio jurídico assentado na motivação (ratio decidendi) do provimento decisório.

Dependendo do sistema em que se engasta, a decisão, monocrática ou colegiada, é classificada em precedente *vinculante* (*binding autority*: sistema do *common law*) e precedente persuasivo, ou *de fato*, ou *revestido de valor moral* (*persuasive autority*: em regra, sistema do *civil law*).

---

2 Em seus famosos comentários acerca da formação do direito inglês, William Blackstone, em importante passagem, enalteceu a função judicial (textual): "Mas aqui surge uma questão muito natural e substancial: como estes costumes ou máximas foram conhecidos e por quem a sua validade foi determinada? A resposta é: pelos juízes nas várias cortes de justiça. Eles são os depositários da lei; *the living oracles*, que devem decidir em todos os casos duvidosos e que devem obedecer a um juramento de decidir em consonância com as leis da terra" (*Commentaries on the Laws of England*, v. 1, ed. comemorativa da 9ª ed., London, Cavendish, 2001, p. 69). Em meados do séc. XX, John P. Dawson, inspirado nos *Blackstone's Commentaries*, dedicou um livro notável (*The Oracles of the Law*, Ann Arbor, William S. Hein, 1986 – reed.), talvez o melhor, sobre a penosa tarefa de julgar e o importante papel da jurisprudência em diversas experiências jurídicas, pretéritas e modernas.

3 Cf., nesse sentido, Chaïm Perelman e Lucie Olbrechts-Tyteca, *Tratado da argumentação. A nova retórica*, tr. port. Maria Ermantina Galvão, São Paulo, Martins Fontes, 2002, p. 404.

Desse modo, não é preciso dizer que em cada sistema jurídico, qualquer que seja ele, o precedente é dotado de diferente eficácia. É inequívoco, nesse sentido, que nos ordenamentos dominados pelas regras do case law os precedentes judiciais gozam de força vinculante e, portanto, consubstanciam-se na mais importante fonte de direito. Para tanto, desenvolveu-se um complexo aparato conceitual (reconhecido, dentre outras, pelas seguintes expressões: *stare decisis, rule of the law, ratio decidendi, obiter dictum, distinguishing, overruling, binding* e *persuasive precedent*...), de resto, estranho ao jurista do *civil law*.

O aspecto que caracteriza a regra do precedente, nesse particular, é o seu cunho fortemente coercitivo. Esse princípio jurídico é denominado stare decisis, significando que a anterior decisão cria direito.

O fundamento dessa teoria impõe aos juízes o dever funcional de seguir, nos casos sucessivos, os julgados já proferidos em situações análogas. Não é suficiente que o órgão jurisdicional encarregado de proferir decisão examine os precedentes como subsídio persuasivo relevante, a considerar no momento de construir a sentença. Estes precedentes, na verdade, são vinculantes, mesmo que exista apenas um único pronunciamento pertinente (*precedent in point*) de uma corte de hierarquia superior.[4]

Na órbita do direito codificado, por outro lado, predomina a orientação de que a jurisprudência não goza de força vinculante. Prevalece, portanto, a idéia de que o precedente tem eficácia meramente persuasiva.

Com efeito, é opinião corrente, sob esse aspecto, que as decisões judiciais não são consideradas fonte de produção do direito, mas apenas "fonte de conhecimento" do conteúdo normativo da lei, e que, portanto, não se impõem ao juiz. O precedente, na verdade, nas hipóteses de dúvida, presta-se a auxiliar o julgador no processo hermenêutico em busca da correta determinação do cânone legal aplicável ao caso concreto. Apresenta-se, assim, com uma particular carga de persuasão pelo simples fato de constitir indício de uma solução racional e socialmente adequada.[5]

Ressalte-se, outrossim, que a praxis do direito anglo-americano, por paradoxal que possa parecer, também trabalha hoje em dia com a categoria dos precedentes persuasivos. E isso ocorre quando, por exemplo, um litigante, perante um tribunal inglês, invoca anterior decisão proferida por uma corte do *common law* mas de outro país, vale dizer, dos Estados Unidos da América ou do Canadá (e vice-

4 Peter Stein, *I precedenti nella "common law"*, Legge, giudici, giuristi (obra coletiva), Milano, Giuffrè, 1982, p. 53.

5 Cf., *e. g.*, Adele Anzon, *Il valore del precedente nel giudizio sulle leggi*, Milano, Giuffrè, 1995, pp. 121-122.

-versa). Assim também, *v. g.*, entre as províncias canadenses de Ontário (direito codificado) e de Toronto (*common law*).

Ainda sob esse enfoque, visando a fundamentar a *ratio decidendi*, os tribunais podem, *ex officio*, colacionar precedentes de cortes estrangeiras. Consta, de fato, de um famoso julgamento proferido no caso *Donoghue v. Stevenson*, atinente a relação de consumo (inseto encontrado em uma garrafa de refrigerante), que o Lord Atkin, ao proferir o seu voto perante a *House of Lords*, referiu-se a precedente judicial dos Estados Unidos (*Mac Pherson v. Buick Motor Co.*), argumentando que a responsabilidade extracontratual do produtor já havia sido debatida e assentada naquela experiência jurídica muito antes de ter surgido, na corte inglesa, questão similar.[6]

Diga-se, de passagem, que o precedente invocado por Lord Atkin é considerado o *leading case* em matéria de responsabilidade aquiliana, no qual se anteviu a falácia do princípio da relatividade dos efeitos contratuais (*"privity of contract fallacy"*), e que, depois, foi aos poucos sendo aplicado a um sem número de situações análogas, em que a vítima experimentou danos materiais.[7]

Sem embargo dessa possibilidade de alusão a precedente, não obrigatório, mas persuasivo, os juízes do *common law* são criticados em época moderna, porque têm uma visão extremamente afeiçoada ao próprio sistema, não razoam além de seus limites (*"across the frontiers"*), e, portanto, não se valem, por analogia, dos princípios gerais do direito codificado para suprir as eventuais lacunas do ordenamento.[8]

O precedente judicial não se confunde com o costume[9]; pelo contrário, uma regra consuetudinária, passando também a ser observada pelos tribunais, é que viabiliza a sua transformação em precedente.

---

6 V., a respeito, o original artigo de Richard Bronaugh, *Persuasive Precedent*, Precedent in Law (obra coletiva ed. Laurence Goldstein), Oxford, Clarendon, 1991, pp. 217 ss. Consulte-se, ainda, sobre este instigante assunto, Pier Giuseppe Monateri, *Il precedente in Inghilterra*, Lo stile delle sentenze e l'utilizzazione dei precedenti. Profili storico-comparatistici (obra coletiva), Torino, Giappichelli, 2000, pp. 104 ss.

7 Consulte-se, sobre esse relevante assunto, Patrick S. Atiyah, *An Introduction to the Law of Contract*, 5ª ed., Oxford, Clarendon, 2000, pp. 374-376. V., aproximando os sistemas do *common law* e do direito codificado no que respeita à responsabildiade objetiva, Pietro Barcellona, *Formazione e sviluppo del diritto privato moderno*, Napoli, Jovene, 1995, p. 419.

8 Patrick S. Atiyah, *Judgments in England*, La sentenza in Europa – metodo, tecnica e stile (obra coletiva), Padova, Cedam, 1988, pp. 148-149, que acredita existir espaço para o intercâmbio e o desenvolvimento integrado entre os dois diferentes "bodies of law".

9 Vem a calhar o conceito fornecido por José de Oliveira Ascensão (*O direito. Introdução e teoria geral – uma perspectiva luso-brasileira*, 11ª ed., Coimbra, Almedina, 2001, p. 249), para quem "costume é a fonte privilegiada do direito, enquanto exprime diretamente a ordem da sociedade, sem necessitar da mediação de nenhum oráculo. Por isso, a *eficácia* da regra costumeira está automaticamente assegurada... Quer dizer, verificado o fato consuetudinário, igualmente está em princípio determinado que a regra nele contida não é repelida pela ordem social".

A sentença, pois, confirma o costume: "*Sententia iudicis confirmat consuetudinem...*".[10]

Ademais, o precedente vertical, que vincula ou que potencia maior persuasão, é aquele que provém de corte superior em relação aos tribunais inferiores, e se distingue do precedente horizontal, emanado de órgão jurisdicional postado no mesmo grau hierárquico do tribunal em que se pretende fazê-lo valer. Este geralmente se delineia menos influente.

O precedente também pode deixar de ter eficácia quando se revela ultrapassado, sendo substituído por decisão que adota diferente orientação. Nesse caso, nos sistemas do common law, o precedente *overruled* (revogação de sua *ratio*) é formalmente excluído das fontes e perde, por via de conseqüência, qualquer valor. No ambiente do *civil law* ocorre algo semelhante, na hipótese de *revirement* da jurisprudência, ou seja, quando determinado posicionamento pretoriano, até então dominante, é substancialmente alterado por um julgado que se transforma em *novo* precedente.[11]

Parece claro, por outro lado, que no ordenamento jurídico dominado pelo *case law* torna-se extremamente importante a seleção e a documentação das decisões judiciais nos conhecidos *Law Reports*.[12]

Já para os regimes jurídicos regrados pelo direito codificado, nos quais as decisões judiciais não possuem autoridade vinculante, a técnica de invocar precedentes, se bem utilizada, aumenta em muito a previsibilidade da decisão e, portanto, a segurança jurídica. Opera, outrossim, como importante fator a favorecer a uniformização da jurisprudência. Essa função nomofilácica atende também ao interesse público da unidade da jurisprudência.

Atenta-se, ainda, para o fato de que a eficiência da justiça e a constância da jurisprudência em relação a determinadas questões de natureza empresarial trazem significativos reflexos no contexto econômico.[13]

---

10 Jacobi Cujaci, *Operum priorum*, 3, Napoli, Michaelis Aloysii, 1722, p. 570.

11 V., a respeito, Theodore M. Benditt, *The Rule of Precedent*, Precedent in Law (obra coletiva), cit., pp. 100-101; Michele Taruffo, *Dimensioni del precedente giudiziario, Scintillae iuris* – Studi in memoria di Gino Gorla, t. 1, Milano, Giuffrè, 1994, p. 403; Giovanni Sartor, *Precedente giudiziale*, Contratto e impresa (obra coletiva dir. Francesco Galgano), Padova, Cedam, 1995, pp. 1.344-1.345; Marino Bin, *Il precedente giudiziario – valore e interpretazione*, Padova, Cedam, 1995, pp. 54-55.

12 V., sobre o ponto, Luisa Antoniolli Deflorian, *Il precedente giudiziario come fonte di diritto: l'esperienza inglese*, Rivista di diritto civile, 39(1993):137.

13 Consultem-se, a propósito, Richard Posner, *Economic Analysis of Law*, 5ª ed., New York, Aspen Law, 1998, p. 596; *Droit et littérature*, tr. fr. Christine Hivet e Philippe Jouary, Paris, PUF, 1996, pp. 205-206; Giovanni Orrù, *Richterrecht. Il problema della libertà e autorità giudiziale nella dottrina tedesca contemporanea*, Milano, Giuffrè, 1983, p. 76.

Realmente, ao assegurar certa estabilidade, a observância do precedente, em análogo caso posterior, contribui a um só tempo para a certeza jurídica e para a proteção da credibilidade na tomada de decisão judicial.[14]

Aduza-se, por fim, que, no plano da pragmática forense, quando a decisão é baseada em um precedente que guarda atualidade e se reveste de consistente fundamentação, a experiência demonstra que, com freqüência, vem ela "confirmada" pelo tribunal superior. Nesse sentido, alguns juristas afirmam ser mais provável que qualquer juiz atribua maior relevo a decisões anteriores provindas de tribunais superiores e inferiores de sua própria jurisdição, e não de tribunais de outras jurisdições; "pode ele também atribuir mais importância a decisões recentes de qualquer tribunal, e não às antigas, bem como favorecer as decisões tomadas por juízes famosos, e não por juízes medíocres".[15]

2. A questão do precedente judicial como fonte do direito

A temática peculiar da presente tese seguramente justifica a tentativa de proporcionar, nesta introdução, uma impressão inicial, à luz da dogmática moderna, de que a atividade dos juízes e, por via de conseqüência, os precedentes judiciais constituem importante fonte de direito, mesmo no âmbito dos sistemas jurídicos de tradição romanística (civil law), com incidência muito mais ampla do que normalmente se imagina.

Na verdade, como bem asseverado, uma teoria da argumentação jurídica que porventura deixe de considerar a relevância dos precedentes judiciais perderia um dos mais característicos aspectos da justificação jurídica. Atualmente, "mesmo na lei continental européia, a importância – ao menos a importância *de fato* – dos precedentes é reconhecida por todos os lados. O que é disputado é sua posição teórica. A disputa se concentra acima de tudo na questão de se pelo precedente deve ser acordado o caráter de uma fonte de lei".[16]

---

14 Cf. Robert Alexy, *Teoria da argumentação jurídica*, tr. port. Zilda Hutchinson Schild Silva, São Paulo, Landy, 2001, p. 260.

15 Ronald Dworkin, *O império do direito*, tr. port. Jefferson Luiz Camargo, São Paulo, Martins Fontes, 1999, p. 32; Jerzy Wróblewski, *Concepto y función del precedente en sistemas de* statutory law, Sentido y hecho en el derecho, Universidad del País Vasco, San Sebastián, s/d., p. 227. Note-se que o § 1ª-A do art. 557 do nosso CPC, introduzido pela Lei 9.756/98, tem a seguinte redação: "Se a decisão recorrida estiver em manifesto confronto com súmula ou com *jurisprudência dominante* do Supremo Tribunal Federal, ou de Tribunal Superior, o relator poderá dar provimento ao recurso". Em diversas ocasiões, criticando a infeliz expressão *jurisprudência dominante*, tivemos a oportunidade de questionar qual teria sido a verdadeira intenção do legislador: *jurisprudência qualitativa ou quantitativamente dominante*?

16 Alexy, *Teoria da argumentação jurídica*, cit., p. 258.

Antes de ser enfrentado esse ponto fundamental, é necessário lembrar que a locução *fonte do direito*[17], no campo do discurso jurídico, tem dupla acepção, significando, por um prisma, a origem do direito objetivo e, por outro, o veículo de conhecimento do direito. Assim, pelo ângulo da história, fala-se em *fonte de cognição* para indicar tudo aquilo de que se pode valer o estudioso para conhecer o direito de uma determinada experiência jurídica do passado ou o *locus* onde ele se revela. Tanto um texto epigráfico (inscrição em pedra) pode servir de fonte como um poema antigo ou mesmo uma epístola de cunho particular estampada em um papiro egípcio.[18]

A ciência jurídica tradicional, por outro lado, designa como *fontes formais de produção do direito* os modos pelos quais o direito se manifesta, ou seja, as *formas de expressão do direito*.[19] Todo ordenamento jurídico, enquanto sistema

---

17 Tenha-se presente que essa expressão, de emprego generalizado, encerra flagrante ambigüidade. Anota, a propósito, Enrico Paresce (*Fonti del diritto (filosofia)*, Enciclopedia del diritto, 17(1968):893-894) que se for mantido o significado físico originário da metáfora, "seguindo a implícita presunção paralela com os processos de produção do direito, não se pode deixar de frisar a ambigüidade, ou melhor, a inadequação deste significado no campo do direito". Aduz, ainda, que "Petrazycki, partindo de um ponto de vista realístico, acentuou também ser insustentável a noção metafórica utilizada pelos juristas. 'A doutrina das fontes' – ele diz – 'irrompe indefensável contra a crítica científica e é inclusive curiosamente anormal sob a ótica da lógica elementar... As fontes do direito (costume, leis, etc.) não são fontes, mas são o próprio direito. A referida locução deve ser abolida e substituída por outra, qual seja, *doutrina do direito positivo e de suas espécies e variedades*'...". V., igualmente nesse sentido, Vezio Crisafulli, *Fonti del diritto (dir. cost.)*, Enciclopedia del diritto, 17(1968):926), que, em substituição à locução *fontes do direito*, prefere falar em *fontes de validade das normas*... Cf., também, Alessandro Baratta, *Le fonti del diritto ed il diritto giurisprudenziale*, Materiali per una storia della cultura giuridica, t. 20, n. 1, 1990, p. 194: "fonti di validità".

18 V., nesse sentido, Cruz e Tucci e Azevedo, *Lições de história do processo civil romano*, São Paulo, Ed. RT., 1996, pp. 27-28, com o esclarecimento de que as *fontes de cognição*, nesse contexto histórico, classificam-se "em fontes técnicas: aquelas propriamente jurídicas, oficiais ou privadas; e em fontes atécnicas: constituídas pelas obras literárias ou escritos de natureza particular. *Primárias* são as fontes mais importantes, uma vez que retratam fielmente, sem qualquer deformação, a legislação e a atividade negocial da época. *Secundárias* ou *derivadas* são as que permitem, por método indutivo, chegar-se o mais próximo possível do texto original. As fontes de cognição, quanto à sua natureza, podem ser catalogadas em jurídicas ou literárias, e, sob, o aspecto formal, podem ser documentais (*stricto sensu*), epigráficas ou papirológicas". Saliente-se, outrossim, que no, campo da exegese das fontes romanas, "havendo suspeita de manipulação (adição, supressão ou atualização) de um determinado texto, diz-se que ocorreu interpolação..." (*op. et loc. ult. cit.*).

19 Verifica-se que, comumente, é feita a distinção entre estas e as *fontes materiais*, isto é, os fatores ou poderes sociais e culturais (*e. g.*: formas de dominação e ideologias) e as exigências históricas que determinaram o processo de formação normativa. Para Julio Cueto Rua, *fontes materiais* "serían todos aquellos factores reales que gravitan sobre el ánimo de los jueces, los legisladores, los funcionarios administrativos, inclinando su voluntad en un sentido determinado en el acto de crear uma norma jurídica" (*Fuentes del derecho*, Buenos Aires, Abeledo-Perrot, 1994, p. 26).

de normas, encerra uma estrutura tanto quanto possível harmônica. Elementos normativos e não-normativos devem guardar intrínseca relação entre si. E, por essa razão, o direito positivo, sob a ótica dinâmica, vem disposto segundo regras de coordenação que visam a conferir estrutura ao ordenamento.[20]

Já as regras de subordinação, dotadas de eficácia normativa, segundo um elenco genérico e tradicional, são: a lei, o costume, a jurisprudência, a doutrina e os princípios gerais do direito. É certo que o grau de relevância hierárquica das fontes está condicionado ao valor que lhe é conferido conforme o sistema jurídico e, no âmbito de um mesmo sistema, segundo o ramo do direito. Aliás, "por isso é que o sentido de uma fonte varia objetivamente consoante a ordem em que se integra".[21]

Há consenso entre os juristas de época contemporânea quanto às dificuldades para a construção de uma "teoria das fontes", circundada pela árdua questão de saber o que constitui o direito *como direito*; justamente a "questão de saber como a *validade* encarna na realidade social-histórica, adquirindo vigência, mais exatamente adquirindo o modo de ser próprio do direito".[22]

É certo que as reações da realidade influenciam a experiência jurídica e, por via de conseqüência, deformam a hierarquia pré-determinada das fontes. A esse notável fenômeno não pode, à evidência, restar estranha a obra da ciência do direito, mais especificamente da *dogmática*, entendida como uma complexa atividade, na qual cabe distinguir essencialmente os seguintes escopos: *a*) o de fornecer uma análise conceitual e de propiciar o conhecimento sistemático da lei em vigor; e *b*) o de elaborar propostas para a solução dos dilemas jurídicos e superação dos paradigmas e, ainda, de fornecer critérios para a aplicação do direito.

Na verdade, a problemática que decorre da natureza e da hierarquia das fontes transcende a vontade do legislador (o vetor legislativo é insuficiente para solucioná-la), sendo uma questão que se encarta na teoria e na metodologia do direito. Por exemplo: o não reconhecimento expresso pela lei da doutrina como forma de expressão do direito não tem "poder de exclusão". E o mesmo ocorre com

---

20 Exemplo de regra estrutural – como bem esclarece Tércio Sampaio Ferraz Júnior (*Introdução ao estudo do direito*, São Paulo, Atlas, 1989, p. 165) – "é o princípio da *lex superior* (regra segundo a qual a norma que dispõe, formal e materialmente, sobre a edição de outras normas prevalece sobre estas em caso de contradição: as normas constitucionais prevalecem sobre as leis ordinárias), ou o da *lex posterior* (havendo normas do mesmo escalão em contradição, prevalece a que, no tempo, apareceu por último), ou o da *lex specialis* (a norma especial revoga a geral no que dispõe especificamente)".

21 José de Oliveira Ascensão, *O direito. Introdução e teoria geral – uma perspectiva luso-brasileira*, cit., p. 239.

22 Cf. J. Baptista Machado, *Introdução ao direito e ao discurso legitimador*, 10ª reimpr., Coimbra, Almedina, 1997, p. 153.

outras fontes, como o costume ou a jurisprudência. Tudo dependerá da opção que for feita pelo intérprete por uma ou outra das denominadas teorias das fontes.[23]

É provável que, por essa fundamental razão, inúmeros autores modernos têm sentido menor receio em ampliar o estudo de comparação jurídica (de estabelecer um «diálogo»...) entre os sistemas do *common law* e do *civil law*. Não é preciso frisar que realmente existem profundas discrepâncias acerca das matrizes teóricas do direito europeu-continental e do direito anglo-americano e, por via de conseqüência, entre os seus respectivos fundamentos. Não obstante, "na realidade da praxe jurídica, ou seja, no que se refere à interpretação e à aplicação do direito, essa presumida diferença não joga qualquer papel determinante... As duas faces da decisão judicial – autoridade e razão – estão estritamente ligadas: uma legislação e uma jurisprudência constantemente irracionais perderiam toda autoridade, mas um pensamento jurídico racional, revestido portanto de autoridade, deve transpor-se à decisão. Na teoria do direito europeu-continental o acento mais forte é colocado sobre o elemento da autoridade, naquela anglo-americana, sobre o elemento da razão. Na realidade jurídica, os precedentes gozam, para os juízes dos sistemas de tradição romanística, da mesma importância que ostentam aos juízes do *common law*".[24]

É, pois, nessa seara que se insere a questão da eficácia do precedente judicial no quadro das fontes de expressão do direito no âmbito dos ordenamentos de países que adotam legislação escrita e codificada.

Por paradoxal que possa parecer, vem assinalado que, sob o prisma da história do direito moderno, os sistemas de direito codificado também conheceram, além da força natural dos precedentes persuasivos, precedentes com eficácia vinculante, sendo certo que entre estes sobressaía a jurisprudência de cortes superiores (precedentes verticais), como, e. g., os arrêts de règlement do Parlamento francês; os julgamentos das "causas maiores" da Rota Romana, da Itália pré-unitária; o regime de *assentos* da Casa da Suplicação em Portugal; o *prejulgado* trabalhista no Brasil; e, ainda hoje, o controle exercido pelo Tribunal Constitucional espanhol sobre as decisões que contrariam precedentes judiciais; e a inusitada regra constante do art. 1º, al. 2, do Código Civil suíço, que outorga ao juiz, diante de lacuna da lei, o poder de criar a regra aplicável ao caso concreto.

Na experiência jurídica anglo-americana, pelo contrário, o direito jurisprudencial destacou-se do direito consuetudinário somente em época relativamente

23 J. Baptista Machado, *Introdução ao direito e ao discurso legitimador*, cit., p. 159; Paresce, *Fonti del diritto (filosofia)*, cit., p. 924.

24 Martin Kriele, *Il precedente nell'ambito giuridico europeu-continentale e angloamericano*, La sentenza in Europa, cit., p. 517.

recente, e, ademais, a teoria do precedente vinculante (*binding precedent*) desenvolveu-se integralmente apenas no século XIX.

Se olharmos ainda mais para o passado, iremos verificar que o *usus* do precedente, acentuado na casuística, constitui um método cuja característica fundamental independe da época, do sistema jurídico ou da natureza da função exercida pelas pessoas que o empregam. Assim, por exemplo, "no direito inglês a técnica do precedente encontra-se intimamente ligada às decisões judiciais porque os artífices do *common law* são os juízes; os protagonistas do direito romano, pelo contrário, foram sobretudo os jurisconsultos e a chancelaria imperial, que também atuavam mediante a observância do método casuístico".[25]

Muitos séculos depois, a partir de célebre e polêmico escrito, reiterado no *Sistema di diritto romano attuale*, Savigny tinha absoluta convicção de que, ao lado da lei e do costume, a atividade dos juristas (*Juristenrecht*) – direito jurisprudencial (teórico e prático) – a par de contribuir para o desenvolvimento da ciência jurídica, constituía importante fonte de direito.

Afirmava mesmo, que, "na origem, todo o direito positivo é direito popular, e que ao lado desta produção jurídica originária encontra-se (inclusive nos tempos mais antigos) a legislação como complemento e apoio. E, depois, pela progressiva evolução do povo, ao direito popular se agrega a ciência do direito... O direito flui bom e normal somente quando as suas forças de produção operam harmonicamente em conjunto, sem que atuem de modo isolado... Este íntimo liame da legislação e da ciência jurídica com o direito popular, que constitui a base daquela, torna-se sempre mais necessário examinar para descobrir diligentemente a natureza do conteúdo do direito".[26]

Ora, o elemento crucial que efetivamente justifica a recepção analógica da decisão anterior para a solução da hipótese posterior é o "princípio da universalidade", entendido como uma exigência natural de que casos substancialmente iguais sejam tratados de modo semelhante. É ele, com efeito, o componente axiológico que sempre revestiu a idéia de Justiça "como qualidade formal".[27]

Além disso, a máxima jurídica que é extraída da decisão anterior e que, como visto, constitui efetivamente o "precedente", sofre um tal processo de generalização que se insere em uma categoria de dogma dotado de extensão lógica. Desse

---

25 Letizia Vacca, *Contributo allo studio del metodo casistico nel diritto romano*, cit., p. 38.

26 *Sistema del diritto romano attuale*, tr. it. Vittorio Scialoja, v. 1, Torino, Utet, 1886, pp. 72-73.

27 Cf., nesse mesmo sentido, Alexy, *Teoria da argumentação jurídica*, cit., p. 259; Andrés Ollero Tassara, *Igualdad en la aplicación de la ley y precedente judicial*, Centro de Estudios Constitucionales, Madrid, s/ed., 1989, pp. 75-76

modo, o caso concreto julgado passa a ser apenas um *exemplum* dentro de um conjunto genérico de casos.[28]

É importante frisar que toda decisão judicial encerra uma operação complexa de raciocínio, não podendo ser considerada como um fim último, mas, sim, como um destacado elemento no processo contínuo de resolver pendências no foro do direito. O Judiciário não se presta exclusivamente para decidir conflitos concretos, mas ainda deve cuidar para que as suas decisões possam servir de orientação para casos futuros.[29]

Assim, o que se pretende enfatizar, ao longo da tese, é que, a rigor, o *common lawyer* e o *iuris peritus*, este forjado na tradição do direito romano, procediam, no passado, e procedem, no presente, guardadas as devidas fronteiras e feitas as necessárias ressalvas, exercendo um raciocínio não muito diverso.

Constata-se realmente que, considerado o valor, *in abstrato*, dos precedentes judiciais, a influência destes é deveras similar em ambos os sistemas: de fato, enquanto naqueles países que seguem o modelo do *common law*, a força vinculante dos anteriores julgados tem-se tornado mais flexível, nos dos ordenamentos codificados é incontestável a difusa e constante tendência de os juízes aterem-se aos precedentes na fundamentação da *ratio decidendi*.

As duas técnicas extremas de argumentação jurídica, considerando-se os métodos de pensar que remontam a Aristóteles e a Cícero, classificados em *axiomático dedutivo* e *tópico*, podem perfeitamente ser aproximadas. O modo de pensar tópico surge como um contraponto do modo de pensar sistemático-dedutivo, do qual a geometria de Euclides é o emblema mais eloqüente do passado.

Uma elaboração jurídica que se serve dos *topoi* ("depósitos de argumentos") não pode renunciar ao pensamento dedutivo. Ainda que chegue às premissas por uma via indutiva, sua aplicação ao caso concreto deve ser feita mediante dedução lógica.

A tópica, isto é, a "a arte de achar os argumentos", procura, portanto, as premissas que não sejam passíveis de dedução; a lógica, pelo contrário, as elabora em forma de silogismo. Afirma-se, pois, que o método jurídico de pensar que se vale do tópico não dispensa o pensamento dedutivo.[30]

---

28 Julio Cueto Rua, *Fuentes del derecho*, cit., p. 131.

29 Cf. Manuel Atienza, *As razões do direito. Teorias da argumentação jurídica*, tr. port. Maria Cristina G. Cupertino, São Paulo, Landy, 2002, p. 156.

30 Max Kaser, *En torno al metodo de los juristas romanos*, tr. esp. Juan Miquel, Facultad de Derecho de Valladolid, 1964, p. 14.

3. Objeto e delimitação cronológica da tese

Centra-se aqui então o nosso propósito de oferecer ao direito atual a compreensão de sua retrospectiva, no que toca ao importante papel desempenhado pelos personagens incumbidos de dizer o direito, nas mais diversificadas situações individualmente consideradas, e de construir, ao longo dos tempos, pela solução dada em cada caso concreto, o próprio ordenamento jurídico.

O nosso ponto de partida, voltado ao enfoque histórico do precedente judicial como forma de expressão do direito, será o cenário jurídico dos romanos, desde os fins da época republicana, em que se torna possível flagrar alguns textos jurídicos e outros provenientes da literatura retórica, nos quais tudo indica que a *interpretatio* dos órgãos judicantes servia de *exemplum* para decisões subseqüentes.

Será igualmente objeto de análise minudente a percepção de Cícero, concernente aos elementos de formação do *ius civile* – dentre eles as sentenças judiciais – que, por certo, constitui a primeira tentativa de classificação das fontes do direito.

Iremos observar que as veredas históricas do direito romano, derivadas das sucessivas reformas políticas: da República ao Principado, e deste ao Dominato, determinaram profundas transformações na organização judiciária e, como conseqüência, nas formas de expressão do direito.

A investigação passará a ter como foco, no que toca ao tema examinado, as fontes clássicas, em especial a casuística das constituições imperiais (*leges*) e dos pareceres dos juristas (*iura*) dessa época de esplendor, para passar ao período justinianeu, no qual se encerra, com o *Corpus Iuris Civilis*, a milenar produção da *scientia iuris* dos romanos no ocidente. Para completar o estudo das fontes jurídicas romanas será ainda examinada a legislação bizantina que germinou no oriente.

Desenvolve-se então a matéria em um arco temporal que abrange praticamente todas as etapas mais importantes da história do direito ocidental, a partir da notável codificação de Justiniano, seguindo-se a pesquisa, em um relance, na legislação romano-visigótica, para mergulhar no estudo das fontes do direito comum, que foram recepcionadas em todo o território do Velho Continente.

As vicissitudes do direito hispano-lusitano constituem pólo de subseqüente atenção, especialmente a investigação das importantes compilações, coevas à saga dos descobrimentos: *Siete Partidas*, Ordenações Afonsinas, Ordenações Manuelinas, Código Sebastiânico, Ordenações Filipinas e legislação absolutista do século XVIII.

As raízes históricas da teoria do *stare decisis* passam então a ser destacadas, sobrelevando-se as peculiaridades que determinaram a sua ruptura com a tradição do direito romano-canônico.

Prossegue a pesquisa, após traçar os fundamentos do positivismo jurídico, e já nos alvores do jusnaturalismo, enfocando a consistente contribuição dada pela Escola Histórica, em particular, por Savigny, em prol do reconhecimento da fecundidade da atuação judicial para a evolução do direito; chegando até os dias atuais, nos quais, como é notório, a produção jurisprudencial, antecipando-se, em muitas situações, à própria lei, tem granjeado relevância vital como fator de complementação e aperfeiçoamento das mais diversificadas legislações.

Culmina a tese com a síntese do perfil histórico e moderno dos precedentes judiciais na experiência jurídica brasileira, aludindo-se, inclusive, à tormentosa questão da denominada *súmula vinculante*.

À guisa de conclusão, vem examinada a importância da iteração das decisões jurisdicionais na teoria da argumentação jurídica de época contemporânea

Partindo-se da premissa de que o precedente é uma realidade em sistemas jurídicos histórica e estruturalmente heterogêneos, e que apresenta características próprias em diferentes legislações, apresentamos, por fim, um esboço de uma *teoria geral* do precedente judicial.

II

DIREITO ROMANO

Sumário: 1. Consideração preliminar. **2.** Fontes republicanas: **2.1.** Secularização da jurisprudência romana. **2.2.** Características da sentença e "poder criativo" do iudex. **2.3.** Interpretatio do tribunal dos centúnviros. **2.4.** Relevância do precedente na praxe judiciária. **3.** Fontes clássicas: **3.1.** Auctoritas imperial como fundamento da iurisdictio principis. **3.2.** Atividade normativa e jurisdicional do princeps. **3.3.** Constituições imperiais como precedente persuasivo. **3.4.** Eficácia vinculante do ius respondendi ex autoritate principis. **3.5.** Precedentes judiciais na prática judiciária do Egito romano. **4.** Fontes pós-clássicas: **4.1.** Declínio da scientia iuris. **4.2.** Valor da jurisprudência clássica como precedente. **4.3.** Lei das citações. **4.4.** Hierarquia das fontes no Código Teodosiano. **5.** Fontes justinianéias: **5.1.** Imperador solus legislator et interprete iuris. **5.2.** Jurisprudência uniforme e constante. **6.** Fontes bizantinas: **6.1.** Eficácia persuasiva dos precedentes judiciais.

1. Consideração preliminar

É importante ter-se presente que a rica e complexa dimensão da história política de Roma acarretou alterações de significativo impacto na organização judiciária e na composição hierárquica dos órgãos judicantes. Devido a essa circunstância, torna-se praticamente impossível reconstruir, de modo sistemático, o perfil histórico das formas de produção do direito e, em particular, do valor persuasivo dos precedentes judiciais ao longo da experiência jurídica romana.

Procuramos, não obstante, seguir a trilha cronológica, enfrentando, como ponto de partida, as fontes dos fins da República, e assim sucessivamente, com a divisão deste capítulo em cinco partes, a saber: 1. *Fontes republicanas*; 2. *Fontes clássicas*; 3. *Fontes pós-clássicas*; 4. *Fontes justinianéias*; e 5. *Fontes bizantinas*.

2. Fontes republicanas

2.1. Secularização da jurisprudência romana

A praxe jurídica na *civitas* romana em seu período de formação, ainda de organização arcaica, era influenciada pela religião. Em uma comunidade rústica, imbuída de sentimento místico, vinha atribuída aos pontífices a tarefa de emitir pareceres e cuidar das questões mais importantes do *ius civile*.[1]

---

1 Pompônio, D. 1.2.2.6 (*l. sing. Enchiridii*): "... A ciência da interpretação e as ações processuais relativas a estas normas eram patrimônio do colégio de pontífices..." (= "*interpretandi scientia et actiones apud collegium pontificum erant...*"). Anote-se que os fragmentos de Pompônio, extraídos da obra *Enchiridion* e que foram recolhidos no Digesto, constituem fonte de inestimável valor para

Nasce assim em Roma a jurisdição como atividade de *ius dicere* exclusiva dos pontífices, vocacionada ao regramento de fórmulas negociais e a disciplinar a autotutela dos litigantes.

Essa a razão pela qual a estrutura jurídica da *legis actio sacramento in rem* – o mais antigo instrumento romano de tutela processual – era muito formalista, sobretudo com a intervenção de uma casta de sacerdotes detentora do monopólio do conhecimento do direito, que, auxiliando o *rex*, ditava o comportamento dos cidadãos, bem como o solene ritual a ser observado pelos demandantes.

Não é possível desprezar, pois, a íntima interação entre direito (*ius*) e religião (*fas*) nos primórdios de Roma. O que parece certo é que o *rex*, único depositário da *potestas publica*, reunia em suas mãos, por força de seu *imperium*, além dos poderes militares e religiosos, poderes civis, legitimando-o a julgar, com o auxílio do colégio pontifical, em primeira e última instância.[2]

Pressupondo então que o processo civil arcaico, do período das *legis aciones*, desenrolava-se integralmente diante de uma única autoridade – o *rex*, *magister populi* -, com o andar dos tempos, em decorrência do rápido desenvolvimento da riqueza, do comércio e de outros setores da vida social de Roma, os litígios privados tornam-se sempre mais intrincados e numerosos, fator esse determinante da criação de magistraturas com específicas funções jurisdicionais.

Assim, à predominância desfrutada durante mais de dois séculos pelos sacerdotes, opuseram-se, nas derradeiras décadas da Realeza e na sucessiva constituição política republicana, os magistrados públicos (*magistratus publici populi romani*).[3]

---

o conhecimento do direito da época arcaica, dada a escassez de dados relativos a esse período mais antigo, que é demarcado a partir dos primórdios da história de Roma até a Segunda Guerra Púnica (241 a. C.). V., a respeito, Mario Bretone, *La fondazione del "ius civile" nel manuale pomponiano*, Tecniche e ideologie dei giuristi romani, Roma, ESI, 1971, pp. 161 ss.; Guglielmo Nocera, *"Iurisprudentia". Per una storia del pensiero giuridico romano*, Roma, Bulzoni, 1973, pp. 11 s. Schulz afirma que, embora os antigos documentos se perderam no incêndio provocado pelos gauleses no ano 387 a.C., a reconstituição das regras pela memória não deve ter sido muito difícil. No entanto, da própria reconstrução não temos informações diretas; elas chegaram até os nossos dias, não em sua configuração original, mas por intermédio da literatura jurídica de época bem posterior (*History of Roman Legal Science*, Oxford, Clarendon, 1946, p. 35).

2 Consulte-se, a respeito, Cruz e Tucci e Azevedo, *Lições de história do processo civil romano*, cit., pp. 41-42.

3 Consoante o testemunho de Dionísio de Halicarnasso (4.25), perdendo terreno o elemento religioso com a progressiva laicização do direito e com o incremento quantitativo da prática judiciária, o Rei Sérvio Túlio (578-534 a.C.) teria desmembrado a justiça em pública (reservando para si o *imperium* sobre as causas de conotação penal – *iudicia publica*) e privada. Cf. Cruz e Tucci, *Jurisdição e poder*, São Paulo, Saraiva, 1987, pp. 16-17; Cruz e Tucci e Azevedo, *Lições de história do processo civil romano*, cit., pp. 42-43.

Ademais, para atender a exigências sociais, em particular a *aequatio iuris* postulada pela plebe, a Lei das XII Tábuas consolidou, por escrito, os antigos costumes (*mores*).

Supõe-se mesmo que as normas contidas nesse importante monumento legislativo, em vigor a partir de 455 a.C., resultavam de regras já conhecidas na prática por força da *interpretatio* dos costumes pelos pontífices. Assim, apenas para ilustrar, tenham-se presentes as normas relativas ao procedimento da *in ius vocatio*, à sucessão dos agnados e dos gentis na ausência de testamento, à *auctoritas* na *mancipatio*, ou, ainda, à sanção da perda da *patria potestas* imposta ao pai que vendesse o filho por três vezes. Essas normas, na verdade, fornecem-nos um importante subsídio para o conhecimento da jurisprudência de época arcaica, construída pelo *rex* e pelos pontífices, e ainda da técnica de abstração e simplificação pela qual as disposições vinham sintetizadas em regras de aplicação geral.[4]

Verifica-se, desse modo, que, a partir do momento no qual o direito escrito outorga certeza ao *ius civile*, as fórmulas negociais e de regência dos procedimentos judiciais deixam de ser monopólio exclusivo dos magistrados, então únicos detentores do "saber jurídico", e inicia-se um processo de secularização da jurisprudência.

Ampliado o conhecimento do direito, surgem, segundo a tradição, as primeiras obras escritas por Appio Cláudio Cieco (cônsul em 307 e 296 a.C.) e seu escriba Gneo Flavio (edil curul em 304 a.C.), bem como a praxe de dar pareceres em público, introduzida por Tibério Coruncanio, primeiro pontífice máximo plebeu (meados do sec. III a.C.).

Igualmente, importante fator de avanço do direito de época republicana foi a instituição do pretor urbano (*leges Liciniae Sextiae* – 367 a.C.) e, em seguida, do pretor peregrino, em 242 a.C., entre os quais havia uma competência exclusiva na própria esfera de atuação, determinada pelo estado pessoal dos litigantes.[5]

---

4 Cf., nesse sentido, Letizia Vacca, *La giurisprudenza nel sistema delle fonti del diritto romano. Corso di lezioni*, Torino, Giappichelli, 1989, pp. 20-21. Ocorria, assim, "uma espécie de movimento circular: as máximas consuetudinárias, entendidas como fórmulas admitidas pela sociedade, traduzem-se em formulações preceptivas das 'decisões judiciais' régias; estas, embora exaurindo a sua eficácia no caso concreto, passam a fazer parte em um certo sentido de uma experiência jurídica ainda eminentemente 'fatual', introduzindo a idéia de que esta deve desenvolver-se de conformidade com certas 'regras'; mas esta experiência pode também em qualquer momento vir 'refiltrada' e alimentada por meio de novas decisões, as quais, não estando necessariamente subordinadas a um valor vinculante das 'precedentes', podem pouco a pouco adequarem-se a novas situações e necessidades" (Orestano, *I fatti di produzione normativa nell'esperienza giuridica romana*, Torino, Giappichelli, 1967, p. 169).

5 V., sobre estes importantes magistrados, Alan Watson, *Law Making in the Later Roman Republic*, Oxford, Clarendon, 1974, pp. 31 ss.; Feliciano Serrao, *La "iurisdictio" del pretore peregrino*, Milano, Giuffrè, 1954, *passim*.

Por fim, encerrando o ciclo de mudanças em prol da "laicização" da jurisprudência, irrompe relevante a instituição de esquemas jurídicos abstratos, mormente com a influência do denominado método diairético, haurido da filosofia platônico-aristotélica, apresentando a distinção entre *genus-species*. A introdução dessa metodologia, que teve como precursor o jurista Quinto Mucio Cevola (cônsul em 117 a.C.), constituiu "o momento mais importante de toda a atividade sistemática dos juristas romanos, sendo mesmo um pressuposto de qualquer análise mais profunda da técnica jurídica".[6]

Pompônio, reportando-se a Públio Mucio Scevola, Bruto e Manílio, os primeiros juristas que teriam fundado (*fundaverunt*) o *ius civile*, afirma que, "depois deles, veio Quinto Mucio, filho de Públio, pontífice máximo, quem por primeiro fixou o *ius civile*, expondo-o segundo categorias logicamente ordenadas em gêneros, com a redação de uma obra de dezoito livros".[7]

Diante de todos estes fatores, floresce um novo mecanismo lógico, conduzindo diretamente a um saber jurídico qualitativamente diferente, um saber no qual o *ius civile* é raciocinado pela primeira vez como um todo tópico de conceitos abstratos, classificado por meio de esquemas diairéticos.[8]

E isso, a partir de uma perspectiva casuísta do fenômeno jurídico, "vale dizer, a técnica de enfrentar a problemática do caso concreto dominou todos os períodos da história do direito romano".[9]

Por volta da metade do III século a.C., registra-se uma radical mudança de rumo na história social e política de Roma, ditada pela expansão territorial, com a conquista das primeiras províncias. E isso propiciou que fossem elaborados novos institutos jurídicos, menos formais, derivados do *ius civile* e adaptado às novas exigências mediante a *interpretatio* dos pretores. Ademais, passa-se também a observar as regras do *ius gentium*, comum a todos os povos. Nessa época, pois, "*ius civile*, *ius honorarium* e *ius gentium* não exprimem ordenamentos jurídicos distintos, mas, sim, diferentes faces de revelação da

---

6 Mario Talamanca, *Lo schema "genus-species" nelle sistematiche dei giuristi romani*, La filosofia greca e il diritto romano, t. 2, Roma, Ac. Naz. dei Lincei, 1977, p. 4.

7 Pompônio, D. 1.2.2.39 (*l. sing. Enchiridii*): "*... fuerunt Publius Mucius, et Brutus, et Manilius, qui fundaverunt ius civile*"; e D. 1.2.2.41 (*l. sing. Enchiridii*): "*Post hos Quintus Mucius, Publii filius, Pontifex maximus, ius civile primus constituit, generatim in libros decem et octo redigendo*".

8 Aldo Schiavone, *Nascita della giurisprudenza*, 2ª ed., Bari, Laterza, 1977, p. 121.

9 Max Kaser, *En torno al metodo de los juristas romanos*, cit., pp. 15 e 16. Na edição alemã, textual: "Die Art der Römer, ihr Recht kasuistisch, also aus der Perspektive spezieller Fallprobleme zu sehen, beherrscht alle Perioden ihrer Rechtsgeschichte" (*Zur Methode der römischen Rechtsfindung*, Göttingen, Vandenhoeck e Ruprecht, 1962, p. 54).

mesma experiência jurídica romana, cuja unidade permaneceu preservada por obra dos juristas".[10]

É de salientar-se que toda essa evolução se complementa no derradeiro século da época republicana.

2.2. *Características da sentença e "poder criativo" do iudex*

No âmbito do sistema do *ordo iudiciorum privatorum*, abrangente dos dois primeiros períodos do processo civil romano: o das ações da lei e o formular -, após a bipartição do procedimento e sobretudo após a criação do pretor urbano, o processo se iniciava diante do pretor (detentor da *iurisdictio*), incumbindo-lhe organizar e fixar os termos da controvérsia; e, em seqüência, *apud iudicem*, perante o *iudex unus*, o qual, assistido por um *consilium* integrado por membros de sua confiança, tomava conhecimento do litígio a ele submetido e julgava soberanamente em nome do povo romano.

Anote-se que a fase *apud iudicem* ou *in iudicium*, nos litígios promovidos por romanos contra estrangeiros, visando à recuperação de bens saqueados pelo inimigo e, mais tarde, nas questões de natureza possessória, desenrolava-se diante do tribunal dos *recuperatores*, que exerciam a sua atividade de forma mais simples e expedita.

As demandas sobre sucessão hereditária, pelo contrário, eram julgadas pelo tribunal dos *centumviri*.[11]

Apesar da precariedade das fontes, pode-se afirmar com certa segurança que, nas ações de conhecimento, a sentença tinha natureza de provimento meramente declaratório, uma vez que o *iudex*, após analisar os argumentos e as provas produzidas pelos litigantes, restringia-se a proclamar a procedência ou não da pretensão do autor: "*si paret..., condemnato, si non paret, absolvito*".

Nos tribunais dos recuperatores e dos centúnviros a sentença resultava da deliberação da maioria de seus componentes.

No mais das vezes, como revelam as fontes, o ato decisório era oral, não significando, contudo, fosse esse um requisito formal. Considerando-se a sua estrutura, a sentença não continha fundamentação, até porque o *iudicium* encontrava-se atrelado aos termos da fórmula que havia sido elaborada pelo pretor.[12]

---

10 Letizia Vacca, *La giurisprudenza nel sistema delle fonti del diritto romano*, cit., p. 32.

11 V., a respeito dos órgãos judicantes no âmbito do *ordo iudiciorum privatorum*, Cruz e Tucci e Azevedo, *Lições de história do processo civil romano*, cit., pp. 54-55.

12 V., a respeito, Matteo Marrone, *Su struttura della sentenza, motivazione e "precedenti" nel processo privato romano*, Lo stile delle sentenze e l'utilizzazione dei precedenti. Profili storico-comparatistici, cit., pp. 23-24.

Acrescente-se que aqueles que exerciam a função de *iudex*, escolhidos no *album iudicum*, não eram especialistas em direito e estavam circunscritos aos limites do parecer do jurista (pretor) especificado na fórmula.

Realmente, quem detinha a faculdade de dizer o direito (*ius dicere*) eram os pretores. Segundo importante passo de Pompônio, ao contemplar as derradeiras décadas da República:"os magistrados administravam a justiça e emanavam os editos para que os cidadãos soubessem qual direito estes aplicavam em cada caso. Estes editos dos pretores construíram o direito honorário: chama-se honorário porque deriva do cargo [*honor*] do pretor".[13]

Assim, distinguindo o *ius honorarium* do *ius civile*, outro conhecido jurista clássico encarrega-se de esclarecer que: "o direito civil é, pois, aquele que deriva das leis, dos plebiscitos, dos senatusconsultos, dos decretos dos imperadores, da autoridade dos juristas. O direito pretoriano é aquele que os pretores introduziram para auxiliar, suprir ou corrigir o direito civil em razão do interesse público; o qual também se chama honorário à vista do cargo do pretor".[14]

Diante dessa abrangente descrição da atividade dos pretores, torna-se mais do que evidente que o *iudex* não possuía qualquer margem para «criar direito». Essa circunstância, a rigor, impossibilitava a que os juízes fizessem expressa referência a precedente julgado.

Frise-se, outrossim, que o direito romano, em todos os seus momentos históricos, jamais reconheceu valor vinculante, *ad futurum*, às sentenças já proferidas em casos concretos. É evidente que esse fato não poderia subtrair a autoridade dimanada de uma série de decisões proferidas em senso convergente como instrumento de interpretação ou mesmo de persuasão.

Tomando como base esse pressuposto, a historiografia moderna tem procurado demonstrar, a partir de uma nova percepção das fontes, que, com a evolução do *ius honorarium*, a fórmula se apresentava ao juiz como um documento oficial repleto de significado técnico-jurídico, que deveria ser examinado e confrontado com os fatos da causa, à luz das provas produzidas, antes de proferir o veredito. E, portanto, a interpretação judicial não podia deixar de ter repercussão em casos futuros.

---

13 D. 1.2.2.10 (*l. sing. Enchiridii*): "*Eodem tempore et magistratus iura reddebant et ut scirent cives, quod ius de quaque re quesique dicturus esset, seque premunirent, edicta proponebant, quae edicta praetorium ius honorarium constituerunt: honorarium dicitur, quod ab honore praetoris venerat*".

14 Papiniano, D. 1.1.7, pr. e 1 (*l. 2 definitionum*): "*Ius autem civile est, quod ex legibus, plebis scitis, senatus consultis, decretis principum, auctoritate prudentium venit. 1: Ius praetorium est, quod praetores introduxerunt adiuvandi vel supplendi vel corrigendi iuris civilis gratia, propter utilitatem publicam; quod et honorarium dicitur, ad honorem praetorum sic nominatum*".

Em uma importante situação concreta, na qual estava sendo pela primeira vez aplicada uma fórmula emitida pelo pretor Lúculo, em 76 a.C., com o intuito de reprimir o *dolus malus*, Cícero chegou a advertir o juiz no sentido de que a respectiva decisão era fundamental para futuras demandas.[15]

Sob diferente enfoque, infere-se também que os pareceres emitidos pelos juristas mais antigos gozavam de certo valor como precedente, uma vez que poderiam influir na convicção do juiz.

Seguindo, com efeito, conhecida narração de Aulo Gélio, extrai-se que, desempenhando ele a atividade de *iudex*, instaurou-se um processo no qual um cidadão reclamava certa quantia resultante de mútuo, sendo que o réu afirmava já ter pago. O autor, pessoa que gozava de comprovada idoneidade, não produzira qualquer prova que certificasse o fato então alegado. O demandado, por sua vez, tinha fama de espertalhão e reputação discutível. O seu advogado insistia a Gélio que o demandante provasse como de costume, isto é, por meio de documento ou testemunha, a existência da dívida; caso contrário, deveria absolver o cliente e condenar o autor por ter cometido calúnia. Diante do impasse, Gélio determina a suspensão do processo e reúne-se com o seu *consilium*. Expondo o caso ao filósofo Favorino, pergunta-lhe se ele, no papel de juiz, poderia julgar com base no conhecimento privado ou estava obrigado a cingir-se aos elementos de convicção constantes do processo. Favorino, então, respondendo à indagação, invoca antiga opinião difundida, em questão análoga, pelo jurista Marco Porcio Cato (falecido em 152 a.C.), segundo a qual se um sujeito pretende alguma coisa de outrem, se os litigantes têm a mesma dignidade social e não produziram qualquer prova em abono de suas alegações, deve-se acreditar na versão daquele contra o qual foi formulada a pretensão, por força do princípio "*ei incumbit probatio qui dicit, non qui negat*". Não obstante, Favorino sustentou a condenação do réu que não granjeara estima social. Todavia, retomando curso o processo, Gélio, a despeito de reputar correto o precedente parecer do referido jurista, não se sentiu seguro para proferir sentença com base em um juízo puramente moral e, por isso, afastou-se do processo, com a pronúncia de *non liquet*, sempre possível nos quadrantes do processo formular.[16]

Delineia-se ainda possível individuar, no âmbito do sistema do *ordo*, especialmente do processo *per formulas*, uma liberdade de interpretação facultada

---

15 *Pro Tullio*, 36: "Por essa razão, a sentença esperada não irá definir uma única causa, mas sim decidir para todas..." (= "*Hoc iudicium sic expectatur ut non unae rei statui, sed omnibus constitui putetur...*").

16 *Noites Áticas*, 14.2.25. V., a respeito, Umberto Vincenti, Duo genera sunt testium. *Contributo allo studio della prova testimoniale nel processo romano*, Padova, Cedam 1989, pp. 99-100; Pietro De Francisci, *La prova giudiziale (a proposito di Gellio, N. A., 14.2)*, Helikon, 4(1961):591-601; Cruz e Tucci, *Lições de história do processo civil romano*, cit., pp. 126-127.

aos juízes nos *iudicia bona fidei*, originados de contratos consensuais, nos quais, em virtude da redação da *intentio* na fórmula, mais ampla e flexível, possibilitava-se dilatada valoração do direito subjetivo em litígio, nas demandas, *e. g.*, *pro socio*, *mandati* e *negotiorum gestio*.

Anote-se que a construção dos quatro importantes contratos consensuais – compra e venda, arrendamento, sociedade e mandato – no ordenamento romano deveu-se à praxe das ações de boa-fé.[17]

Com efeito, "visando a renovar o direito das obrigações nos últimos dois séculos da República, vem outorgado ao *iudex* o encargo de decidir segundo a boa-fé e, portanto, de aplicar tal critério geral. Dessa forma, em tais limites, o juiz poderia 'criar normas jurídicas novas'".[18]

É o que, por exemplo, ocorria em relação à compensação, como forma de extinção das obrigações. Gaio reconhece, com absoluta clareza, que, «em todas as fórmulas de boa-fé, o juiz tem a liberdade de proceder ou não à *compensatio*, uma vez que esta não decorria dos termos explícitos da própria fórmula, mas provinha do fato de que o *iudicium* era de boa-fé, e a valoração desta encontra-se inserida no *officium iudicis*".[19]

Assim também, as presunções guardam estreita imbricação com a atividade judicial no momento de ditar a sentença. Sob o ponto de vista técnico, a *praesumptio* constituía "uma espécie de dado fictício que, sem dúvida, deveria ser considerado ao ensejo da formação da *opinio iudicis*".[20]

2.3. Interpretatio do tribunal dos centúnviros

O tribunal dos centúnviros, instituído em 241 a.C., gozava de relevante importância política, porque, como visto, detinha competência para julgar as causas atinentes ao inventário dos bens deixados *mortis causa* e à proteção do vínculo agnatício.

---

17 Cf. José Luis Murga Gener, *Derecho romano clasico II: el proceso*, Universidad de Zaragoza, 1980, p. 242.

18 Umberto Vincenti, *I precedenti giudiziali: prospettive romanistiche*, Il valore dei precedenti giudiziali nella tradizione europea (obra coletiva dir. Umberto Vincenti), Padova, Cedam, 1998, p. 10; John P. Dawson, *The Oracles of the Law*, cit., p. 104.

19 Gaio, I, 4.63: "O juiz pode também não admitir compensação alguma; pois a medida não é recomendada expressamente nas palavras da fórmula; mas parecendo conveniente realizar a compensação, nas ações de boa fé, considera-se a faculdade de determiná-la inerente ao ofício do ‚juiz" (= "*Liberum est tamen iudici nullam omnino invicem compensationis ratiorem habere: nec enim aperte formulae verbis praecipitur, sed quia id bonae fidei iudicio conveniens videtur, ideo officio eius contineri credtur*"). Cf., a propósito, Letizia Vacca, *Contributo allo studio del metodo casistico nel diritto romano*, cit., pp. 45-46.

20 Murga Gener, *Derecho romano clasico*, cit., p. 318.

O antigo *ius civile*, consolidado na Lei das XII Tábuas, concedia ampla liberdade ao testador para dispor de seus bens. Essa regra, segundo testemunho de Cícero, teria sido modificada pelo tribunal centunviral: "Mas se todos os casos – eu não falo somente dos mais vulgares, mas de casos importantes – podem oferecer questões de direito civil, que instigam um advogado, ousaria ele delas se ocupar sem conhecer as leis? Qual causa seria mais grave do que aquela de um soldado, que tivesse sido falsamente anunciado como morto ao exército? O pai, surpreendido com essa notícia, faz um novo testamento, institui um herdeiro e morre. O soldado, no retorno, *traz o caso para o tribunal dos centúnviros, e reclama a herança paterna, da qual foi deserdado por um testamento. Não é uma questão de direito civil? E isso, porque não se trata de examinar a hipótese de um filho ter sido excluído da sucessão de seu pai, sem que tivesse sido nomeado herdeiro testamentário, ou tivesse sido formalmente deserdado*".[21]

Mais tarde, observa-se que o caráter casuístico da restrição, imposta pela *interpretatio* dos centúnviros, passou a ser considerada pelos juristas posteriores como uma regra revestida de valor normativo.

Nesse sentido, comentando a obra de Quinto Mucio Scevola, Pompônio destaca: "Com estas palavras da lei das XII Tábuas: 'seja direito do modo que um tivesse legado sobre seus bens', parece que se atribuía latíssimo poder para instituir herdeiro, como para conceder legados e liberdades, e também para constituir tutelas; todavia isto foi restringido ou pela interpretação das leis ou por autoridade daqueles que instituem o direito".[22]

Em suma: sugere tal ponderação que, das sentenças emanadas da corte centunviral, resultou consolidado o princípio de que se o filho viesse preterido pelo testamento, este deveria ser considerado inoficioso.

---

21 *De orat.*, 1.38: "*Quid? si ne parvae quidem causae sunt, sed saepe maximae, in quibus certatur de iure civili; quod tandem os est illius patroni, quid ad eas causas sine ulla scientia iuris audet accedere? Quae potuit igitur esse causa maior, quam illius militis, de cuius morte cum domum falsus ab exercitu nuntius venisset, et pater eius, re credita, testamentum mutasset, et, quem ei visum esset, fecisset heredem, essetque ipse mortuus: res delata est ad centumvirus, cum miles domum revenisset, egissetque lege in hereditatem paternam, testamento exheres filius. Nempe in ea causa quaesitum est de iuri civili, possetne paternorum bonorum exheres esse filius, quem pater testamento neque heredem neque exheredem scripsisset nominatim?*".

22 D. 50.16.120 (*l. 5 ad Quintum Mucium*): "*Verbis legis duodecim tabularum his: 'uti legassit suae rei, ita ius esto', latissima potestas tributa videtur et heredis instituendi et legata et libertates dandi, tutelas quoque constituendi, sed id interpretatione coangustatum est vel legum vel auctoritate iura constituentium*".

V., quanto à suspeita de interpolação desse fragmento formulada por Solazzi e à sua exegese no contexto que nos interessa, Letizia Vacca, *Contributo allo studio del metodo casistico nel diritto romano*, cit., pp. 38-42.

2.4. Relevância do precedente na praxe judiciária

As fontes literárias constituem importante subsídio para o conhecimento do direito romano, notadamente do início da época clássica, sendo certo que a obra retórica de Cícero delineia-se fundamental. Como advogado influente na vida quotidiana dos fins da República, as informações por ele fornecidas, são, de um lado, revestidas de grande cultura jurídica e filosófica, e, de outro, dotadas de importante cunho pragmático.[23]

Procurando traçar os elementos que compunham o *ius civile* na realidade jurídica de sua época, Cícero elabora a primeira classificação técnica das fontes do direito romano de que se tem notícia.

Ao estabelecer a distinção conceitual entre "partição" e "divisão", expressa-se do seguinte modo: "E também as definições podem ser ou partição ou divisão; trata-se de partição quando o conceito a ser definido vem decomposto em seus elementos [*in membra*], assim, por exemplo, se alguém diz que o *ius civile* é o que se encontra nas leis, nos senatusconsultos, *nas sentenças*, na autoridade dos juristas, nos editos dos magistrados, no costume e na eqüidade".[24]

Empregando, como se observa, o método retórico de individuação entre *partitio-divisio* e *genus-species*, Cícero insere as sentenças (*rebus iudicatis*) no rol das "partes" integrantes do direito positivo "com o mesmo valor normativo, no sentido de que em cada uma das *pars* se evidencia um aspecto particular do *ius civile*, visto em sua dimensão concreta e dinâmica, e não como conceito abstrato, fixado em uma dimensão unívoca".[25]

Ora, não pode haver dúvida de que se faz passível de crítica o elenco alvitrado por Cícero, uma vez que as sentenças jamais poderiam ter sido incluídas em uma definição de fontes do direito, porque despidas de valor normativo e, portanto, não vinculantes para as causas sucessivas.

Na verdade, é possível supor que a intenção de Cícero teria sido a de justapor todas as formas de manifestação do direito que concorriam à sua formação. Tudo

---

23 Consulte-se, sobre a vida e obra de Marco Tulio Cícero, o livro clássico de Emilio Costa, *Cicerone giureconsulto*, Bologna, Zanichelli, 1927.

24 *Topica*, 5.28: "*Atque etiam definitiones aliae sunt partitionum aliae divisionum; partitionum, cum res ea quae proposita est quasi in membra discerpitur; ut si quis ius civile dicat id esse quod in legibus, senatus consultis, rebus iudicatis, iuris periturom auctoritate, edictis magistratuum, more, aequitate consistat*".

25 Letizia Vacca, *La giurisprudenza nel sistema delle fonti del diritto romano*, cit., p. 37.

leva a crer, pois, que a definição em exame é que teria provocado, desde a sua gênese, a já referida ambigüidade da expressão "fonte de direito".[26]

Essa hipótese fica mais clara se observarmos que em outros discursos, a sentença judicial vem efetivamente considerada por Cícero como prova *inartificial*, isto é, como um *exemplum*, um precedente. O orador chega mesmo a aludir aos critérios mais produtivos para a citação dos precedentes perante o juiz.[27]

Desse modo, o *exemplum* é colocado entre os instrumentos de convencimento do juiz, no contexto dos elementos de fato e de direito que fundamentam o caso (provas *inartificiales*), e distingue-se das meras argumentações lógica e jurídica excogitadas pelo orador (*provas artificiales*).

Nesse exato sentido, na *Rethorica ad Herennium*, afirma-se que: "Em uma causa que se fundamenta na analogia, deve-se procurar antes de mais nada as disposições escritas ou julgados proferidos em casos de maior importância ou,

---

26 V., nesse sentido, atribuindo a Cícero a paternidade da utilização da "fórmula metafórica fontes do direito", A. Castanheira Neves, *As fontes do direito e o problema da positividade jurídica*, Boletim da Faculdade de Direito, Universidade de Coimbra, 51(1975):123; Paresce, *Fonti del diritto (filosofia)*, cit., p. 892, nt. 8.

27 Cf. Letizia Vacca, *La giurisprudenza nel sistema delle fonti del diritto romano*, cit., p. 39, que se reporta a Cícero, *De orat.*, 2.27: "Quanto às provas, elas são de duas sortes: umas não são imaginadas pelo orador; ele as encontra no exame do objeto e as faz valer por raciocínio; tais são: os atos escritos, os depoimentos das testemunhas, as convenções, os contratos, os interrogatórios, as leis, os senatusconsultos, os *julgamentos*, as decretos, os pareceres dos jurisconsultos, e outras coisas semelhantes, que o orador não inventa e que lhe são fornecidas pela causa em si mesma, ou pelo cliente. As outras provas consistem na discussão dos meios e na argumentação do orador. Assim, no primeiro caso, trata-se da utilização de material pronto; no segundo, é preciso mais, é preciso criar" (= "... *Ad probandum autem duplex est oratori subjecta materiaes: una rerum earum, quae non excogitantur ad oratore, se in re positae, ratione tractantur; ut tabulae, testemonia, pacta, conventa, quaestiones, leges, senatusconsulta, res iudicatae, decreta, responsa, et reliqua, si quae sunt, quae non pariuntur ab oratore, sed ad oratorem a causa, atque a reis referuntur: altera, quae tota in disputatione et argumenatatione oratoris collocata est. Ita in auperiore genere de tractandis argumentis, in hoc autem etiam de inveniendis cogitandum est*"). Remonta a Aristóteles a classificação entre as "provas da arte" (*písteis éntechnoi*) e "provas que não advêm da arte" (*písteis átechnoi*), admitidas na retórica dos romanos, respectivamente, como *probationes artificiales* e *probationes inartificiales*. Estas últimas excluíam-se da arte do orador-advogado e respeitavam ao conjunto de fatos e de direito da causa. Conquanto o juiz romano não fosse um especialista em direito, devia conhecer ou aconselhar-se sobre as regras jurídicas, com a finalidade precípua de considerar as denominadas provas *inartificiales*. Cícero, *De orat.*, 2.144, catalogava, de fato, entre as provas "*quae non excogitantur ad oratore*" ("que não eram excogitadas pelo orador"), quase todas as fontes de direito (cf., nesse sentido, Giovanni Pugliese, *Istituzioni di diritto romano*, I, Padova, Piccin, 1985, p. 358. V., ainda, Mario Talamanca, *Il diritto in Grecia*, Il diritto in Grecia e a Roma, Roma, Laterza, 1981, pp. 42-43).

ao menos, que sejam iguais. Em seguida, se o fato é semelhante àquele do qual se cuida, ou se dele difere...".[28]

Na percepção do orador, a questão judiciária desponta absoluta, "sempre que se sustente a justiça de uma ação na qual se reconhece o autor, sem recorrer a nenhum meio acessório. Nesses casos, é preciso examinar se está fundada em direito: o que se poderia fazer, uma vez estabelecida a causa, quando se conhece as fontes do direito. Ou o direito deriva da natureza, da lei, do costume, *dos julgamentos*, da eqüidade, ou das convenções. O direito natural tem por base os liames de sangue ou de respeito; é a natureza que estabelece entre os pais e filhos o culto a uma afeição recíproca. O direito fundado sobre a lei é aquele que sanciona a vontade do povo, de modo tal que a lei os força a comparecer diante dela quando estiver determinado. O direito resulta do uso, desde que na falta de qualquer lei, o costume o consagre até torná-lo legítimo. Por exemplo, se vocês depositarem fundos em mãos de um banqueiro, podem reclamar do seu sócio. *Resulta dos julgamentos, desde que incida sobre a mesma questão, uma sentença ou um decreto. Mas há julgados que se contradizem, segundo as decisões prolatadas por um juiz, um pretor, um cônsul ou um tribunal; pode ocorrer que, dentro de um mesmo caso, um se pronuncie de uma maneira contrária ao outro. Por exemplo: 'M. Druso, pretor da cidade, autoriza a ação intentada contra um herdeiro em decorrência de um mandato; S. Julio a recusa. O juiz C. Celio absolve o comediante que tinha se referido injuriosamente em cena ao poeta Lucilio, e P. Mucio condena aquele que tinha feito o mesmo com o poeta L. Acio'. Dessa forma, como podem se produzir dois julgados contraditórios sobre um mesmo assunto, é preciso, desde que essa situação se apresente, comparar em conjunto os julgamentos, os juízes, o tempo, o número de sentenças...".*[29]

---

28 2.12: "*In causa rationali primum quaeretur, ecquid in rebus maioribus, aut minoribus, aut similibus, similiter scriptum aut iudicatum sit: deinde, utrum ea res similis sit ei rei, qua de agitur, an dissimilis*". V., entre nós, sobre a obra anônima *Rethorica ad Herennium*, Aloísio Surgik, *Lineamentos do processo civil romano*, Curitiba, Livro é Cultura, 1990, p. 75.

29 *Rethorica ad Herennium*, 2.13: "*Absoluta juridiciali constitutione utemur, quum ipsam rem, quam nos fecisse confitemur, iure factam dicemus, sine ulla assumtione extrariae defensionis. In ea quaeri convenit, jurene factum sit: de eo, causa posita, dicere poterimus, si ex partibus ius conste, cognoverimus. Constat igitur ex his partibus: natura, lege, consuetudine, iudicato, aequo et bono, pacto. Natura ius est, quod cognationis aut pietatis causa observatur; quo iure parentes a liberis, et a parentibus liberi coluntur. Lege ius est id, quod populi iussu sancitum est; quod genus, ut in ius eas, quum voceris. Consuetudine ius est id, quod sine lege, aeque acsi legitimum sit, usitatum est; quod genus, 'id, quod argentario tuleris expensura, a sócio eius recte repetere possis'. Iudicatum est id, de quo sententia lata est, aut decretum interpositum. Ea saepe diversa sunt, ut aliud alii iudici, aut praetori, aut consuli, aut tribuno plebis placitum sit; et fit, ut de eadem re saepe alius aliud decreverit, aut iudicaverit; quod genus: 'M. Drusus, praetor urbanus, quod cum herede mandati ageretur, iudicium reddidit; S. Julius non reddidit. Item, C. Coelius iudex absolvit iniuriarum eum, qui Lucilium poetam in scena nominatim laeserat; P. Mucius eum, qui L. Attium*

A exegese desse texto leva à conclusão de que se utilizava o precedente judicial para persuadir a convicção do juiz, a fim de que decidisse em senso análogo. Com tal escopo, dessume-se que o domínio do assunto pelo orador *ad Herennium* era patente, mormente quando considerado que: "a invocação do *exemplum* será tanto mais útil e eficaz quanto maior for a sua similitude com o caso a ser decidido; quanto mais forem próximos no tempo, e quanto maior for o prestígio do juiz da precedente decisão; ainda mais eficiente será a citação de um grande número de sentenças de idêntico conteúdo, sobretudo se o adversário não tiver a possibilidade de opor àquelas um número igual ou maior de sentenças que adotam orientação contrária".[30]

Por outro lado, vem esclarecido que será contraproducente "invocar um julgamento, como precedente, se ele se refere a um objeto diferente ou a qualquer ponto que não esteja em discussão; ou, ainda, for de tal natureza que os adversários possam citar em contrário um número maior de sentenças ou que melhor se ajustam à causa".[31]

Vale anotar que toda essa técnica preconizada pela retórica, quanto à citação de precedentes decisões como fundamental subsídio de convencimento do *iudex*, é devida, com muita probabilidade, ao fato de que os juízes do processo formular não eram geralmente versados em direito. Entende-se assim como deveria ser importante mostrar ao julgador que, em momento anterior, outro órgão judicante já havia apreciado questão análoga e formado determinada convicção.[32]

3. Fontes clássicas

3.1. Auctoritas imperial como fundamento da iurisdictio principis

É incontroverso que a data tradicional de 13 de janeiro de 27 a.C. marcou o fim do agitado período de crise da *respublica* romana e o início de uma nova era, a mais gloriosa e próspera da civilização romana.

poetam nominaverat, condemnavit'. Ergo, quia possunt res simili de causa dasimiliter iudicatae proferri, quum id usu venerit, iudicem cum iudice, tempus cum tempore, numerum cum numera iudiciorum proferemus...".

30 Cf. Letizia Vacca, *La giurisprudenza nel sistema delle fonti del diritto romano*, cit., p. 39.

31 *Rethorica ad Herennium*, 2.29: *"Res iudicata vitiose profertur, si aut dissimili de re proferatur; aut de ea re, qua de controversia non est; aut si improba; aut eiusmodi, ut aut plures, aut magis idoneae res iudicatae ab adversariis proferri possint".*

32 Cf., nesse sentido, Marrone, *Su struttura della sentenza, motivazione e "precedenti" nel processo privato romano*, cit., p. 31: compreende-se ainda "come, negli scritti di retorica, la sentenza era considerata non solo utile *exemplum* ma anche, di più, elemento concorrente alla formazione del *ius*".

A estrutura da sociedade de Roma, no trânsito da República ao Principado, não sofreu transformações de natureza sócio-econômica; contudo, em razão dos graves distúrbios que se prolongaram por mais de um século, mister se fazia a instauração de uma nova ordem política em busca da *pax romana* no território do vasto império.[33]

O esforço então exigido para o retorno da normalidade institucional culminou com a concentração de amplas prerrogativas nas mãos do *princeps*, cuja atuação suplantou inclusive a produção legislativa dos comícios e do senado, dando início a um processo de unificação das fontes do direito. As novas feições das instituições públicas, devidas às evidentes mudanças da realidade histórica, exerceram direta influência nos modos de revelação do direito, uma vez que as determinantes do mundo jurídico estavam agora sob uma única e exclusiva direção.

Não bastasse a concessão dos amplos poderes que, ao *princeps*, foram outorgados pelo senado, em nome do povo romano, a situação jurídico-constitucional de Otaviano Augusto resulta, outrossim, mais clara, se considerarmos a extensão da *auctoritas*, poder, aliás, que ele mesmo afirmava, na propaganda oficial de seu governo, ser o sustentáculo de toda a sua atuação como soberano.[34]

Com efeito, a magnitude de tal prerrogativa bem demonstra o esforço dos juristas clássicos – primeiro Gaio e, em momento posterior, Ulpiano – de racionalmente tentarem conferir investidura legítima aos poderes do *princeps*.[35]

É de concluir-se, pois, que as diretrizes traçadas pela política augustea se refletiriam sobre todos os campos do direito e, por via de conseqüência, sobre a organização judiciária.

Em 17 a.C., Augusto reorganiza o sistema processual do *ordo iudiciorum privatorum*, então ainda em vigor, ao promulgar a *lex Julia privatorum*.

Como já tivemos oportunidade de asseverar, o detido exame do conjunto de circunstâncias relativas à edição dessa lei, que introduziu em definitivo o processo *per formulas*, em substituição àquele das *legis actiones*, demonstra que a fi-

---

33 Cf. Mario Mazza, *Lineamenti di storia del diritto romano* (obra coletiva dir. Mario Talamanca), Milano, Giuffrè, 1979, p. 415.

34 V. a transcrição das *Res Gestae*, 6.34.21 em Francesco De Martino, *Storia della costituzione romana*, v. 5 (reed.), Napoli, Jovene, 1971, pp. 246 ss., contendo inclusive a exposição da celeuma acerca desse importante documento. Consulte-se, ainda, Orestano, *Il potere normativo degli imperatori e le costituzioni imperiali*, Torino, Giappichelli, 1937, pp. 35-36, com o esclarecimento de que: "l'*auctoritas* va al di là della *potestas*, porquanto a reunião de todas as faculdades concedidas ao príncipe, mesmo tendo um valor mais amplo do que singularmente consideradas, era inferior àquele que representava o poder político dos soberanos a partir de Augusto.

35 V., a respeito das interpretações do texto da *lex de imperio Vespasiani*, Cruz e Tucci, *Jurisdição e poder*, cit., p. 27.

nalidade última de tal intervenção legislativa não foi apenas a de racionalizar o regramento processual vigente, mas certamente o desejo de diminuir a discricionariedade do pretor em relação ao maior número possível de controvérsias, incluídas, de modo especial, aquelas que se fundavam nas fórmulas do *ius honorarium*, inseridas ano após ano no edito pretoriano.[36]

Essa reforma determinou ainda a unificação da instância, ou seja, com a intromissão da *cognitio extraordinaria* do *princeps* ou de seus delegados na apreciação de determinadas causas que, em princípio, careciam de tutela jurídica, o procedimento, até então obrigatoriamente bipartido, passa a desenrolar-se, desde sua instauração, até o final, diante de uma única autoridade estatal ("magistrado-funcionário").

Com a gradativa oficialização das instituições processuais, resultante da consolidação da *cognitio extra ordinem*, o magistrado, agora também juiz, passa a ser o titular do poder-dever de examinar as provas e proferir a sentença, a qual não mais consistia num ato exclusivo do cidadão romano, não tinha mais caráter arbitral, mas, sim, uma atuação jurisdicional em que se descortinava a vontade do soberano.

As vantagens do novo procedimento, a maior autoridade conferida ao juiz e o abandono do formalismo, propiciaram a expansão da *cognitio*, chegando, em pouco tempo, a ser aplicada tanto na metrópole como nas províncias.[37]

No segundo século do Principado, outrossim, a *interpretatio* dos juristas é enriquecida pelo desenvolvimento do pensamento jurídico nos círculos das duas escolas que haviam sido fundadas: a dos Sabinianos, por Caio Ateio Capitão, e a dos Proculeianos, por Antistio Labeão. A passagem da jurisprudência republicana à jurisprudência clássica "veio marcada pela personalidade de Labeão, cuja obra é caracterizada pela maturidade e por um refinado aperfeiçoamento do processo de elaboração racional do direito em forma problemática, iniciado por Quinto Mucio Scevola e Sérvio Sulpicio Rufo".[38]

---

36 Cf., ainda, Cruz e Tucci, *Jurisdição e poder*, cit., p. 27, com lastro em Nicola Palazzolo, *Processo civile e politica giudiziaria nel principato*, Torino, Giappichelli, 1980, p. 29.

37 Cf., nesse sentido, reproduzindo Cruz e Tucci e Azevedo, *Lições de história do processo civil romano*, cit., pp. 140-141.

38 Letizia Vacca, *La giurisprudenza nel sistema delle fonti del diritto romano*, cit., pp. 96-97. O procedimento lógico-heurístico utilizado por Labeão, com amparo na analogia, "revela que a sua obra constitui expressão completa da técnica de abstração, entendida não como instrumento para propor 'regras' reputadas definitivas e 'normas' para a solução dos casos futuros, mas como esquema de argumentação que permite a passagem da solução concreta a uma literatura problemática, na qual os resultados da interpretação prática vêm 'fixados' em 'máximas', que, em sua estrutura, apresentam implicações próprias do método casuístico" (cf. Letizia Vacca, *I precedenti e i responsi*

3.2. Atividade normativa e jurisdicional do princeps

À época de introdução do sistema processual *extra ordinem* não havia regras uniformes que disciplinassem a intervenção jurisdicional do *princeps* ou de seus magistrados. Em algumas questões não contempladas pelo *ius civile* ou não previstas no edito do pretor (*ius honorarium*) – como, *v. g.*, fideicomisso, alimentos entre consagüíneos -, o tribunal imperial julgava diretamente mediante *decreta*, compreendidos entre as *constitutiones principis*.

Em outras situações, em atenção à solicitação do juiz da causa ou a requerimento de uma das partes, o príncipe, também consultando o seu *consilium*, emitia um *rescriptum*, que servia de orientação para o juiz encarregado de dirimir a controvérsia.

Essa atividade irrompe cada vez mais crescente, à medida que o Principado se firmava, e transforma-se, na passagem do II para o III século d.C., em significativa fonte de expressão do direito. É bem de ver, contudo, que a ingerência do poder imperial não visava apenas a introduzir princípios jurídicos novos, mais consentâneos com a realidade da sociedade romana, mas também tinha por finalidade interferir na esfera processual, com o intuito de subtrair o julgamento da lide de seu juiz natural.

Um primeiro problema que se coloca sobre esse tema diz respeito ao caráter vinculante das *constitutiones.*

Não se pode negar que os *edicta*, dada a natureza legislativa e geral que os conotavam, ostentavam força normativa. Exemplos paradigmáticos de *edictum* são o Edito aos Cirineus, do início da era cristã, baixado por Augusto para regulamentar a composição dos tribunais provinciais, e o Edito de Caracala (*constitutio Antoniniana*), de 212 d.C., que estendeu a cidadania romana a todos os habitantes do império romano.

Os *mandata*, a seu turno, que tinham por objeto instruções administrativas dirigidas pelo imperador aos seus funcionários, possuíam igualmente ampla eficácia.

Já as outras espécies de constituições imperiais, vale dizer, os *decreta,* os *rescripta*, e as *epistolae*, revestiam-se de natureza decisória e respeitavam a casos concretos.

Cumpre observar, de logo, que os *decreta principum* eram as sentenças proferidas pelo imperador no exercício de sua jurisdição, em grau originário ou recursal.

---

dei giuristi, Lo stile delle sentenze e l'utilizzazione dei precedenti. Profili storico-comparatistici, cit., p. 54). V., acerca das controvérsias entre as duas referidas escolas, Alexandre Correia e Gaetano Sciascia, *Manual de direito romano*, v. 1, 4ª ed., São Paulo, Saraiva, 1961, pp. 425 ss.

Na verdade, "o caráter vinculante destes provimentos do imperador em relação ao caso decidido é inequívoco: trata-se do normal efeito da sentença irrevogável segundo a regra do ordenamento romano; e é óbvio que, interposta a apelação, a sentença do imperador é inapelável".[39]

Os *rescripta* e as *epistolae* – diferentes na forma, mas coincidentes na substância – tinham natureza casuística, pois eram as respostas dadas pelo *princeps* em atendimento a consultas suscitadas pelos magistrados ou pelo próprio litigante sobre uma questão controvertida pertinente a um caso concreto. Estas constituições, de idêntico modo, deveriam também ser acatadas pelos juízes ao decidirem o caso concreto por força da *auctoritas* do soberano.

Tais julgamentos, como se observa, tinham a natureza de atos decisórios subjetivamente complexos, uma vez que construídos, em escalonada seqüência, por diferentes órgãos judicantes. Ademais, ostentavam, em regra, invejável qualidade técnica, porque elaborados por juristas que integravam o *consilium principis*. O exemplo mais notório é o de Papiniano, "cujo estilo é reconhecido em inúmeros rescritos de Caracala, no exercício da função de *magister libellorum*".[40]

Aprofundando a pesquisa na essência das fontes clássicas, caberia indagar se esses pronunciamentos imperiais, de cunho casuísta, teriam alguma eficácia vinculante no domínio de processos futuros.

3.3. Constituições imperiais como precedente persuasivo

Dentre as fontes primárias e autênticas pré-justinianéias que retratam os rumos do direito romano clássico – *Tituli Ulpiani, Pauli sententiae* e *Vaticana fragmenta* – destacam-se, assim, pela indubitável importância, as *Instituições* de Gaio; um manual, claro e didático, escrito em quatro livros, para servir de compêndio objetivando o estudo do direito no primeiro ano das escolas, em Roma e, particularmente, nas províncias.

Escrevendo em meados do século II d.C., Gaio procura traçar, no início de sua obra, o rol das fontes de produção do direito àquela época, expressando-

39 Cf. Talamanca, *Lineamenti di storia del diritto romano* (obra coletiva), cit., p. 458. V., em senso análogo, José Carlos Moreira Alves, *Direito romano*, v. 1, 5ª ed., Rio de Janeiro, Forense, 1983, p. 43; Thomas Marky, *Curso elementar de direito romano*, São Paulo, Ed. Franciscana, 1971, p. 36.

40 V., sobre esse pormenor, Nicola Palazzolo, *Potere imperiale ed organi giurisdizionali del II secolo d.C.*, Giuffrè, Milano, 1974, p. 45. A atividade de Papiniano vem aludida inclusive pelos próprios juristas romanos: Trifonino, D. 20.5.12.pr (*l. 8 disputationum*): "O Imperador refutou por rescrito, atuando Papiniano no libelo, que o credor podia obter a garantia prestada pelo devedor, visto que este conserva o domínio" (= "*Rescriptum est ab imperatore libellos agente Papiniano creditorem a debitore pignus emere posse, quia in dominio manet debitoris*").

-se então do seguinte modo: "2... os direitos do povo romano constam das leis, plebiscitos, senatusconsultos, *constituições imperiais*, editos dos que têm o direito de expedi-los, respostas dos prudentes... 5. *A constituição imperial é o que o imperador ordena mediante um decreto, edito ou epístola. Nem mais se duvidou tenha força de lei, pois é em virtude da lei que o imperador assume o governo...*".[41]

É muito provável que a expressão «*leges vicem optinere*" (tem força de lei), empregada pelo jurista clássico aos decretos e às epístolas (e, ainda, com toda certeza aos rescritos), não alvitrasse projetar eficácia alguma destes além dos limites da natural força vinculante atinente à hipótese concreta.

Isso não obstante, Ulpiano refere-se às constituições imperiais, fazendo uma importante distinção entre aquelas que são pessoais (*e. g.*: indulgência em razão dos méritos do interessado ou cominação de pena) e outras, que poderiam ser invocadas como *exemplum*.[42]

E, por essa razão, atribui-se valor aos *decreta*, aos *rescripta* e às *espistolae* como precedentes judiciais, porque fundados na *auctoritas* do órgão que as proferia, sendo certo que, em tal período, cunha-se a famosa máxima: "*quod principi placuit legis habet vigorem*".[43]

Não parece, contudo, que a orientação ditada pelo *princeps* ou pela chancelaria imperial *a libellis* ou *ab epistulis*, isto é, em resposta a um caso concreto, potenciasse, de fato ou de direito, efeito legislativo generalizado.

Todavia, na praxe judiciária do Principado, sobretudo a partir da época de Adriano (117-138 d.C.), "a citação de constituições imperiais anteriormente expedidas em casos análogos possuía, sem dúvida, eficácia persuasiva de *exemplum*, que não se confundia com a força vinculante de uma lei geral. De fato, se é evidente que um argumento, assentado na invocação de precedente provimento imperial, induzia, geralmente, o juiz a se convencer, em decorrência da *auctoritas* do soberano, isto também demonstra que o processo de generalização aí se opera

---

41 Gaio, 1.2 e 5: "*Constant autem iura populi Romani ex legibus, plebiscitis, senatusconsultis, constitutionibus principum, edictis eorum, qui ius edicendi habent, responsis prudentium... 5. Constitutio principis est quod imperator decreto vel edicto vel epistula constituit; nec umquam debitatum est, quim id legis vicem optineat, cum ipse imperator per legem imperium accipiat*".
Sobre a relevância da obra de Gaio, v. Moacyr Lobo da Costa, *Gaio. Estudo bio-bibliográfico*, São Paulo, Saraiva, 1989.

42 D. 1.4.1.2 (*l. 1 institutionum*): "Destas, algumas são certamente pessoais e não se prestam para exemplo..." (= "*... Plane ex his quaedam sunt personales nec ad exemplum trahuntur...*").

43 Ulpiano, D. 1.4.1 (*l. 1 institutionum*). V., nesse sentido, Talamanca, *Lineamenti di storia del diritto romano* (obra coletiva), cit., p. 461; José Reinaldo de Lima Lopes, *O direito na história. Lições introdutórias*, São Paulo, Max Limonad, 2000, p. 57.

mediante um mecanismo que não pode ser identificado com a aplicação de uma lei, mas, sim, com a incidência analógica de uma regra específica".[44]

Observe-se que o texto original das manifestações casuístas do *consilium principis* era bem mais amplo do que aquele sintetizado na obra dos juristas clássicos e no *Codex* justinianeu, porque continham a *consultatio* ou o *libellus*, a fundamentação e a respectiva conclusão da resposta.

Esses elementos formais, como se assevera, equiparam os *rescripta* à estrutura de qualquer parecer legal ou decisão de época moderna.[45]

Depois da solicitação oficial, a resposta à questão era, em regra, fornecida pela própria chancelaria imperial, ao passo que nos casos mais complexos, o *consilium* era chamado a intervir para debater o problema, e então vinha aposta a *subscriptio* na base do libelo original, conservando-se uma cópia do *rescriptum*.

Infere-se que "os *rescripta* assim obtidos podiam ser exibidos não apenas na causa para a qual haviam sido elaborados, mas ainda em controvérsias análogas. É de presumir-se destarte que, por essa razão, sempre era possível obter dos arquivos imperiais a cópia de um rescrito, acompanhada do relativo *libellus*".[46]

Nesse sentido, segundo prestigiosa doutrina, a conservação das constituições imperiais nos arquivos oficiais era feita com a indicação do nome do imperador e com o do destinatário, seguida, se este fosse um funcionário, da alusão ao seu cargo.[47]

Ademais, importante subsídio à elucidação desse tema é fornecido por Frontão, no discurso de *testamentis transmarinis* perante Antonino Pio (138-161), referenciado pelo orador em uma carta dirigida ao Imperador Marco Aurélio (161-180): "Nas questões e nas causas que são julgadas pelos juízes privados não há perigo algum, visto que as suas sentenças valem somente nos confins da causa; pelo contrário, com os teus decretos, o imperador sanciona exemplos destinados a valerem publica e perpetuamente. A força e poder deles são bem maiores do que

---

44 Cf. Letizia Vacca, *La giurisprudenza nel sistema delle fonti del diritto romano*, cit., p. 89.

45 Cf. Tony Honoré, *Emperors and Lawyers*, 2ª ed., Oxford, Clarendon, 1994, p. 59: "some rescripts tend to be composed in the syllogistic form: law, facts, conclusion".

46 Palazzolo, *Potere imperiale ed organi giurisdizionali nel II secolo d.C.*, cit., p. 51, que invoca, em abono de sua afirmação, D. 36.1.76.1 (Paulo, *l. 2 decretorum*): "... os tutores de Variana, filha de Antonio, alegavam sua pobreza, e citavam uma Constituição do Divino Adriano, na qual havia determinado, em relação aos encargos municipais..." (= "*tutores Valerianae, filiae Antonini, egestatem eius praetendebant, et recitabant Divi Hadriani Constitutionem, in qua, quantum ad munera municipalia...*)".

47 Edoardo Volterra, *Il problema del testo delle costituzioni imperiali*, La critica del testo. Atti del II Congresso internazionale della Società Italiana di Storia del Diritto, Firenze, s/ed., 1971, p. 869, *apud* Palazzolo, *Potere imperiale ed organi giurisdizionali nel II secolo d.C.*, cit., p. 51, nt. 90.

aquelas atribuídas ao fato. O fato estabelece que coisa deve acontecer a cada um de nós: tu, quando decreta qualquer coisa em relação aos indivíduos, no mesmo momento vincula tudo mediante o exemplo. Portanto, se aprovares este decreto do proconsul, terás fornecido um precedente a todos os magistrados de todas as províncias, orientando como devem eles decidir as causas análogas".[48]

Apesar da significativa distinção entre as sentenças (dotadas de eficácia *intra muros*) dos juízes e os *decreta*, que constituíam *exempla publice valitura in perpetuum* pela *vis et potestas* do julgador, não se pode admitir uma eficácia vinculante de tais precedentes em relação a processos futuros. A "validade constante" referida pelo orador sugere que as decisões imperiais fossem realmente invocadas, em processos futuros, com o intuito de persuadir o órgão incumbido de julgar a causa análoga.

Importante também para a compreensão dessa temática é um texto de Ulpiano, que se reporta a um rescrito, no qual o imperador envia cópia da solução dada a um caso concreto, em matéria de *cognitio alimentorum*, a todos aqueles juízes competentes para julgar questões análogas, com a declarada finalidade de servir de *exemplum*: "... como demonstram os seguintes rescritos: 'Envie-se cópia da instância que me foi apresentada pelo liberto de Silio, sabendo que este caso servirá de exemplo'...".[49]

De um ponto de vista ainda mais técnico, a roborar a linha de raciocínio ora desenvolvida, é de ser invocado um rescrito do Imperador Settimio Severo (193-211), mencionado por Calistrato: "De fato, o nosso imperador Severo respondeu que, nas ambigüidades originadas das leis, deve ter força de lei o costume ou a autoridade das coisas constantemente julgadas de modo uniforme".[50]

---

48 *Ep. ad M. Caes.* 1.6.2-3: *"In iis rebus et causis quae a privatis iudicibus iudicantur, nullum est periculum, quia sententiae eorum intra causabus iudicantur, nullum est periculum, quia sentenciae eorum intra causarum demum terminos valent; tuis autem decretis, imperator, exempla publice valitura in perpetuum sanciuntur. Tanto maior tibi vis et potestas quam fatis attributa est. Fata quid singulis nostrum eveniat statuunt: tu, ubi quid in singulos decernis, ibi universos exemplo adstringis. Quare, sic hoc decretum tibi proconsulis placuerit, formam dederis omnibus omnium provinciarum magistratibus, quid in eiusmodi causis decernant", apud* Vincenti, *I precedenti giudiziali: prospettive romanistiche*, cit., pp. 15-16.

49 D. 34.1.3 (*l. 2 de officio consulis*): *"...ut rescripta subiecta ostendunt: 'Exemplum libelli dati mihi a libertis Silii misi vobis, sciens ad exemplum, istam rem pertinere"*. Interessante é notar que o vocábulo *exemplum*, nesse fragmento, é utilizado em duplo sentido: como cópia e como precedente. V., sobre esse ponto, Palazzolo, *Processo civile e politica giuzidiaria nel principato*, cit., pp. 118-119.

50 D. 1.3.38 (*l. 1 quaestionum*): *"Nam Imperator noster Severus rescripsit, in ambiguitatibus, quae ex legibus proficiscuntur, consuetudinem, aut rerum perpetuo similiter iudicatarum auctoritatem vim legis obtinere debere"*. V., ainda, Vincenti, *I precedenti giudiziali: prospettive romanistiche*, cit., p. 19, que afasta a suspeita de interpolação do transcrito fragmento.

Assim, ao que tudo indica, é pela primeira vez na experiência romana que se reconhece, de modo expresso, considerável eficácia persuasiva ao precedente uniforme e constante.[51]

Verifica-se, por outro lado, que os provimentos decisórios do tribunal imperial foram, pouco a pouco, contribuindo para a formação de sólida jurisprudência, que resultou no aperfeiçoamento e na criação de novos institutos jurídicos.[52]

Os *rescripta* e os *decreta* integram assim as fontes de caráter jurisprudencial da história do direito romano clássico. Sua origem e finalidade identificam-nos ao método e à natureza dos *responsa* dos juristas, que, a seu turno, conferem a tais provimentos imperiais o caráter de regras casuísticas. Foram recepcionados pelos juristas como precedentes a considerar ao ensejo de manifestarem a própria opinião, como refere Gaio: "Se um litiga com alguém por meio de várias ações, cujo valor de cada demanda encontra-se na jurisdição daquele que deve julgar, mas a soma de todas excede o limite de sua jurisdição, perante ele pode ajuizá-las, como pareceu a Sabino, Cássio e Próculo, cuja sentença é confirmada pelo rescrito do imperador Antonino".[53]

3.4. Eficácia vinculante do ius respondendi ex autoritate principis

Por determinação de Augusto, os juristas mais destacados passam a gozar da prerrogativa de elaborar pareceres jurídicos (*ius respondendi*), com força vinculante para os juízes, porque emitidos *ex autoritate principis*. É mais uma vez Pompônio que noticia: "O divino Augusto, para conferir maior autoridade ao direito, foi o primeiro que permitiu [aos jurisconsultos] que respondessem investidos de sua própria autoridade".[54]

Realmente, como antes já destacado, outra fonte de produção do direito clássico, enunciada por Gaio, eram os *responsa prudentium*, ou seja, "as sentenças e as opiniões daqueles a quem é permitido constituir o direito. E se todos concorda-

51 Vincenti, *I precedenti giudiziali: prospettive romanistiche*, cit., p. 19.

52 Consulte-se, sobre as efetivas modificações do ordenamento jurídico, *v. g.*, em matéria de fideicomisso, estado da pessoa, alimentos, Palazzolo, *Potere imperiale ed organi giurisdizionali nel II secolo d.C.*, cit., pp. 247 ss.

53 D. 2.1.11.pr (*l. 1 ad edictum provinciale*): "*Si idem cum eodem pluribus actionibus agat, quarum singularum quantitatis intra iurisdictionem iudicantis sit, coacervatio vero omnium excedat modum iurisdictionis eius: apud eum agi posse Sabino Cassio Proculo placuit: quae sententia rescripto imperatoris Antonini confirmata est*". V. Carlo Augusto Cannata, *Lineamenti di storia della giurisprudenza romana*, 1, 2ª ed., Torino, Giappichelli, 1976, p. 75; *Historia de la ciencia jurídica europea*, tr. esp. Laura Gutiérrez-Masson, Madrid, Tecnos, 1996, p. 93.

54 D.1.2.49 (*l. sing. Enchiridii*): "*Primus Divus Augustus, ut maior iuris auctoritas haberetur, constituit, ut ex auctoritate eius responderent*".

rem na mesma opinião, esta tem força de lei; se porém dissentirem, poderá o juiz seguir a que melhor lhe parecer, conforme dispõe um rescrito do divino Adriano".[55]

No transcurso do século II d.C. estreita-se a relação entre a atividade dos juristas e a cúpula imperial, fator esse que permitiu àqueles ingressar na burocracia oficial, alcançando importantes funções.

Frise-se, ainda uma vez, que na experiência jurídica romana, seja na esfera do *ius honorarium*, seja no âmbito dos poderes normativo e jurisdicional dos imperadores, e, ainda, da *interpretatio iuris* dos juristas clássicos, o direito é construído à luz do exame do caso concreto, a partir da utilização racional das soluções precedentemente individuadas, que implicam a formação de um sistema casuístico, isto é, um direito no qual a solução exige sempre uma argumentação científica "da caso a caso".[56]

Pois bem, a partir da reforma de Adriano, os pareceres dos juristas da chancelaria imperial apresentam-se como emanação "mediata" da vontade do imperador, mas nem por essa razão o seu valor normativo extrapolava os limites dos casos específicos para os quais haviam sido elaborados.

A rigor, sob o aspecto substancial, os *responsa signata* pelos juristas diferenciavam-se dos provimentos decisórios do imperador, exarados em hipóteses concretas, apenas pela menor autoridade ("funcional") ocupada pelo subscritor em relação ao soberano.

A opinião do imperador era sempre acatada pelos jurisconsultos, como conseqüência lógica do *ius respondendi ex auctoritate principis*.

Desse modo, para um caso concreto, o precedente *rescriptum* era decisivo frente a qualquer outro ponto de vista acerca da questão jurídica que se apresentava. A interação entre as teses dos juristas e as decisões do imperador (consideradas, umas e outras, como precedentes e, portanto, fora de uma hipótese específica), pelo contrário, vem esclarecida em uma passagem de Ulpiano, "que se refere a um *rescriptum* dos *divi fratres*, no qual tais imperadores explicam que o jurista Volusio Meciano havia adotado, em sinal de respeito, a solução dada em um anterior rescrito, mas, que, discutindo sobre a questão tanto com Meciano

55 1.7: "*Responsa prudentium sunt sententiae et opiniones eorum, quibus permissum est iura condere. Quorum omnium si in unum sententiae concurrunt, id, quod ita sentiunt, legis vicem optinet; si vero dissentiunt, iudici licet quam velit sententiam sequi: idque rescripto divi Hadriani significatur*".

56 Cf., uma vez mais, Letizia Vacca, *I precedenti e i responsi dei giuristi*, cit., p. 46. V., para uma análise percuciente do conceito de "caso", Franz Horak, *Osservazioni sulla legge, la casistica e il case law nel diritto romano e nel diritto moderno*, Legge, giudici, giuristi (obra coletiva), Milano, Giuffrè, 1982, pp. 68 ss.; *Dogmática e casuística no direito romano e nos direitos modernos*, Revista de direito civil, imobiliário, agrário e empresarial, tr. port. Eduardo César Silveira V. Marchi, 28(1984):84-85.

como com outros juristas, tinham preferido modificar a orientação e reconhecer o acerto da solução sustentada anteriormente por Juliano".[57]

No entanto, não se pode olvidar a determinação do imperador Adriano, aludida por Gaio, no sentido de que, havendo convergência de opinião entre os juristas que detinham o *ius respondendi ex autoritate principis*, revestia-se ela de força de lei. Entendemos, contudo, que, mais uma vez, a locução *legis vicem optinet*, no texto gaiano, vem utilizada com enfoque restrito ao caso concreto, e, portanto, não relacionada a qualquer eficácia *erga omnes*.

E isso, até porque, como bem esclarece Gaio, no texto antes transcrito, se houvesse colidência de pontos de vista acerca de alguma tese jurídica, o juiz da causa tinha a liberdade de julgar nos limites de um dos pareceres, sendo certo que não estava autorizado a proferir decisão lastreada em novo fundamento.[58]

Ressalte-se, por outro lado, que a autoridade de precedente de que eram revestidos os responsa prudentium decorria da praxe de leitura (*recitatio*) diante dos juízes, de extratos de obras de juristas, e, até mesmo, de trechos de constituições imperiais casuístas.

Diante desse quadro, complexo e interativo, as regras práticas que prevaleciam, nas últimas décadas da época clássica, no tocante à observância dos precedentes podem ser sintetizadas da seguinte forma:

a) as opiniões dos imperadores prevaleciam sobre a dos juristas;

b) na hipótese de contradição entre constituições imperiais, acatava-se a mais recente;

c) somente era permitida a citação das opiniões dos juristas credenciados com o *ius respondendi*;

d) se, acerca de um caso concreto, houvesse divergência entre os juristas, seguia-se a tese mais prestigiada; e

e) se nenhuma opinião pudesse ser considerada dominante, o juiz escolhia livremente, mas não podia criar uma nova.[59]

Acrescente-se, por fim, que "as obras jurídicas mais recentes eram as únicas utilizadas no foro; e, no crepúsculo da época clássica, eram, sobretudo, os livros de Papiniano e dos outros grandes enciclopedistas da época dos severos, a saber: Paulo e Ulpiano, aos quais se soma Modestino; mas nas obras destes, e, em

57 D. 37.14.17.pr (*l. 11 ad legem Iuliam et Papiam*). Cf. Carlo Augusto Cannata, *Historia de la ciencia jurídica europea*, cit., pp. 92-93.

58 V., nesse sentido, Jean Kalindéro, *Droit prétorien et réponses des prudents*, Paris, Chevalier-Marescq, 1883, p. 181.

59 V., em sentido semelhante, Cannata, *Historia de la ciencia jurídica europea*, cit., p. 94

particular, nas de Paulo e Ulpiano, a jurisprudência precedente era amplamente citada".[60]

Na verdade, sob essa ótica, pode-se mesmo concluir que até a época do Imperador Constantino – na qual se acentua a idéia absolutista de que o monarca é o único legislador e intérprete do direito, idéia esta totalmente contrária aos pressupostos do direito jurisprudencial – a evolução do direito romano foi determinada pela técnica dos precedentes.[61]

3.5. Precedentes judiciais na prática judiciária do Egito romano

Na província do Egito, o *praefectus Aegypti* era a mais elevada autoridade judiciária, e contava com o auxílio dos *estrategos* e *epistrategos*, juízes inferiores.[62]

O exame dos papiros egípcios da época do Principado revela que não raro os litigantes invocavam, em suas respectivas manifestações, anteriores sentenças judiciais.[63]

Saliente-se, no entanto, que não é possível afirmar com segurança se no Egito havia obrigatoriedade de o juiz inferior acolher precedente decisão de juiz superior. Parece que a tendência de invocar julgados proferidos em outras demandas teria o escopo de persuadir o magistrado a manter a continuidade de determinada tradição jurídica.

Entre tais documentos, cita-se, como exemplo, um papiro do ano 200, em que uma mulher, Apollonarion, pleiteava isentar-se da responsabilidade do cultivo da terra. E, então, para justificar as razões, o seu defensor, perante o estratego, argumenta com base em precedentes judiciais: "... *Parmenion disse: Leia os julgados atinentes a casos análogos:... Leu um edito de Tiberius Alexander do segundo ano de Galba, no qual se proibia às mulheres o cultivo, e uma sentença do mesmo teor proferida pelo prefeito Valerius Eudaemon, no quinto ano de Antonino, e uma outra do epistratego Minicius Corellianus, no décimo ano de Antonino Cesar imperador. Parmenion disse: De conformidade com os julgados que invocaste, pode Tathun... ser liberada do cultivo.... outros colonos encarregar-se-ão do cultivo...*".[64]

---

60 Cannata, *Historia de la ciencia jurídica europea*, cit., p. 94.

61 Cf. Letizia Vacca, *Contributo allo studio del metodo casistico nel diritto romano*, cit., p. 131.

62 V., a respeito da organização da justiça na província do Egito, Giuliana Foti Talamanca, *Ricerche sul processo nell'Editto greco-romano*, 1, Milano, Giuffrè, 1974, pp. 27 ss.

63 Cf. Gianfranco Purpura, *Diritto, papiri e scrittura*, Torino, Giappichelli, 1995, p. 96.

64 *P. Oxy. 6.899*, reproduzido por Umberto Vincenti, *Il valore dei precedenti giudiziali nella compilazione giustinianea*, 2ª ed., Padova, Cedam, 1995, pp. 72-73. V., ainda, Ranon Katzoff, *Precedents in the Courts of Roman Egypt*, Zeitschrift der Savigny-Stifitung (Romanistische Abteilung), 82(1972):268-269.

Com base nas pesquisas desenvolvidas sobre esses textos[65], a romanística também se reporta a outro papiro, do ano 186, que contém uma petição ao prefeito Pomponio Faustiano, dirigida por Dionysia, contra o seu pai Chaeremon, por ter sido afastada de seu marido contra a sua vontade. Vários precedentes são invocados: o primeiro deles teve processamento perante o prefeito T. Flavio Ticiano, em 128, no qual um pai chamado Sempronio, raptou sua filha do marido Antonio. Este recorreu ao epistratego para reaver sua mulher. Sempronio defendeu-se alegando ter direito com base na lei nativa do Egito, sobretudo porque Antonio o tinha ameaçado de acusá-lo por incesto. Em tal caso o prefeito decidiu a favor da requerente, declarando que o pai não tinha direito de "*apospasis*" (espécie de pátrio poder). Este precedente serviu para fundamentar outra situação – o segundo colacionado por Dionysia – ocorrida seis anos mais tarde, em 134, perante o epistratego Paconio Felix. Aqui também prevaleceu a vontade da mulher, acolhendo-se a anterior decisão de Flavio Ticiano. A causa foi decidida em prol de Dionysia.[66]

Em outro documento, datado de 254, os demandantes, Aurélio Theo e Aurélio Arsino, queixavam-se ao juiz de Oxirinco que haviam sido indevidamente indicados à função de exatores da cidade. Invocaram, então, um precedente judicial no qual, em caso análogo, havia sido reconhecido o equívoco da nomeação.[67]

É importante esclarecer, nesse particular, que prevalecia na praxe judiciária do Egito romano o princípio iura non novit curia, sendo, assim, ônus do litigante produzir prova da lei vigente e dos eventuais precedentes judiciais citados como paradigma.

4. Fontes pós-clássicas

4.1. Declínio da scientia iuris

Com a morte do derradeiro imperador da dinastia severiana, Alexandre Severo (222-235 d.C.), chega-se ao fim do Principado.

A partir desse momento eclode uma grave crise social – conhecida como anarquia militar – que teve como última conseqüência a transformação de todas

65 Sobretudo levadas a cabo, em inúmeros trabalhos, por Katzoff, merecendo especial destaque o ensaio *Sources of Law in Roman Egypt*, Aufstieg und Niedergang der römischen Welt, 2, Principat, 13, Recht, Berlim, 1980, pp. 809-819.

66 *P. Oxy. 2.237*. Cf., a respeito, Katzoff, *Precedents in the Courts of Roman Egypt*, cit., pp. 257 ss.

67 *P. Oxy. 8.1119*, reproduzido por Umberto Vincenti, *Il valore dei precedenti giudiziali nella compilazione giustinianea*, cit., pp. 77-78. Consulte-se, ainda, Katzoff, *Precedents in the Courts of Roman Egypt*, cit., pp. 269-270.

as instituições do mundo romano. É somente com a investidura do Imperador Diocleciano (285-305 d.C.) que cessam tais distúrbios.[68]

Diocleciano institui um original regime imperial (Dominato), fundado na "tetrarquia", seguido da reforma do exército e da reorganização burocrática do governo.

Além de tais modificações, observa-se que, no campo do direito, em um longo edito de abrangência geral, apresentando-se como o mais imediato antecedente das reformas atinentes ao direito processual que deveriam ser concretizadas anos depois, Diocleciano, em 294, estabelece em definitivo as novas regras para um direto e efetivo controle do julgamento dos litígios.[69]

Em seguida, com a inesperada abdicação do imperador, Constantino (306-337 d.C.) galga o centro do poder no império romano. Se o seu antecessor havia tentado institucionalizar a denominada tetrarquia militar, costuma-se afirmar que Constantino, acentuando tendência absolutista, introduziu a monarquia por graça divina ou teocrática. Nesse momento, o imperador é concebido como *dominus* por vontade de Deus.

No que mais nos interessa, bem é de ver que, já nas primeiras décadas do Dominato, a produção jurisprudencial perde a sua primordial característica, qual seja a "criatividade", enquanto a legislação é fortemente influenciada por dogmas da moral cristã e, ainda, por regras estranhas ao ordenamento jurídico clássico, importadas da praxe oriental.

Da pluralidade de fontes de produção do direito, que conotou toda a época clássica, passa-se a um regime em que prevalece uma única fonte: a lei imperial.

Verifica-se, em outro sentido, que o Imperador Constantino demonstrou particular interesse em reprimir a deslealdade processual e o abuso na aplicação das normas, que favoreciam os litigantes mais hábeis.

Essa situação tornava absolutamente ilusória a liberdade de juízo na qual se estruturavam os princípios do processo clássico: "um sistema de malhas largas, regido apenas em suas grandes linhas". Modificado o norte da política normativa, impunha-se, portanto, a imediata intervenção estatal para restringir os poderes discricionários extraordinariamente amplos dos juízes.[70]

Em uma sucessão de *leges generales*, Constantino estabelece, antes de mais nada, que as causas civis e criminais deveriam obrigatoriamente ser processadas

68 V., com mais detalhes, Cruz e Tucci, *Jurisdição e poder*, cit., pp. 46-47; Cruz e Tucci e Azevedo, *Lições de história do processo civil romano*, cit., pp. 152-153.

69 C. 3.3.2.

70 V., em senso idêntico, Kaser, *Gli inizi della "cognitio extra ordinem"*, Antologia giuridica romanistica e antiquaria, 1, Milano, Giuffrè, 1968, pp. 196-197.

sob o signo da mais ampla publicidade[71], enquanto advertia a todos os provincianos a dirigirem-se diretamente ao tribunal central, ou seja, o imperador reconhecia a cada súdito o direito legítimo de apresentar qualquer reclamação contra a autoridade da respectiva província.[72]

Ademais, foi introduzido o princípio do *forum delicti* para a repressão de eventuais infrações perpetradas pela classe senatorial, abolindo-se assim todo privilégio *ratione personae* referente aos processos públicos.[73]

A influência cristã também é detectada em várias leis de Constantino, que cuidam, em particular, da *manumissio in ecclesia*, da tutela, da curatela e, ainda, da emancipação de filhos.[74] O concubinato e a filiação natural vêm regulamentados, com prudência, à luz da notória disparidade social da época.[75]

Cumpre esclarecer que essa relevante série de medidas de caráter moralizador atingiria um significado jamais conhecido na história judiciária romana, como instrumento de informação e de controle pela coletividade sobre a atuação dos juízes.[76]

4.2. *Valor da jurisprudência clássica como precedente*

No ano 315, no âmbito dessa nova postura tendente a concentrar todo poder nas mãos do monarca, é introduzida, por força de uma constituição, orientação visando a impedir a utilização, como precedente, dos rescritos emitidos para casos concretos, quando considerados *contra ius*. Eis o trecho que interessa: "Os rescritos não são válidos contra o direito, qualquer que tenha sido o modo de obtenção destes. De fato, os juízes devem seguir mais aquilo que pelo direito é prescrito de forma geral".[77]

---

71 Em particular, as constituições em C. Th. 1.12.1 (a. 315) e 1.16.6 e 7 (a. 331), que impunham o dever aos governadores de julgar publicamente todas as causas.

72 C. Th. 9.1.4 (a. 325).

73 C. Th. 9.1.1 (a. 316).

74 Consulte-se, sobre essa temática, a obra específica de Biondo Biondi, *Il diritto romano-cristiano*, 3 vv., Milano, Giuffrè, 1952-1954.

75 V., a respeito, Manlio Sargenti, *Il diritto privato nella legislazione di Costantino*, Studi sul diritto del tardo impero, Padova, Cedam, 1986, p. 38 ss. Somente mais tarde, sob a legislação de Justiniano, é que se proíbe o concubinato do homem casado.

76 Cf. Franca De Marini Avonzo, *La giustizia nelle province agli inizi del basso impero in un editto di Costantino*, 1 (I principi generali del processo in un editto di Costantino), Studi urbinati, 31(1962-63):310.

77 C. Th. 1.2.2 (a. 315): *"Imp. ad populum. Contra ius rescripta non valeant, quocumque modo fuerint impetrata. Quod enim publica iura perscribunt, magis sequi iudicis debent"*

Procura-se destacar que a "*ratio* desta hostilidade em relação aos *rescripta* 'casuístas' irrompe evidente: a sucessiva obra de generalização, que era sempre mais difundida na praxe judiciária, corria o risco da atividade interpretativa dos juízes, que acabaria comprometendo o princípio da unicidade da fonte do direito. Não se deve esquecer que o imperador não apenas é o único legislador mas também é o único intérprete".

A despeito desse aspecto, que passa a caracterizar a produção do direito em época pós-clássica, é claro que o "*ius vetus*", cunhado sob o método casuístico tradicional nos séculos anteriores, continuava em vigor. Desse modo, o único critério distintivo entre as "normas legislativas" e a "autoridade das regras casuístas com eficácia não vinculante" fundava-se na circunstância de que as primeiras provinham da sanção imperial.[78]

É certo que as novas constituições não desprezavam todo aquele fecundo acervo jurídico do passado, sobretudo as normas «originadas na praxe viva dos tribunais», conservando-se então o valor da *interpretatio iuris* em uma numerosa série de julgados uniformes e constantes.[79]

Com o incremento da burocracia imperial, dada a divisão do império em dioceses e províncias, era notável a atividade da chancelaria imperial para desincumbir-se da tarefa de examinar as *preces*, *consultationes*, *cognitiones*, que provinham de toda parte do império.

Apesar da necessidade da concessão de tais funções aos seus subordinados – o que substancialmente não alterava a base institucional do império – o soberano reservava para si a qualidade de único intérprete do direito (*source de toute justice*[80]) e de supremo juiz em qualquer grau de jurisdição e, por isso, legitimado a reexaminar a atuação dos funcionários a ele submetidos.

Por outro lado, é de acrescentar-se que ainda nessa época não havia uma perfeita e harmônica ordem de delimitação das recíprocas atribuições entre os graus da hierarquia judiciária. Assim é que um simples governador de província podia remeter, *per saltum*, uma causa diretamente à *cognitio* do imperador e, por sua vez, o imperador poderia responder-lhe pessoalmente.

Essas "opostas tendências (da praxe e da legislação) tinham origem no dualismo presente na pessoa do imperador, o qual era ao mesmo tempo chefe de um sistema de poderes e de competências hierarquicamente ordenados (em

---

78 Letizia Vacca, *La giurisprudenza nel sistema delle fonti del diritto romano*, cit., pp. 151 e 153.

79 Cf. Vincenti, *I precedenti giudiziali: prospettive romanistiche*, cit., p. 21.

80 Jean Gaudemet, *L'Empereur, intérprete du droit*, Festschrift für E. Rabel, v. 2, Tübingen, Mayer, 1954, p. 178.

que dominava o princípio da delegação) e fonte do direito, portanto depositário de uma competência indelegável"[81].

Nesse período, inúmeros são os magistrados com funções jurisdicionais, como, *e. g.*, os *proconsules*, os *praesides*, os *vicarii*, o *praefectus urbi*, o *praefectus praetorio*, o *praefectus Aegypti*.

Diante de intrincado emaranhado burocrático, a *recitatio* dos rescritos como precedentes judiciais *persuasivos*, na praxe forense do Dominato, passou a apresentar o problema da autenticidade dos textos invocados, assim como o próprio conhecimento geral das obras. Essa nova questão, na verdade, tinha como causa "a ausência de uma literatura jurídica contemporânea, uma vez que, durante a época clássica, os livros dos juristas também haviam conservado o conhecimento dos rescritos mais importantes".[82]

É importante considerar que o direito romano, em sua configuração derivada da *interpretatio prudentium*, constituía um direito prevalentemente não-escrito, no sentido de que não impunha a aplicação de uma determinada "norma", moldada em forma escrita definitiva, mas se erigia na pragmática jurídica quotidiana, mediante pareceres e opiniões expedidos, de modo natural e sucessivo, às partes e aos magistrados.[83]

Ora, com a profunda modificação do acervo de fontes de produção do direito, origina-se inusitado fenômeno pelo qual a literatura jurídica clássica passa a desfrutar de um efeito normativo geral, desde que não afrontasse as constituições imperiais mais recentes.

Surgem então inúmeras obras contendo uma suma dos textos de juristas clássicos. E é exatamente nessa espécie de resumo que se encontra, "com grande evidência, a passagem dos princípios gerais de interpretação, formulados com a técnica do método problemático-casuístico, à regra abstrata de tipo normativo".[84] Alinham-se assim, entre outras, a *Epitome Ulpiani*, as *Pauli sententiae* e, até mesmo, de Gaio, uma atualização prática contida nas *Res cottidianae*.

Anote-se – e esse é o dado mais interessante – que todos estes compêndios eram utilizados, ao lado das obras originais, na *recitatio* perante os juízes, com *idêntica autoridade persuasiva*! Pode-se afirmar que, de um lado, "essa prática em

---

81 Cf. Gisella Bassanelli Sommariva, *La legislazione di Giustino I*, Studia et Documenta Historiae et Iuris, 37(1971):161.

82 Cf. Cannata, *Historia de la ciencia jurídica europea*, cit., p. 97.

83 Cf., também, Letizia Vacca, *La giurisprudenza nel sistema delle fonti del diritto romano*, cit., pp. 153-154.

84 Letizia Vacca, *La giurisprudenza nel sistema delle fonti del diritto romano*, cit., p. 158.

muito contribuiu para a sobrevivência do direito romano na *praxis* forense, mas, de outro, fomentou a transformação das obras do juristas clássicos em um imenso repertório de 'regras normativas'".[85]

Resta evidente que o escopo prático das referidas sínteses e antologias, contendo máximas e decisões casuístas, era exatamente o de invocá-las como precedentes.

Devido à imensa produção jurídica recebida, sobretudo no tocante ao número considerável de constituições, cuja circulação dificultava a aplicação das normas vigentes, várias tentativas foram feitas em busca de uma solução que pudesse minimizar o problema da incerteza do direito.

Registre-se, aliás, que duas anteriores iniciativas nesse sentido, sob o império de Diocleciano, lograram relativo êxito. Com efeito, os Códigos *Gregorianus* e *Hermogenianus*, que datam respectivamente dos anos 291 e 295 d.C., continham uma seleção, por assunto, de rescritos em ordem cronológica, editados a partir do Imperador Adriano.

Essas coleções, conquanto largamente difundidas na prática, não obtiveram aprovação oficial.

Presume-se que persistiam os problemas relativos à genuinidade do material jurídico invocado, à guisa de precedente persuasivo, pelos advogados, e, na fundamentação das sentenças, pelos juízes, no dia-a-dia do foro.

O Imperador Constantino procurou, com efeito, reprimir a atuação daquele que, *per mendacium*, obtinha ou citava um *rescriptum* que lhe era favorável.[86]

Os respectivos textos jurídicos também não eram suficientemente conhecidos. Um advogado erudito poderia perfeitamente citar opinião em abono do direito de seu cliente de obra desconhecida pelo juiz. É certo que a maioria dos operadores do direito dependiam de um número limitado de escritos, como os *Responsa* de Papiniano ou os livros *ad Sabinum* de Ulpiano, ou mesmo de manuais resumidos das obras dos juristas mais prestigiados.[87]

No início do reino de Honório (395-423), já dividido o império, alguns judeus da província da Calábria pretenderam obter determinada isenção fiscal, com base em "uma certa lei que havia sido editada no oriente". Não obstante, o tribunal

85 Cf., ainda, Letizia Vacca, *La giurisprudenza nel sistema delle fonti del diritto romano*, cit., p. 159.

86 C. 1.22.3 (a. 313) e, depois, na última década de seu governo, C. Th. 1.2.6 (a. 333). V., sobre o ponto, Gian Gualberto Archi, *L'imperatore e le fonti del diritto*, Teodosio II e la sua codificazione, Napoli, ESI, 1976, pp. 88-89.

87 A. Hugo M. Jones, *Il tardo impero romano (284-602 d.C.)*, 2, tr. it. Eligio Petretti, Milano, Saggiatore, 1974, p. 686.

imperial do ocidente considerou que a atuação dos interessados se revestia de má-fé, porquanto não provaram a existência do texto legal citado, e, ainda, determinou a revogação "da lei, porque, se existe, afigura-se danosa à minha parte" do império.[88]

Urgia, pois, a instituição de critérios para assegurar a autenticidade das *epistulae* e dos *rescripta* colacionados em juízo como paradigma, e, outrossim, das *leges* em vigor.

4.3. *Lei das citações*

As fontes jurídicas do Dominato demonstram, com razoável nitidez, que a preocupação da chancelaria imperial polariza-se, ao longo das décadas, sobre a aplicação harmônica das *leges generalis* e dos *rescripta.*

Pois bem, visando a reduzir drasticamente a mole de textos jurídicos herdados da experiência clássica e, ainda, a regulamentar a respectiva utilização, como precedente, perante os tribunais, e como fundamento das sentenças, pelos juízes, é promulgada, em 7 de novembro de 426, pelos Imperadores Teodósio II (408-450 d.C.) e Valentiniano III (425-455 d.C.), uma famosa constituição, que mais tarde foi denominada *Lei das citações.*

Procurando, destarte, revestir de maior certeza a aplicação do direito, em época na qual a cultura jurídica clássica, mormente no ocidente, já se encontrava decadente, instituiu-se que apenas gozariam de *auctoritas* nos tribunais as obras de cinco grandes juristas: Papiniano, Paulo, Gaio, Ulpiano e Modestino. Na hipótese de terem manifestado opinião diferente sobre um determinado assunto, valeria o ponto de vista da maioria; havendo empate, deveria prevalecer a tese de Papiniano. Nesse caso, não tendo este emitido opinião, o juiz então estaria livre para decidir a causa segundo a sua própria convicção. Autorizou-se, ainda, a citação de outros juristas, desde que tivessem sido mencionados pelos cinco corifeus.

O texto da constituição que nos interessa é o seguinte: "Confirmamos todos os escritos de Papiniano, Paulo, Gaio, Ulpiano e Modestino, de modo que, assim, a Gaio seja atribuída a mesma autoridade que a Paulo, a Ulpiano e a todos os outros, e possam ser recitados em juízo excertos de toda a sua obra. Determinamos que também seja válida a doutrina daqueles, cujas opiniões e tratados foram utilizados pelos referidos juristas em suas obras; assim, de Scevola, de Sabino, de Juliano, de Marcelo e de todos que aqueles juristas citaram, porém, sob a condição de que os seus livros, pela incerteza que deriva da antigüidade, sejam con-

88 C. Th. 12.1.158 (a. 398).

firmados através da exibição dos manuscritos. Na hipótese de serem produzidas diferentes opiniões [dos juristas de início apontados], prevaleça o maior número de autores, ou, se o número for igual, prevaleça a autoridade do grupo em que estiver Papiniano, homem de engenho excepcional, que, no entanto, enquanto supera o parecer individual daqueles, é inferior em relação a dois. Decidimos ademais que, como já de algum tempo foi estabelecido, sejam invalidadas as notas feitas por Paulo e Ulpiano na obra de Papiniano. Por fim, na hipótese em que forem citadas, em igual número, opiniões divergentes dos juristas da mesma paridade, escolherá a prudência do juiz qual seguir. Decidimos também que as Sentenças de Paulo mantenham o seu valor. Ravena, 7 de novembro de 426".[89]

Por terem tais juristas vivido séculos antes, o critério que aí veio estabelecido foi também chamado de "tribunal dos mortos".

Cumpre esclarecer que a escolha dos cinco juristas, cujos escritos poderiam então ser livremente citados nos tribunais (*recitatio*), com o intuito de persuadir o julgador, não se deveu ao arbítrio dos legisladores, mas, na verdade, coaduna-se a uma prática já de algum tempo adotada, como, por exemplo, na compilação conhecida como *Vaticana fragmenta*, datada de época bem anterior, que contém fragmentos de *iura* extraídos exclusivamente da obra daqueles mesmos jurisconsultos.[90]

Como bem observado, a partir desse momento, as soluções contidas nas obras dos referidos juristas não ostentam mais eficácia persuasiva, emergente do prestígio e da *auctoritas* da antiga jurisprudência, que permitia ao juiz valorá-la com certa liberdade, mas passam a ter um rígido cunho normativo, sancionado expressamente por uma *lex* imperial de âmbito geral. A única discricionariedade "deixada ao juiz é aquela de escolher entre as soluções possíveis na hipótese destas serem diferentes, e apenas no caso de um empate entre os juristas, desde que dentre estes não estivesse Papiniano".[91]

---

89 C. Th. 1.4.3: *"Papiniani, Pauli, Gai, Ulpiani atque Modestini scripta universa firmamus ita, ut Gaium quae Paulum, Ulpianum et ceteros comitetur auctoritas lectionesque ex omini eius corpore recitentur. Eorum quoque scientiam, quorum tractatus atque sententias praedicti omnes suis operibus miscuerunt, ratam esse censemus, ut Scevolae, Sabini Iuliani atque Marcelli omniumque, quos illi celebrarunt, si tamen eorum libri propter antiquitatis incertum codicum colattione firmentur. Ubi autem diversae sententiae proferuntur, potior numerus vincat auctorum, vel, si numerus aequalis sit, eius partis praecedat auctoritas, in qua excellentis ingenii vir Papinianus emineat, qui ut singulos vincit, ita cedit duobus. Notas etiam Pauli atque Ulpiani in Papiniani corpus factas, sicut dudum statutum est, praecipimus infirmari. Ubi autem eorum pares sententiae recitantur, quorum par censetur auctoritas, quos sequi debeat, eligat moderatio iudicantis. Pauli quoque sententias semper valere praecipimus (dat. VII id. Novemb. Ravenna DD. NN Theod. XII et Valent. II AA. Conss)"*.

90 Giuliano Cervenca, *Lineamenti di storia del diritto romano* (obra coletiva), cit., p. 690.

91 Letizia Vacca, *La giurisprudenza nel sistema delle fonti del diritto romano*, cit., p. 167.

4.4. Hierarquia das fontes no Código Teodosiano

Regulamentada a vigência da jurisprudência clássica (*iura*), o governo imperial traça um plano visando à consolidação das *leges generales*, antigas e mais recentes, cujo número expressivo não apenas obstaculizava a administração da justiça, como também se tornava tarefa quase impossível encontrar os respectivos textos nos arquivos do vasto império.

Assim, Teodósio II, em 429, anuncia as bases de um ousado projeto, que, na verdade, previa a elaboração de duas coletâneas.

Em primeiro lugar, foi idealizada uma compilação de cunho didático e doutrinal, que deveria catalogar, no mesmo formato dos Códigos Gregoriano e Hermogeniano, todas as constituições imperiais a partir de Constantino, ainda que não estivessem em vigor ("*ad similitudinem Gregoriani atque Hermogeniani codicis cunctas colligi constitutiones decernimus*").[92]

A outra compilação, que se destinava à atividade prática, alvitrava a unificação normativa do direito vigente, devendo conter *leges* e *iura*, cuidando-se para que fossem extraídas as ambiguidades.[93]

Todavia, malogrado o programa imperial, veio editada uma nova constituição, em 435, ordenando fosse feita uma seleção de leis imperiais, a partir de Constantino.[94] E esta, recebendo a denominação de *Codex Theodosianus*, foi promulgada, no oriente, em 15 de fevereiro de 438, e, em seguida, no ocidente, tendo entrado em vigor, em todo o império, a partir de 1º de janeiro de 439.[95]

A despeito de conferir preeminência às constituições imperiais como fonte de direito, o Código Teodosiano reafirmou a *Lei das citações*, regulamentando, destarte, a tensão dialética existente entre *leges* e *iura*.

É possível entrever que a própria disposição da hierarquia das fontes do direito no *Codex* – C. Th. 1.1: *De constitutionibus principum et edictis* – C. Th. 1.2: *De diversis rescriptis* – C. Th. 1.3: *De mandatis principum* – C. Th. 1.4: *De responsis*

92 C. Th. 1.1.5 (a. 429).

93 C. Th. 1.1.5. V., a respeito, Archi, *Scopi e metodi della codificazione teodosiana*, Teodosio II e la sua codificazione, cit., pp. 29 s.

94 C. Th. 1.1.6 (a. 435).

95 Essa compilação de cunho oficial, dividida em 16 livros, vigorou até o advento do *Codex* de Justiniano; embora pouco investigada, é de grande importância para o estudo da organização judiciária romana do Dominato. Na parte ocidental do império, o Código Teodosiano sobreviveu à derrocada do exército romano e continuou em vigor até o advento das leis bárbaras, sendo, inclusive, parcialmente reproduzido na *lex romana visigothorum*, e, por essa razão, influenciou durante séculos o direito da península ibérica.

prudentium – "atribui claramente aos *iura* uma função meramente integrativa e subsidiária no âmbito de um ordenamento no qual a única fonte do direito é constituída pelas constituições imperiais. Os pareceres dos antigos juristas representavam, agora, uma dimensão do passado, estranha à nova concepção do império e do ordenamento normativo, se não como elemento 'cultural'".[96]

5. Fontes justinianéias

5.1. Imperador solus legislator et interprete iuris

Apesar da queda da parte ocidental do império romano, ocorrida em 476, o oriente preservou sua fidelidade à Cidade Eterna...

À semelhança dos derradeiros imperadores que mantiveram a grandeza e o espírito de Roma, Justiniano era ilírico e recebera de seu tio Justino sólida formação clássica e cristã.[97]

Reinando a partir de 527, esse notável monarca preconizava desde logo e de modo obstinado que a unidade política e jurídica do império somente seria possível se fosse atingida a estabilidade do exército e das leis.

Além do retorno à concepção da origem divina do poder imperial, vem também reafirmado o princípio de que toda norma – inclusive as de outrora, acomodadas às exigências atuais – derivava da suprema autoridade imperial.[98]

Na verdade, partindo do pressuposto de que o direito não podia cingir-se à observância das novas leis, mas deveria também ser integrado pela experiência do passado, o imperador guiava-se pela idéia de continuidade do direito, segundo a qual a conservação das antigas fontes possuía um escopo vital.

Ao determinar, em 530, o início dos trabalhos de elaboração do Digesto, Justiniano esclarece o seu intuito: "... Ordenamos pois o exame e a reelaboração dos livros relativos ao direito romano dos antigos juristas, aos quais os divinos imperadores concederam o poder de formular e de interpretar o direito, para que destes, eliminadas (tanto quanto possível) todas as repetições e discordâncias, se faça uma obra suficiente a substituir todas...; ... todos os juristas, cujas opiniões

---

96 Letizia Vacca, *La giurisprudenza nel sistema delle fonti del diritto romano*, cit., pp. 176-177.

97 Cf. Cruz e Tucci, *Jurisdição e poder*, cit., p. 71; Isidoro Martin Martinez, *Los principios orientadores de la compilación justinianea*, Murcia, Nogués, 1945, p. 8. V., sobre a vida e obra de Justiniano, o profundo estudo de Gian Gualberto Archi, *Il classicismo di Giustiniano*, Giustiniano legislatore, Bologna, Mulino, 1970, pp. 151 ss.

98 *(De confirmatione digestorum) Tanta*, 10.

forem inseridas neste código, tenham a mesma autoridade que teriam se as suas opiniões promanassem de constituições imperiais e tivessem sido pronunciadas pela nossa boca divina; e justamente façamos nossas todas estas obras, sendo que todo o seu valor deriva de nós".[99]

Conclui-se, assim, que Justiniano é considerado "um clássico"[100] exatamente porque, com a aprovação do Digesto, os fragmentos então recolhidos das obras dos juristas de outrora transformam-se em lei vigente, com a mesmíssima eficácia das *leges* encartadas no *Codex repetitae praelectionis.*

É interessante notar que os princípios e soluções jurídicas formulados, caso a caso, em época clássica, nos quadrantes de um direito em constante evolução, são corporificados em «leis gerais», no âmbito de um sistema «fechado», cuja interpretação somente era possível pelo próprio imperador, como ele mesmo afirmava, ao ensejo da «promulgação» do Digesto: «... se alguma norma restar de duvidosa interpretação, que isso seja reportado, pelos juízes, à majestade imperial, e venha explicitada pela autoridade do imperador, somente a quem é concedido ditar e interpretar a lei».[101]

Na monumental obra de codificação ordenada pelo imperador, marco derradeiro da evolução jurídico-legislativa do direito romano, verifica-se que essa concepção de único "legislador-intérprete" do direito vigente vem inúmeras vezes reafirmada. De uma constituição de 529, dirigida ao prefeito do pretório Demóstenes, extrai-se o seguinte trecho: "E quem parece ter idoneidade para dirimir os enigmas das leis e esclarecê-las a todos se não somente aquele a quem é concedido ser o autor das leis? Afastar portanto ridículas ambiguidades de tal monta, com razão somente o imperador será reputado tanto o criador quanto o intérprete das leis: esta lei não contraria em nada os artífices do antigo direito, uma vez que eles também reconheceram a majestade imperial".[102]

---

99 *(De conceptione digestorum) Deo auctore*, 4 e 6.

100 Cf. Archi, *Il classicismo di Giustiniano*, cit., p. 179.

101 *Tanta*, 21: "*... ambiguum fuerit visum, hoc ad imperiale culmen per iudices referatur et ex auctoritate Augusta manifestetur, cui soli concessum est leges et condere et interpretari*". V., ainda, Letizia Vacca, *La giurisprudenza nel sistema delle fonti del diritto romano*, cit., pp. 184-185.

102 C. 1.14.12: "*... vel quis legum aenigmata solvere et omnibus aperire idoneus esse videbitur nisi is, cui soli legis latorem esse concessum est? Explosis itaque huiusmodi ridiculosis ambiguitatibus tam conditor quam interpres legum solus imperator iuste existimabitur: nihil hac lege derogante veteris iuris conditoribus, quia et eis hoc maiestas imperialis permisitt*". Frise-se que esta concepção justinianéia do imperador *solus legislator et interpres ius* granjeou tamanha importância, que, segundo a moderna historiografia, teria impedido, no passado medieval, a afirmação do princípio da eficácia vinculante dos *precedentes judiciais* nos países de tradição romanista (cf. Vincenti, *Il valore dei precedenti giudiziali nella compilazione giustinianea*, cit., p. 5).

Mais peremptória ainda, sob essa mesma perspectiva, mostra-se a continuação, ao que parece, da mesma constituição de Justiniano, na qual vinha estabelecido que: "Nenhum juiz ou árbitro pense ter o dever de seguir as decisões proferidas em consultas que entenda não estarem corretas, e, muito menos, as sentenças dos eminentíssimos prefeitos ou de outros juízes superiores (de fato, se alguma coisa não foi bem decidida, esse erro não deve ser disseminado por outros juízes, *devendo-se julgar não com base nos exemplos, mas nas leis*), nem mesmo se forem sentenças judiciais proferidas pela respeitadíssima prefeitura ou por qualquer máximo magistrado: determinamos, ao invés, que todos os juízes se deixem guiar pelos caminhos da verdade e da lei e da justiça".[103]

Parece realmente claro que, com a expressão *non exemplis, sed legibus iudicandum est*, Justiniano desprezava qualquer efeito vinculante do precedente judicial, visto que reiterava a supremacia da lei como única fonte de direito.

5.2. *Jurisprudência uniforme e constante*

Importa observar, no entanto, que, a já referida constituição recolhida no *Codex* justinianeu (1.14.12) reconhecia expressamente força vinculante, *ad futurum*, às sentenças imperiais.

Com efeito, afirmava Justiniano que: "Se a majestade imperial examinou judicialmente uma causa e proferiu sentença entre as partes constituídas, todos os juízes, sem exceção, que estiverem sob o nosso império, saibam que aquela faz lei não apenas na causa em que foi proferida, mas em todos os casos similares".[104]

É evidente que tal regra não causa surpresa, porquanto, no ideário de Justiniano, toda decisão imperial, ainda que atinente a uma hipótese concreta, implicava em *interpretatio legum*, exclusiva do imperador, e, portanto, revestida de eficácia legal.

Os juízes, como visto, impedidos de procederem a qualquer interpretação criativa do direito, deviam julgar em consonância com a lei.

---

103 C. 7.45.13: "*Nemo iudex vel arbiter existimet neque consultationes, quas non rite iudicatas esse putaverit, sequendum, et multo magis sententias eminentissimorum praefectorum vel aliorum procerum (non enim, si quid non bene dirimatur, hoc et in aliorum iudicium vitium extendi oportet, cum non exemplis, sed legibus iudicandum est), nec si cognitionales sint amplissimae praefecturae vel alicuius maximi magistratus prolatae sententiae: sed omnes iudices nostros veritatem et legum et iutitiae sequi vestigia sancimus*".

104 C. 1.14.12: "*Si imperialis maiestas causam cognitionaliter examinaverit et partibus cominus constitutis sententiam dixerit, omnes omnino iudices, qui sub nostro imperio sunt, sciant hoc esse legem non solum illi causae, pro qua producta est, sed omnibus similibus...*".

Não obstante, a continuação do texto da constituição (C. 7.45.13), acima transcrito, reconhece ("*putaverit*") aos próprios juízes a faculdade de individuar, com certa margem de discricionariedade, os eventuais vícios das anteriores *consultationes* e *sententiae*. Ora, desta importante atribuição infere-se, *a contrario sensu*, que o julgador poderia levar em consideração os *exempla* que estivessem em conformidade com as leis imperiais.

Assim, a rigor, ocorrendo antinomia entre leis ou lacuna no ordenamento, "não se proibia aos juízes de interpretar a legislação em vigor recorrendo a precedentes, desde que estes não fossem reputados equivocados ou *contra legem*".[105]

Na verdade, a abonar esta conclusão, observa-se que o famoso fragmento de Calistrato, antes examinado, foi recolhido no Digesto, com inequívoco grau de generalização, confirmando, por assim dizer, a eficácia suasória da jurisprudência constante e uniforme ("*rerum perpetuo similiter iudicatarum auctoritas*").[106]

Tudo indica, portanto, que os compiladores de Justiniano alcançaram um verdadeiro equilíbrio atinente ao binômio interpretação-aplicação da lei: o imperador e a sua lei se sobrepunham a todos. Os juízes estavam obrigados a ater-se àquela lei, mas para aplicá-la deveriam interpretá-la, considerando inclusive a "autoridade das coisas constantemente julgadas de modo uniforme".[107]

Com essa regra, Justiniano circunscrevia um mecanismo técnico, com o escopo último de assegurar a uniforme interpretação da lei.

E, desse modo, podem ser extraídas, no particular, duas importantes regras da legislação de Justiniano, a saber:

a) o imperador era o único intérprete da lei, *moto propriu* ou *in iudiciis*; e

b) questões de interpretação poderiam surgir, diante de um caso concreto, permitindo-se ao juiz, nesta hipótese, para superar as possíveis contradições ou lacunas da lei, valer-se de regras consuetudinárias e da autoridade das sentenças precedentes proferidas em casos análogos.

---

105 Cf. Vincenti, *Il valore dei precedenti giudiziali nella compilazione giustinianea*, cit., p. 9. V., em senso análogo, Ugo Zilletti, *Studi sul processo civile giustinianeo*, Milano, Giuffrè, 1965, p. 246. V., em sentido contrário, afirmando que os juízes, em tal situação, estavam obrigados a submeter o problema ao imperador, Gisella Bassanelli Sommariva, *L'imperatore unico creatore ed interprete delle leggi e l'autonomia del giudice nel diritto giustinianeo*, Milano, Giuffrè, 1983, p. 103.

106 D. 1.3.38 (*l. 1 quaestionum*): "De fato, o nosso imperador Severo respondeu que, nas ambigüidades originadas das leis, deve ter força de lei o costume ou a autoridade das coisas constantemente julgadas de modo uniforme". Para não ter dúvida quanto à vigência desse preceito, lembre-se que na constituição *Deo auctore* (n. 10), pela qual Justiniano determina a redação do Digesto, constava a orientação no sentido de que deveriam ser recolhidos somente os fragmentos que ainda estivessem em vigor na atividade negocial e na prática dos tribunais.

107 Cf. Vincenti, *I precedenti giudiziali: prospettive romanistiche*, cit., p. 25.

6. Fontes bizantinas

6.1. Eficácia persuasiva dos precedentes judiciais

Enquanto o império romano do ocidente era substituído pelos reinos de origem germânica, estabilizava-se (e perduraria até 1453) o império bizantino, que recebera essa denominação em razão do antigo nome de sua capital.

Com o intuito de evitar dúvidas e eventuais incertezas acerca do significado intrínseco das leis, Justiniano havia expressamente proibido que se escrevesse obra de comentário, autorizando apenas os *kata pódas*, ou seja, traduções literais do original latino, bem como os *paratitla*, índices sumários com referências a textos paralelos.[108]

Tais inusitadas disposições não teriam sido observadas nem mesmo durante a vida de Justiniano, sendo bem provável que o próprio imperador autorizava excepcionar para fins didáticos.

A despeito do natural distanciamento do legado romano, após o governo do imperador ilírico, subsistia ainda, no tocante ao direito, certo interesse na interpretação e continuação da obra daquele monarca, mormente nas escolas de Beirute e Constantinopla.[109]

Assim é que, desde logo, multiplicaram-se os comentários exegéticos de vários tipos.[110] Muitas obras dessa época chegaram até nossos dias, como, por exemplo, uma epítome grega das Novelas, denominada *Authenticum*.

A partir de Heráclito (610), a produção legislativa imperial torna-se deveras escassa, e, por isso, pouco interesse há na investigação das fontes referentes a esse período.[111]

Somente com a fundação da dinastia isáurica (717-867) é que ganha notável incremento a legislação bizantina.

Em 740 é promulgada, por Leão Isáurico e por seu filho Constantino Coprónico, a Écloga, ou seja, um manual destinado à praxe judiciária greco-oriental, mas que não reproduzia qualquer texto referente à eficácia dos julgamentos proferidos em anteriores questões.

---

108 *Deo auctore*, 12 e 13; *Tanta*, 19; *Omnem rei publicae*, 8.

109 V., a propósito, Cruz e Tucci, Jurisdição e poder, cit., p. 78; com arrimo em Paul Collinet, *Les preuves directs de l'influence de l'enseignement de Beyrouth su la Codification de Justinien*, Liège, Vaillant-Carmanne, 1927, pp. 5-6; e em Jean Gaudemet, *La formation du droit séculeir et du droit de l'Eglise aux IVe et Ve siècles*, 2ª ed., Paris, Sirey, 1979, p. 84.

110 V., a respeito, Giannino Ferrari Dalle Spade, *Diritto bizantino*, Novissimo digesto italiano, 5(1960):793.

111 Cf. Ferrari Dalle Spade, *Diritto bizantino*, cit., p. 794.

A edição de novas leis também não iria estagnar-se sob a dinastia macedônica (867-1025). Vieram a lume o *Próquiron* (879) e a *Epanagogué* (886).

Ainda no reinado de Basílio (867-886) foi idealizado um projeto para a elaboração de uma compilação escrita exclusivamente em grego, que contivesse uma síntese prática de todo o *Corpus Iuris Civilis*, tendo por finalidade a eliminação completa do uso indiscriminado das leis de Justiniano.

Esse trabalho foi então ultimado sob a coroa de Leão, o Sábio (886-911), filho de Basílio, sendo que seus compiladores seguiram a ordem sistemática do *Codex* justinianeu. É composto de 60 livros e conhecido pelo nome de *Basílicas*.[112]

Acerca do tema que nos ocupa, é possível inferir que, na época sucessiva a Justiniano, a prática bizantina prosseguiu reafirmando a orientação anterior. Com efeito, nas *Basílicas* foi inserido um resumo de um fragmento de Calistrato (D. 1.3.38), com a seguinte redação: "Na interpretação das leis deve-se recorrer ao costume da cidade e ao modo pelo qual foi julgado nos casos análogos durante todo o tempo".[113]

Confirma-se, assim, também nesse período histórico, a tradição da autoridade persuasiva dos precedentes judiciais.

112 Giuseppe Grosso, *Lezioni di storia dle diritto romano*, 5ª ed., Torino Giappichelli, 1965, pp. 504-505; Cruz e Tucci, *Jurisdição e poder*, cit., p. 80.

113 2.6.16: "*In legum interpretatione consuetudo civitatis attendenda est, et quemadmodum in similibus perpetuo iudicatum sit*" (trad. de Heimbach, 1.39).

III

DIREITO VISIGÓTICO

SUMÁRIO: 1. Formação do direito visigótico. **2.** *Interpretatio iuris* na legislação visigótica.

1. Formação do direito visigótico

O direito que regia a península ibérica antes das invasões das hordas nórdicas não se harmonizava àquele ordenamento jurídico que outrora predominara em Roma no período clássico.

A exemplo do que sucedera em todas as demais províncias do império em franca decadência, vigorava um sistema de direito romano vulgar, que era o produto da conjugação de dois fatores que se relacionavam: a persistência de certas práticas consuetudinárias anteriores à conquista romana e a degenerescência do direito romano clássico.[1]

Ressalte-se que a partir do século V o estado espiritual dos godos, que ampliavam a invasão no extremo ocidental do continente europeu, não apresentava qualquer rejeição pelas regras jurídicas mais evoluídas por eles encontradas. Chegaram inclusive a adotar o latim, o que restava da cultura tardo-clássica e, até mesmo, em pouco tempo, o Cristianismo em substituição à religião ariana.

Já no que se refere ao direito, o povo bárbaro deixou-se reger pelas suas próprias normas por um período mais longo, na medida em que as leis eram determinadas pelo *modus vivendi* das comunidades pessoais e pelo seu próprio *ethos*, e não em virtude de novas relações sócio-econômicas ou políticas.[2]

Assim, os dois sistemas jurídicos se deparavam, distantes não apenas pela discrepância de princípios e regras, mas, sobretudo, pelo nível de perfeição, sendo, destarte, inexorável que tal aproximação se transformasse em um profundo contraste, como profundo deve ser um contraste de civilizações.[3]

As controvérsias entre romano-hispânicos continuaram a ser processadas, instruídas e julgadas consoante os preceitos do direito romano vulgar, então vigentes; todavia, intervindo um bárbaro interessado, o litígio era dirimido à luz do ordenamento legal deste.

---

1 Guilherme Braga da Cruz, *História do direito português*, Coimbra, s/ed., 1955, p. 124.

2 Wieacker, *Storia del diritto privato moderno*, 1, tr. it. de U. Santarelli, Milano, Giuffrè, 1981, p. 41 (= *História do direito privado moderno*, tr. port. Antonio M. Botelho Hespanha da 2ª ed. alemã, Lisboa, Fundação C. Gulbenkian, 1980, p. 27).

3 Cf. Francesco Calasso, *Medio evo del diritto*, 1 – Le fonti, Milano, Giuffrè, 1954, p. 119.

Mesmo depois da consolidação do reino visigótico na península ibérica, por Alarico II (484-507), no limiar do século VI, as normas vigentes permaneceram, "não apenas como direito positivo para disciplinar as relações jurídicas do povo vencido, mas também como modelo a inspirar as próprias leis estabelecidas pelos vencedores, em razão da influência que a civilização romana exerceu sobre aquele povo germânico, através dos muitos e estreitos contatos que mantiveram ao longo de um século, ora como aliados, ora como adversários, desde 376, ano da primeira incursão visigótica no império, até 476, ano da queda de Roma, quando Eurico iniciou a conquista do território da península, com exceção da zona ocupada pelo reino suevo".[4]

Embora os visigodos já tivessem compilado o *Edictum Theodorici regis*, entre 459 e 460, e o *Codex Euricianus*, em 476, quase meio século depois, Alarico II, em 506, estabelecido definitivamente em Toledo, promulga a *Lex Romana Visigothorum*, mas conhecida como *Breviário de Alarico* (*Breviarium Alarici* ou *Aniani*), composto exclusivamente de fontes de direito romano, extraídas do Código Teodosiano, dos Códigos Gregoriano e Hermogeniano, da Epítome de Gaio e das Sentenças de Paulo, acompanhadas da *interpretatio* de época pré-visigótica.

Tratava-se de uma coletânea de *leges* e *iura*, aplicável nas relações entre romanos, com a precípua finalidade de tornar mais segura a observância do direito vigente, e que teve enorme repercussão na península ibérica, na Gália, e, mais tarde, inclusive na Itália.[5]

A extensão territorial do reino impunha a atualização da antiga legislação romano-visigótica, que acabou sendo determinada pelo Rei Leovigildo (573-586). O teor dessa reforma somente é em parte conhecido por meio das leis *antiquae*, coligidas, em momento posterior, no *Liber Judiciorum*. Foi também nesse reinado que o *Código de Eurico* foi revisto, substituindo-se normas obsoletas por outras mais modernas. Esse trabalho legislativo passou a ser denominado *Codex revisus*.

A conversão de Recaredo (586-601) ao catolicismo, no início de seu governo, ensejou, por via de conseqüência, a unificação religiosa do território conquistado, e destruiu um dos mais fortes obstáculos à fusão com os habitantes da raça dominada: "... a Igreja via, nem godos nem romanos, mas apenas católicos".[6]

---

4 Lobo da Costa, *A revogação da sentença na Península Ibérica*, São Paulo, s/ed., 1979, p. 3; *A revogação da sentença*, São Paulo, Edusp/Ícone, 1995, p. 85; Cruz e Tucci, *Jurisdição e poder*, cit., pp. 86-87, pesquisa em parte aqui reproduzida.

5 Antonio Padoa-Schioppa, *Il diritto nella storia d'Europa*, 1 – Il medioevo, Padova, Cedam, 1995, p. 68; Aloísio Surgik, *Gens gothorum. As raízes bárbaras do legalismo dogmático*, Curitiba, Livro é Cultura, 2002, p. 73.

6 P. D. King, *King Chindasvind and the First Territorial Law-code of the Visigothic Kingdon*, Visigothic Spain: New Approaches, Oxford, Clarendon, 1980, p. 140; *Derecho y sociedad en el reino visigodo*, tr. esp. M. Rodrigues Alonso, Madrid, Alianza, 1981, pp. 36-37; e, com ele, Cruz e Tucci, *Jurisdição e poder*, cit., p. 92.

A partir de então, descortinando-se a possibilidade de ingerência do clero na administração temporal, significativa relevância passam a ter os concílios, nos quais, além de assuntos de ordem espiritual, eram também resolvidas questões de natureza profana.

Assim, diante de uma legislação comum para toda a comunidade, com a promulgação do *Liber Judiciorum* sob a coroa de Recesvindo (649-672), colocou-se termo ao sistema da personalidade das leis vigentes, uma vez que o referido diploma legal deveria ser aplicado a todos os súditos, quer fossem godos, quer fossem hispano-romanos.

Essa compilação foi efetivada com a colaboração de São Bráulio, "revisada no Concílio VIII de Toledo e promulgada no ano 654, constituindo uma grandiosa obra, que compreende leis próprias e leis promulgadas por monarcas anteriores. As leis anteriores a Recaredo qualificam-se como *antiquae*, que podiam ser provenientes do velho código atribuído a Eurico, do direito romano através do Breviário e outras fontes similares, como o *Codex revisus* de Leovigildo – se é que existiu -, algumas delas qualificadas como *emendatae* ou *antiquae emendatae*, o que significa que o texto original foi corrigido ou sofreu alguma modificação".[7]

Cumpre salientar que, diferentemente das coletâneas anteriores, Recesvindo adotou a forma de compilação propriamente dita, ao dividir o *Liber Judiciorum* em 12 livros e títulos, a exemplo do *Codex repetitae praelectionis* justinianeu.

A edição vulgar do *Liber Judiciorum* passou a ser chamada de *Forum Judicum* e, em castelhano, *Fuero Juzgo*.

A produção de leis visigóticas não se estanca, sendo certo que o *Liber* recesvindiano iria sofrer uma revisão oficial elaborada por Ervígio (680-687), alterando-se o teor de muitos textos e acrescentando-se outros, editados nos reinados de Vamba (672-680) e do próprio Ervígio.

Não muito tempo depois, a invasão moura, em 711, provocaria uma ruptura político-administrativa naquela comunidade racial, religiosa e juridicamente unificada que então se estabelecera ao longo de mais de dois séculos na península ibérica.

A partir desse momento, o direito volta a ter aplicação pessoal, perdurando essa situação durante largo período. O *Corão* (*Qur'ân*, em árabe) era aplicado aos seguidores do islamismo e nos negócios com os não-muçulmanos (*moçárabes*); e, entre estes, as relações jurídicas continuaram a ser regidas pelo *Liber Judiciorum*.[8]

---

7 Surgik, *Gens gothorum*, cit., p. 86. V., ainda, Rafael Gibert, *Historia general del derecho español*, Madrid, s/ed., 1975, pp. 17 e 465-466.

8 Cruz e Tucci, *Jurisdição e poder*, cit., p. 95.

Essa a razão pela qual ter legado, o direito muçulmano, após quase oito séculos de domínio árabe, tão insignificante influência na formação do sistema jurídico do território peninsular depois da reconquista.[9]

2. *Interpretatio iuris* na legislação visigótica

Como já tivemos oportunidade de assinalar, o desenho inicial da monarquia medieval era marcado pelas prerrogativas pessoais e absolutas dos reis sobre cada uma das comunidades bárbaras, bem como sobre os povos subjugados.[10]

E isso se explicava, porque, diversamente do que ocorrera no campo das relações sociais, os invasores introduziram, no plano político, a concepção de reino (*regnum*), "entidade que, pela primeira vez na história das instituições políticas, unifica os dois elementos essenciais dos Estados modernos, o *povo* e o *território*, submetendo-os *ambos* à mesma autoridade política (o *rei*)".[11]

É evidente que, além de administrar todos os negócios do governo, a atividade jurisdicional do monarca como supremo magistrado, visava, também nesse momento histórico, a preservar a soberania real sobre os territórios ocupados. Assim, desde os primeiros tempos do assalto bárbaro, os reis intervinham pessoalmente nos litígios sob a apreciação de juízes inferiores.

O *Codex* euriciano dispunha, a propósito, que, diante de duas sentenças conflitantes, a questão deveria ser submetida à *interpretatio* do rei, para que fosse decidido qual a que deveria prevalecer.[12]

O tribunal supremo – Aula Régia – também poderia ser alcançado por força do recurso de apelação, cuja disciplina vinha estruturada na *Lex Romana Visigothorum*.[13]

Ademais, nota-se que esse importante monumento legislativo reproduziu a *Lei das citações*, de 426, dos Imperadores Teodósio II e Valentiniano III, trazendo a seguinte *interpretatio*: *"Esta lei mostra de quais autores jurídicos as opiniões têm valor, ou seja, as de Papiniano, Paulo, Gaio, Ulpiano, Modestino, Scevola, Sabino,*

---

9 Cf. Lobo da Costa, *A revogação da sentença na Península Ibérica*, cit., p. 28; *A revogação da sentença*, cit., p. 97.

10 Cruz e Tucci, *Jurisdição e poder*, cit., p. 95.

11 António Manuel B. Hespanha, *História das instituições. Épocas medieval e moderna*, Coimbra, Almedina, 1982, pp. 116-117.

12 *"Si existen dos sentencias contradictorias, deben ser referidas al rey, para que este decida cuál deve ser aprobada como válida"* (cf. Alvaro D'Ors, *El Código de Eurico*, Estudios visigoticos, 2, Roma-Madrid, 1960, pp. 201-202).

13 Consulte-se, por todos, Padoa-Schioppa, *Ricerche sull'appello nel diritto intermedio*, 1, Milano, Giuffrè, 1967, pp. 115 ss.

Juliano e Maecelo. Se estes manifestaram opinião diferente, prevaleça a maioria concorde. Que se por acaso o número seja igual, prevaleça a autoridade daquele grupo no qual se pronunciou Papiniano: como Papiniano vence a opinião individual, ela cede no confronto de duas outras. Scevola, Sabino, Juliano e Marcelo não se encontram no original, mas estão inseridos nas obras dos referidos juristas. Esta lei ainda olvidou Gregoriano e Hermogeniano, visto que a sua autoridade vem confirmada pela lei que precede sob o título 'das constituições dos príncipes e dos editos'. Mas entre todos estes juristas, de Gregoriano, Hermogeniano, Gaio, Papiniano e Paolo, escolhemos aquilo que parecia necessário às causas dos tempos atuais".[14]

É interessante frisar que essa interpretação visigótica, acrescentada ao original do texto romano e que procurava ajustá-lo à realidade, mesmo referindo ao rol dos juristas clássicos que tinham sido prestigiados, inclui as constituições recolhidas nos Códigos Hermogeniano e Gregoriano. E é curioso, outrossim, que, na parte final, ao invés de haver referência às leis compiladas por Gregoriano e Hermongeniano, ambos é que são alinhados entre os demais juristas, não se fazendo, portanto, distinção entre *leges* e *iura*. Ademais, verifica-se que dos cinco *laudati* juristas (Papiniano, Paulo, Gaio, Ulpiano e Modestino) são excluídos Ulpiano e Modestino.[15]

As fontes jurídicas do Dominato demonstram, com razoável nitidez, que a preocupação da chancelaria imperial polariza-se, ao longo das décadas, sobre a aplicação harmônica das *leges generalis* e dos *rescripta*.

Seja como for, é de observar-se que Alarico II também procurou dotar o direito vigente de maior certeza, tanto no que se refere à utilização, como precedente, perante os tribunais, quanto no que concerne ao fundamento das sentenças.

Após a adoção do catolicismo, a discricionariedade dos poderes monárquicos vem delimitada pelo respeito aos dogmas da fé e da moral cristã. Assim, o *Liber Judiciorum* sofre expressiva influência da religião católica por via do direito romano justinianeu, seja do ponto de vista estritamente jurídico, seja quanto à administração da justiça, uma vez que os bispos passam a desempenhar destacado papel no âmbito da organização judiciária visigótica.[16]

---

14 *Lex Romana Visigothorum*, 1.4.1.

15 Consulte-se, sobre esse tema, Renzo Lambertini, *La codificazione di Alarico II*, 2ª ed., Torino, Giappichelli, 1991, pp. 79 ss.

16 Cruz e Tucci, *Jurisdição e poder*, cit., p. 100. V., também nesse sentido, Lobo da Costa, *A revogação da sentença na Península Ibérica*, cit., p. 19; *A revogação da sentença*, cit., pp. 93-95, que se refere a afirmação de João Mendes de Almeida Júnior (*O processo criminal brasileiro*, v. 1, 3ª ed., Max Limonad, Rio de Janeiro, 1920, p. 53), no sentido de que: "os visigodos foram uns 'vencedores vencidos', que se deixaram influenciar pela autoridade moral dos Bispos e superioridade das leis romanas".

Inspirada na *Novela 86* (a. 539) de Justiniano, uma disposição de Recaredo[17], mais tarde confirmada por Recesvindo[18], dispunha o seguinte: "*Nos amonestamos á los obispos de Dios, que deven aver guarda sobre los pobres, é sobre los coytados por mandado de Dios, que ellos amonesten los iuzes que iudgan tuerto contra los pueblos, que meioren, é que fagan buena vía, é que defasgan lo que iudgáron mal. E si ellos non lo quisieren fazer por su amonestamiento, é quisieren iudgar tuerto, el obispo em cuya tierra es, deve lamar al iuez que dizien que iudgó tuerto, é otros obispos, é otros omnes buenos, y emendar el pleyto el obispo cum el iuez, segund cuemo es derecho. E si el iuez es tan porfiado* [obstinado], *que non quiere emendar el iuyzio con él, estonze el obispo lo puede iudgar por sí, y el iuyzio que fuere emendado, faga ende un escripto de cuento lo emendó, y envie el escripto con aquel que era agraviado antel rey, que el rey confirme lo quel semeiare que es derecho. E si el iuez tollier al obispo aquel omne que ante era agraviado por el iuez con tuerto, que non venga antel obispo, peche el iuez dos libras doro al rey*".

Além da possibilidade de obter-se novo julgamento quando a sentença fosse reputada injusta[19], tal disposição determinava que a decisão do bispo em conjunto com outros julgadores, que porventura corrigisse o julgado impugnado, deveria ser levada ao exame do rei, para que "*glorioso serenitatis nostrae oraculo conformitur*".

Verifica-se, destarte, que o monarca detinha a prerrogativa de dizer a última palavra sobre a questão que lhe fora remetida pelo bispo.

Essa *auctoritas* real vem também reiterada em uma lei de Recaredo, pela qual era regrada a hipótese de lacuna da lei.

Assim, nenhum juiz poderia julgar um caso que não tivesse previsão legal (... "*contenidos en las leyes*"). Diante de tal situação, o juiz ou o *comes civitatis* deveria encaminhar as partes ao rei, a quem competia decidir a controvérsia e editar a lei para ser aplicada em situações futuras.[20]

Com a invasão muçulmana o direito volta a ser regido com base no princípio da personalidade. As normas jurídicas do povo invasor retornam com ele, quando foi expulso, ou permaneceram disciplinando "a sociedade dos *mudéjares*, que eram os mouros que se submeteram pacificamente durante a

---

17 *Fuero Juzgo*, 12.1.3.

18 *Forum Judicum*, 2.1.28.

19 V., no tocante ao procedimento recursal regido por esta lei, Cruz e Tucci, *Jurisdição e poder*, cit., pp. 101-102.

20 *Fuero Juzgo*, 2.1.11.

Reconquista, aos quais foi tolerado nos novos reinos cristãos terem seus próprios magistrados e regerem-se pelo seu direito pessoal, que, por não se mesclar com o direito visigótico da população cristã, quase não deixou marcas de sua passagem na Península".[21]

21 Cf. Lobo da Costa, *A revogação da sentença na Península Ibérica*, cit., p. 29; *A revogação da sentença*, cit., p. 98.

IV

DIREITO COMUM

Sumário: 1. Confluência do direito romano-canônico. **2.** Jurisdição laica e jurisdição canônica. **3.** Precedente judicial na glosa e nos comentários. **4.** Precedente judicial nas fontes canônicas.

1. Confluência do direito romano-canônico

Cumpre esclarecer, de início, que, a despeito de muitas denominações atribuídas ao sistema jurídico que se originou em Bolonha a partir da segunda metade do século XI, a locução que se mostra mais adequada, em nosso entender, é *direito comum* (*utrumque ius*), por ser mais abrangente e conferir, desde logo, uma idéia global de *unidade* – "quer enquanto (*i*) *unifica* (*harmoniza*) as várias fontes do direito (direito romano-justinianeu, direito canônico e direitos locais), quer enquanto – uma vez levada a cabo esta síntese – (*ii*) constitui um *objeto único* (ou comum) de toda a ciência jurídica européia, quer ainda enquanto 'trata' este objeto segundo os métodos de uma (*iii*) *comum* 'ciência' do direito, forjada (*iv*) num ensino universitário do direito que era *comum* por toda a Europa, e (*v*) vulgarizada por uma literatura escrita numa língua também *comum* – o latim".[1]

Verifica-se, pois, que o conceito de *direito comum* encerra um fenômeno cultural dinâmico e complexo que não conheceu fronteiras étnicas ou territoriais.

É interessante assinalar que a dimensão desse novo ordenamento legal não se revela apenas por sua extensão geográfica, mas também pelo importante desempenho dos juristas, integrados pela unidade metodológica e científica, resultante de uma comum formação romano-canônica.

Tenha-se presente que, no Ocidente, após a completa cessação da produção jurídica causada pela queda do império romano, as fontes pós-clássicas continuaram difundidas durante toda a Idade Média. As *Institutas* de Justiniano, por exemplo, eram conhecidas e estudadas, não se olvidando jamais a memória de seu valor como texto legislativo, uma vez que a constituição *Imperatoriam* era citada até mesmo por escritores leigos.[2]

---

1 Hespanha, *História das instituições*, cit., pp. 440-441; e, ainda, amplamente, Calasso, *Il concetto di "diritto comune"*, Introduzione al diritto comune, Milano, Giuffrè, 1951, pp. 31-76.

2 Cf. Cruz e Tucci, *Jurisdição e poder*, cit., p. 106, com apoio na original e profunda pesquisa de Carlo Guido Mor, *Per la storia dei libri giustinianei nell'età preirneriana*, Atti del Congresso Internazionale di Diritto Romano e di Storia del Diritto, v. 1, Milano, Giuffrè, 1953, p. 287; *Il digesto nell'età preirneriana e la formazione della "vulgata"*, Per il XIV Centenario delle Pandette e del

Como bem lembrado, na alta Idade Média, a despeito do poder político dos invasores, o direito romano, com alguma limitação, continuou sendo observado e aplicado nos territórios subjugados para reger as relações dos vencidos.[3]

No ambiente da Igreja, sabe-se que os clérigos possuíam suficiente conhecimento das normas jurídicas imperiais, haurido nos manuscritos que foram conservados nas bibliotecas dos mosteiros e abadias medievais.

Tal circunstância contribuiu sobremaneira à preservação de princípios do direito romano, facilmente detectados, quer na estrutura, quer na elaboração conceitual dos dogmas do ordenamento jurídico canônico.

A expansão econômica e o desenvolvimento do comércio no início do século XI propiciaram uma mudança de orientação na cultura, que passa a despertar interesse difuso na sociedade, e, portanto, o ensino, em princípio restrito aos clérigos, estende-se à burguesia laica.

O estudo científico do direito romano insere-se, assim, no contexto de um movimento mais amplo e geral, muito além do ensino superficial do *trivium* (gramática, dialética e retórica) que dominava àquela época.

Na verdade, o modelo de investigação jurídica – *studium civile* – que se origina na Escola de Bolonha, nos estertores do século XI, guarda íntima relação com o ingresso da literatura clássica – conservada nas fontes romanas, mormente no Digesto – na consciência científica da Idade Média.[4]

A restauração da idéia de uma sociedade disciplinada por meio de regras mais eruditas surge no momento em que os europeus voltaram a ter hegemonia sobre o mar mediterrâneo e teve início um extraordinário período de efervescente renascimento artístico e econômico.[5]

Em um mundo eminentemente cristão resulta evidente que tal agitação de cunho científico também repercutisse no âmbito do clero, depositário único da cultura da época. A ordem jurídica da Igreja escudou-se, durante quase toda a

Codice di Giustiniano, Facoltà di Giurisprudenza della Università di Pavia, 1934, pp. 559 ss. (v., particularmente, p. 584).

3 Giovanni Cassandro, *Lezioni di diritto comune*, 1, Napoli, ESI, 1980, p. 14. V., ainda, a clássica obra de Savigny, *Storia del diritto romano del medio evo*, 3 vv., tr. it., Firenze, V. Batelli, 1844-1845 (v., em especial, o v. 2).

4 V., nesse sentido, Wieacker, *Storia del diritto privato moderno*, cit., pp. 55-56 (= *História do direito privado moderno*, cit., pp. 38-39).

5 Cf. J. H. Merryman, *La tradición jurídica romano-canónica*, tr. esp. Carlos Sierra, México-DF, Fondo de Cultura Económica, 1971, p. 26. V., ainda, na esteira da mesma lição, Cruz e Tucci, *Jurisdição e poder*, cit., p. 108.

Idade Média, em uma tradição salvaguardada pelo uso da escrita e pela manutenção do ensino da teologia. Os seus alicerces se fundavam nos documentos escritos e nos preceitos relativos à aplicação do direito canônico.

Sucede que no curso do século X, a autenticidade das cópias dessas fontes tornou-se duvidosa, principalmente pela querela das investiduras e pela reforma de Cluny, efetivada pelo Papa Gregório VII (1073-1085). Assim, a missão de uma nova ciência do direito da Igreja não era, em princípio, a descoberta, mas, antes, a ordenação sistemática e espiritual de uma cultura tradicional contínua, embora confusa e dispersa.[6]

Diversos eram, portanto, os objetivos científicos perseguidos pelos dois ramos do direito. Não é preciso dizer que, em um primeiro momento, *ius civile* e *ius canonicum* andavam destacados em razão de concepções políticas peculiares da época ou da proibição do estudo das fontes laicas aos clérigos em missão pastoral. Contudo, com o passar do tempo, era inevitável que as duas culturas se aproximassem e passassem a ser investigadas simultaneamente.[7]

Os legistas buscavam, por meio da exegese do *Corpus Iuris Civilis* em forma de *glosa* – método criado e difundido pelo *magister artium* Irnério (*lucerna iuris*)-, solucionar questões práticas através da discussão erudita, consubstanciada em *limitationes*, *ampliationes* e *declarationes* dos textos jurídicos de Justiniano, adaptando-os às novas exigências condicionadas pela dinâmica social.

A canonística, a seu turno, preocupava-se com um trabalho de elaboração sistemática de textos provenientes da patrística, das antigas compilações, de bulas papais, dos cânones conciliares, e de decisões da *episcopalis audientia*.[8]

Foi significativa a influência cultural da Universidade de Bolonha não apenas na aplicação prática do direito. Com a fundação de outros centros de estudo, os discípulos daquela escola serão divulgadores, pensadores hegemônicos dos problemas jurídicos e das questões políticas, e criadores deste campo autônomo do saber no Velho Continente. O seu método será conhecido, mais tarde, "como o *mos italicus*, a maneira italiana de estudar o direito e influirão

6 Wieacker, *Storia del diritto privato moderno*, cit., pp. 95-96 (= *História do direito privado moderno*, cit., pp. 69-70).

7 Consulte-se, ainda, uma vez, Wieacker, *Storia del diritto privato moderno*, cit., p. 104 (= *História do direito privado moderno*, cit., p. 76). V., ainda, Javier Paricio e A. Fernández Barreiro, *História del derecho romano y su recepción europea*, 5ª ed., Madrid, Paideia, 2000, pp. 219-220.

8 V., nesse sentido, Giovanni Cassandro, *La genesi del diritto comune*, Il diritto comune e la tradizione giuridica europea, Università di Perugia, 1980, p. 62. Consulte-se, outrossim, a bibliografia citada por Cruz e Tucci, *Jurisdição e poder*, cit., p. 110.

até o século XVII, em oposição ao *mos gallicus* (francês, histórico, culto e sistemático) que virá a formar-se a partir do humanismo e do renascimento".[9]

2. Jurisdição laica e jurisdição canônica

A tensão dialética e a ingerência recíproca entre os poderes temporal e eclesiástico caracterizaram, com acentuada constância, as vicissitudes políticas da Idade Média.

Na verdade, como já pudemos observar, a questão atinente à supremacia do império e do papado já existia de há muito, embora desde os tempos do Papa Gelásio II (1118-1119) a delimitação das esferas de atuação da Igreja e do poder laico houvesse sido demarcada: no campo das coisas temporais, devia o Papa obediência ao imperador; no terreno espiritual, subordinava-se o imperador ao Papa.[10]

Com o renascimento científico do direito romano entendeu-se ter havido também uma *renovatio* da *respublica* romana e o imperador do *Sacrum Imperium* achava-se sucessor de Justiniano (*translatio imperii*), protetor da Igreja, desejando, por isso, imiscuir-se na *auctoritas sacrata pontificum*, isto é, na jurisdição eclesiástica; ao passo que o Papa, preconizando a cada momento a sua superioridade, julgou-se legitimado a deter a *regalis potestas*, ou seja, a jurisdição temporal. Daí a evidente impossibilidade de seguir-se o vetusto regramento gelasiano.[11]

Desse embate de poderes surge a célebre "querela das investiduras", iniciada entre o poder temporal e o Papa Gregório VII, ensejando profícua discussão teórica e, conseqüentemente, uma rica literatura entre os juristas da época, a respeito da soberania e da lei.

O conflito concentra-se, nas comunas italianas, entre guelfos e gibelinos; nas Universidades, às constituições imperiais opõem-se as decretais e os cânones; legistas e canonistas passam a ser célebres rivais. A tônica característica da discórdia nesse sentido é comprovada pela produção literária da época: enquanto na obra de Santo Tomás de Aquino é lançado o fundamento do direito público da Igreja, sustentando-se a imediata subordinação do Estado, Dante Alighieri proclama a necessidade da monarquia universal, legitimada por delegação popular e o poder imperial emanado diretamente de Deus.

---

9 Cf. Lima Lopes, *O direito na história*, cit., p. 135.

10 Cruz e Tucci, Jurisdição e poder, cit., p. 112, com lastro em Nuno Espinosa Gomes da Silva, *História do direito português. Fontes de direito*, Lisboa, Fundação C. Gulbenkian, 1985, p. 130; Francesco Calasso, *Medio evo del diritto*, cit., pp. 140 ss.

11 Gomes da Silva, *História do direito português*, cit., p. 131. Cf., também, Azevedo e Cruz e Tucci, *Lições de processo civil canônico (história e direito vigente)*, São Paulo, Ed. RT, 2001, pp. 46-47.

Dessa disputa ideológica, que determinava a divisão do direito em diferentes vetores e levava os monarcas, cada vez mais ciosos de suas prerrogativas, a combater as imunidades eclesiásticas, a relação Universidade-Império e Igreja tinha um fundamento de ordem eminentemente política, visto que as obras científicas se prestavam sobretudo a salvaguardar os direitos romano e canônico.[12]

Assim sendo, após essa idéia ser difundida pela doutrina da época, o *ius civile* e o *ius canonicum* representavam dois conjuntos normativos distintos, embora coordenados e indissolúveis, formando um sistema unitário de normas universais (*unun ius*). Dessa interação institucional, os juízes dos tribunais eclesiásticos passaram a aplicar, como direito subsidiário, as regras romanas; e as cortes laicas dispunham do mesmo modo de princípios gerais do direito canônico (*"ius canonicum et civile sunt adeo connexa ut unum sine altere non intellegi potest"*).[13]

Os historiadores ressaltam que Acúrsio (1182-1259) – principal expoente da Escola de Bolonha – teve o mérito de traçar os fundamentos da separação que se efetivou, ao menos no plano teórico, entre as duas jurisdições (*iurisdictio divisa*), revelada no célebre princípio: *"nec Papae in temporalibus, nec Imperator in spiritualibus se debeant imiscere"*.[14]

Décadas depois, aludindo expressamente à glosa de Acúrsio, Bártolo de Sassoferrato (1313-1357), no mesmo sentido, afirmava em seus famosos *Comentários* que: *"iurisdictiones Papae et Principis sunt distinctae... Nota quod Imperium et Sacerdotium processerunt a Deo, et eodem tempore, et sic dicit Glossa quod istae iurisdictiones sunt distinctae, nec Papa in temporalibus, nec Imperator in spiritualibus debet se intromittere..."*.[15]

---

12 Cruz e Tucci, *Jurisdição e poder*, cit., p. 113; Azevedo e Cruz e Tucci, *Lições de processo civil canônico*, cit., p. 47.

13 *"Os direitos canônico e civil são ambos conexos e um sem o outro não pode ser entendido"*. V. Wieacker, *Storia del diritto privato moderno*, cit., pp. 104-105 (= *História do direito privado moderno*, cit., pp. 76-77); Calasso, *Il problema storico del diritto comune*, Introduzione al diritto comune, cit., p. 108.

14 "Nem o Papa nas coisas terrenas, nem o Imperador nas espirituais, devem imiscuir-se": *Novellae constitutiones divi Caesaris Iustiniani, quae Authentica vulgo appellant*, Venetiis, Nicolau Bevilaqua, s/d., p. 34, glosa *Conferens generi*, sob letra *o*.
Já escrevemos que também no *Decretum Gratiani* (*Concordia discordantium canonum*, 1139-1145), ainda que com outras palavras, mencionava-se tal princípio: *"Scilicet cum ambo fint laici, quia praelati non debent tractare saecularia iudicia"* – 2.6.3 – 2ª col. (Venetiis, 1591, p. 615). Era ele também reiterado nos Concílios da época (v., a propósito, amplamente, José Maldonado y Fernandes del Torco, *Las relaciones entre el derecho canonico y el derecho secular en los concilios espanõles del siglo XI*, Anuario de Historia del Derecho Español, 14(1942):368-369).

15 "A jurisdição do Papa e a do Príncipe são distintas... O Império e o Sacerdócio emanam, ao mesmo tempo, de Deus, e o que a glosa diz é que as jurisdições são distintas, nem o Papa nas coisa terrenas, nem o Imperador nas espirituais, devem intrometer-se": *Ad Authenticum*, Venetiis, 1570, p. 37.

Mesmo com essas fronteiras bem delimitadas, é de observar-se que a jurisdição eclesiástica tinha competência mesmo fora do âmbito dos assuntos estritamente espirituais (*causae spirituales*), apresentando direta influência no ordenamento profano nas denominadas *causae saeculares*. Com o fim precípuo de diminuir o prestígio da jurisdição temporal, nota-se a ingerência da jurisdição da Igreja na esfera de atribuições do poder laico, extrapolando a competência ínsita a seu *forum internum*.

Aduza-se, por fim, que em caso de conflito entre *leges* e *canones*, isto é, entre as duas jurisdições, estabeleceu-se o denominado "critério do pecado", pelo qual o tribunal eclesiástico era competente *ratione peccati*, ou seja, quando a controvérsia tivesse relevância sob o aspecto penitencial. Segundo a doutrina de Bártolo aplicava-se:

a) o *direito romano* em matéria temporal sempre que sua observância não fizesse incorrer em pecado; e

b) o *direito canônico* nas coisas espirituais, e, nas temporais, quando o direito romano fosse omisso ou na hipótese em que sua aplicação acarretasse pecado.[16]

3. Precedente judicial na glosa e nos comentários

A preeminência da função judicante dos soberanos, no arco de todo esse período histórico, está amplamente comprovada pelos documentos coevos que chegaram até os nossos dias.

Muitas vezes sob a presidência dos próprios monarcas, as decisões que os tribunais imperiais proferiam em casos notáveis, não ficavam apenas na memória dos juízes e cidadãos, mas serviam de paradigma para o julgamento de casos futuros e, em outras oportunidades, para a edição de leis e capitulares.[17]

Infere-se, pois, que as fontes justinianéias que alargavam o poder temporal, inclusive e sobretudo no que concerne à distribuição de justiça, foram enfatizadas pelos legistas que exerciam funções na administração dos reinos que se multiplicaram com a expansão comercial da Europa no trânsito dos séculos XI e XII.

A atividade científica dos juristas da Escola de Bolonha desenvolve-se, em um primeiro momento, mediante breves anotações interlineares na versão integral e original do *Corpus Iuris Civilis*. Esta metodologia hermenêutica visava a preservar a

---

16 *In Primam Codicis partem*, Venetiis, 1570, p. 14: "*... aut loquimur in spiritualibus et pertinentibus ad fidem et stamus canoni...; aut loquimur in temporalibus, et tunc in terris subiectis Ecclesiae, et sine dúbio stamus decretalibus; aut in terris subiectis Imperio, et tunc, aut servare legem est inducere peccatum... et tunc stamus canonibus...; aut non inducit peccatum, et tunc stamus legi...*".

17 Eduardo Piola Caselli, *Giurisprudenza*, Il digesto italiano, 12(1900-1904):837.

integridade do texto e a compreender o seu significado, ajustando-o aos reclamos da época.[18]

As anotações passaram a ser conhecidas como *glosas* – que havia de dar o nome à respectiva *Escola* -, sendo Acúrsio, autor da *magna glosa*, o seu mais expressivo representante.

Com a evolução dos estudos jurídicos, já durante o século XIII, aquele método exegético é substituído pelos comentários mais amplos e minudentes, que iriam introduzir um novo estilo – *mos italicus*. A opinião dos "doutores", autores desses textos doutrinários, teve enorme reputação, inclusive em outros países. Cino de Pistóia (1270-1336), Bártolo de Sassoferrato (1313-1357) e Baldo de Ubaldis (1327-1400) foram próceres da *Escola dos Comentadores*.

Os glosadores e os comentadores assumiram uma postura casuística, examinando a fonte romana à luz da realidade prática.

No tocante ao problema da força dos precedentes, Acúrsio tinha plena convicção de que uma série continua de decisões culminava formando costume.

Este era considerado um *consuetudo curie* – precedente judicial – que se distinguia do consuetudo loci – costume da comunidade.[19]

De fato, ao anotar a examinada constituição de Justiniano, de 529, a glosa explica que: "reiteradas sentenças induziam costume. E, segundo Bassianus, deve-se seguir o costume confirmado nas sentenças...".[20]

Para que se reconhecesse a eficácia de precedente para fixar consuetudo, Acúrsio afirmava que eram necessárias duas sentenças iguais proferidas em um prazo de dez anos, sem que houvesse qualquer mudança de orientação: "*in ducitur consuetudine per duas sententias latas intra decen ann. Item quia perpetuo sic est obtentum sine contradictione...*".[21]

Igualmente, na exegese do fragmento de Calistrato, a glosa esclarece que a expressão "*rerum perpetuo similiter iudicatarum auctoritas*", ou seja, a eficácia suasória da jurisprudência constante e uniforme, impunha o transcorrer de um decêndio.

---

18 V., nesse sentido, Mário Reis Marques, *História do direito português, medieval e moderno*, Coimbra, Almedina, 2002, p. 27.

19 Umberto Santarelli, *L'esercizio della funzione giudiziaria nell'esperienza giuridica medievale: una riflessione preliminare*, Lo stile delle sentenze e l'utilizzazione dei precedenti. Profili storico-comparatistici (obra coletiva), cit., p. 74.

20 Acúrsio, *ad* C. 7.45.13: "... constrói-se o costume por duas sentenças proferidas dentro de dez anos. E ainda que se perpetue sem contradição...".

21 Acúrsio, *ad* D. 1.3.32.

Nessa hipótese, o posicionamento pretoriano poderia ser considerado um verdadeiro *exemplum iudicatur*.[22]

Acúrsio também se preocupou em delinear o conceito de precedente uniforme, isto é, *similiter*, asseverando que se traduzia na hipótese em que um julgado seguia, *in eundem modum* (do mesmo modo), outro anterior.[23]

Toda essa problemática foi também objeto de reflexão de Bártolo de Sassoferrato em um longo comentário sobre o costume e sobre este e as decisões judiciais.[24]

Antes de mais nada, o comentador afirmava ser suficiente o *binus actus* (duas sentenças do mesmo teor) para o posicionamento do tribunal ter força futura. No entanto, reportava-se à opinião, em princípio, contrária de Cino de Pistóia, que entendia equivocada a orientação da glosa atinente ao *bis iudicati* no mesmo sentido, visto que o consenso popular não exige *binus actus*, sendo suficiente um único julgamento (*sed sufficit unus*), desde que acolha o *tacitus consensus*.

Na verdade – ponderava Bártolo – uma decisão isolada corre o risco de ser errônea, o que dificilmente ocorreria com *pluries acta*, isto é, com várias decisões similares.

Em seguida, Bártolo formulava duas indagações fundamentais sobre essa temática, que ele mesmo se incumbiu de responder.

Perguntava-se, em primeiro lugar, se o reconhecimento do costume exigia decisão judicial? E respondia: *"Non veru est qd actus iudiciales inducunt consuetudinem..."* ("Não é verdade que atos judiciais isolados formam costumes"), embora *"sed qua ex illis actionibus faciliter comprehendit tacitus consensus populi"* ("aqueles facilitam a compreensão do consenso popular tácito").

Aduzia, a propósito, que inúmeras sentenças, em um idêntico senso, proferidas durante o lapso de dez anos transformavam-se em costume judicial, a menos que contivessem algum erro... Ademais, referindo-se à opinião de Azão, advertia que também excetuava-se tal regra se porventura houvesse descontinuidade do posicionamento do tribunal durante aquele período.

Questionava, outrossim, se o costume judicial valia *inter alios*, isto é, se possuía eficácia vinculante? Concluía, então, que: *"duo vel tres iudicant equaliter intera X annos, inducta erit consuetudo..."* ("dois ou três julgados iguais dentro de dez anos determinam a formação de costume").

---

22 Acúrsio, ad D. 1.3.37.

23 *In loc. cit.*

24 *Comentum in primam veteris partem*, Venetiis, 1570, pp. 17 ss.

4. Precedente judicial nas fontes canônicas

A estrutura hierárquica da organização administrativa e judiciária da Igreja, que havia sido desenhada desde o período de formação do direito canônico (a partir do século III), tinha em seu vértice o Sumo Pontífice.

Com isso, colocava-se a "pedra angular da competência universal do Papa" nas questões jurídicas, e sem dúvida um dos alicerces mais importantes da evolução do direito canônico.[25]

Por força de um princípio da tradição canônica, durante toda a Idade Média, o Papa exerceu a *plenitudo potestatis*, desfrutando da faculdade de legislar *in genere*, por meio de bulas e cânones conciliares, e, ainda, *per iudicialem sententiam*, ou seja, decidindo um caso concreto.

Apesar do silêncio das fontes canônicas medievais quanto ao valor do precedente dos tribunais eclesiásticos, é certo que as decisões pontificais e a jurisprudência reiterada, considerada *stylus fori*, projetavam eficácia *inter alia*.[26]

O primeiro documento relevante nesse sentido é uma decretal do Papa Inocêncio III (1198-1216), que praticamente constitui uma réplica da já analisada constituição de Justiniano dirigida, em 529, a Demóstenes, prefeito do pretório.[27] Mediante essa intervenção legislativa, foi determinado que: "Nas causas decididas pelo Sumo Pontífice devem ser observadas escrupulosamente tanto a ordem jurídica quanto a força da equidade, porque, nos casos análogos os outros estão obrigados a julgar analogamente, a menos que alguma coisa induza a decidir de modo diverso, por motivo de necessidade ou de utilidade".[28]

Assim, um único provimento judicial do Papa *"facit ius quoad omnes"* ("produz direito a todos")[29] e, portanto, era suficiente para vincular as decisões dos juízes inferiores.

---

25 Willibald M. Plöchl, *Storia del diritto canonico*, v. 1, tr. it. Pasquale Giani, Milano, Massimo, 1963, p. 90.

26 Giuseppe Comotti, *Il valore del precedente giudiziale nella tradizione canonica*, Il valore dei precedenti giudiziali nella tradizione europea (obra coletiva dir. Umberto Vincenti), cit., p. 86.

27 C. 1.14.12 (v. nt. 132, *supra*).

28 Decretais de Gregório IX: 2.27.19: *"In causis, quae summi Pontificis iudicio deciduntur, et ordo iuris et vigor aequitatis est subtiliter observandus, quum in similibus casibus ceteri teneantur similiter iudicare, nisi forte, quum aliquid causa necessitatis et utilitatis inspecta dispensative duxerit statuendum"*.

29 Comotti, *Il valore del precedente giudiziale nella tradizione canonica*, cit., p. 87, que se reporta à doutrina de Fagnanus, *Commentaria in secundum librum decretalium* (Venetiis, 1709).

A glosa de Abba Siculo, inserida ao lado desse texto, de fato, explica que: "[os juízes] inferiores devem julgar segundo o Papa decidiu *inter ceteras personas...*".[30]

Ademais, o escólio subscrito pelo canonista Panormitano, logo abaixo da referida decretal, adverte que se porventura a sentença posterior contrariasse a precedente decisão aquela deveria ser considerada *iniusta*.[31]

Frise-se, por outro lado, que os canonistas também entendiam que os precedentes da *episcopalis audientia* poderiam ser invocados como meio de prova da existência de um costume e, ainda, como estilo judicial de um determinado tribunal.

A doutrina então considerava uma prova contundente da vigência de um costume a sentença que o reconhecia como tal. E, também nesse sentido, a existência de dois julgados conformes mantidos durante longo período.[32]

Infere-se, pois, que o princípio do *binus actus in iudicio*, vale dizer, da dupla sentença conforme (*duplex conformis*), que inclusive prevalece no direito canônico vigente para a produção da coisa julgada[33], remonta (pelo menos) às fontes medievais.

E, assim, ocorrendo esta hipótese, dúvida não poderia subsistir quanto à formação de um costume selado por meio de reconhecimento judicial.

Já o conceito de *stylus*, cunhado pelos canonistas, significava o procedimento seguido em uma determinada cúria, mas também indicava o próprio conteúdo das decisões judiciais, que passam a ser vinculantes *intra muros*, ou seja, revestiam-se da natureza de precedente para ser considerado em processos análogos, a serem julgados apenas pelo mesmo tribunal. Excetuavam-se dessa regra os estilos da Cúria Romana, que tinham eficácia universal, sobretudo quando o Papa impunha a sua observância.[34]

Resta ainda salientar que o Papa Lucio III (1181-1185) instituiu a Sagrada Rota Romana, importante tribunal que tiha competência *vice sacra*, ou seja, julgava no

---

30 Decretais de Gregório IX, Venetiis, 1591, p. 634.

31 *In op. cit.*, p. 635.

32 Cf. Comotti, *Il valore del precedente giudiziale nella tradizione canonica*, cit., p. 91.

33 Cf. cânone 1.641, § 1º, do Código de Direito Canônico de 1983: "Salva a prescrição do cân. 1.643, há coisa julgada: 1º se tiverem sido dadas duas sentenças concordes entre as mesmas partes, sobre a mesma petição e pela mesma causa de demanda". V., a respeito, Cruz e Tucci e Azevedo, *Lições de processo civil canônico*, cit., pp. 141-142.

34 Cf. Comotti, *Il valore del precedente giudiziale nella tradizione canonica*, cit., p. 93.

lugar do Sumo Pontífice, em grau de recurso e, ainda, detinha competência originária para as causas de grande repercussão (*causas maiores*).

As decisões da Rota, embora não vinculantes para casos futuros, possuíam inegável valor persuasivo para todos os demais tribunais canônicos.[35]

35 Fernando Della Rocca, *Tribunali ecclesiastici*, Novissimo digesto italiano, 19(1973):755-756; Jean Gaudemet, Église et cité. Histoire du droit canonique, Paris, Montchrestien, 1994, p. 373.

V

DIREITO HISPANO-LUSITANO

Sumário: 1. Precedentes judiciais à época da reconquista: **1.1.** Façanhas e fazañas. **1.2.** Sentenças da Cúria Régia. **2.** Recepção do direito comum: **2.1.** Direito espanhol. **2.2.** Direito lusitano. **3.** Interpretação e fazañas do rei nas fontes espanholas. **4.** O problema das lacunas da lei no direito lusitano. **5.** Interpretação autêntica das leis e assentos da Casa da Suplicação. **6.** Estilos da Casa da Suplicação. **7.** Direito subsidiário na reforma pombalina. **8.** Assentos e estilos na Lei da Boa Razão. **9.** Coibição da prática abusiva de editar assentos. **10.** Classificação dos assentos. **11.** Assentos do Tribunal da Relação do Rio de Janeiro.

1. Precedentes judiciais à época da reconquista

1.1. Façanhas e fazañas

Examinando as vicissitudes históricas da península ibérica, cumpre esclarecer, antes de mais nada, que, a exemplo do que ocorrera no restante da Europa, também ali, não haveria produção jurídico-literária entre o século VIII e o limiar do século XI, chegando-se até mesmo a denominá-los "siglos mudos" da história do direito.[1]

Nesse longo período, a unidade jurídica deixada pelos romanos é fragmentada pelos visigodos sob a égide do *Liber Judiciorum*. Entre as comunidades dispersas pelo campo, após a ocupação dos sarracenos, estrutura-se um ordenamento de direito costumeiro, de aplicação local, resíduo das inúmeras experiências jurídicas que tinham atravessado o território da península.[2]

É então em tal ambiente, no qual princípios e práticas senhoriais e municipais se entrecruzam, mesclados geograficamente e alternados no tempo, transmitindo a novas gerações a tradição da localidade, que ocorrerá acentuada e inafastável prevalência do costume sobre quaisquer outras fontes jurídicas.

Esse *usus terrae*, na verdade, traduzia-se em regras consuetudinárias gerais ou locais, muitas vezes no formato de *posturas* ou *estatutos* e, ainda, em precedentes judiciais, chamados de *façanhas*. Julgar por *façanha* "seria o mesmo que

---

1 Cruz e Tucci, *Jurisdição e poder*, cit., p. 129, referindo-se à expressão utilizada por Enrique Gacto Fernandez, *Temas de historia del derecho: derecho medieval*, Sevilla, Universidad de Sevilla, 1977, p. 10.

2 Lobo da Costa, *A revogação da sentença na Península Ibérica*, cit., p. 32; *A revogação da sentença*, cit., pp. 99-100.

julgar por *exemplo*, isto é, julgar de acordo com a solução adotada num caso exemplar, que é tomado como paradigma".[3]

As *façanhas* eram sentenças, casos julgados notáveis e duvidosos, cuja força vinculante decorria da autoridade reconhecida a quem as proferia e aprovava, bem como da exemplaridade do caso. Ficavam assim servindo como aresto para se imitar e seguir como lei quando outra vez ocorresse.[4]

A decisão judicial, no contexto do direito espanhol pré-compilado, também recebia o nome de *facienda* ou *fazaña*, que se origina de *'hazaña*, significando fato memorável, e, portanto, "decisão judicial com valor de precedente". Estas *fazañas* eram transmitidas por memória oral ou, também, mediante anotações pessoais feitas pelos juízes que proferiam os julgamentos.[5]

Era comum, portanto, nessa época, a circulação de coleções de preceitos costumeiros e de precedentes judiciais. Denominados *fueros*, em Espanha, e *forais* ou costumes municipais, nas fontes portuguesas – apesar da dificuldade (comum, aliás, a quase todas as instituições medievais) de estabelecer o seu preciso significado -, eram um documento escrito, outorgado pelo monarca, contendo as regras jurídicas próprias de uma determinada comunidade, com âmbito de vigência restrito a um especificado território.

1.2. Sentenças da Cúria Régia

À medida em que os territórios vinham sendo reconquistados ao povo invasor, o poder real ia fincando o seu governo.

No exercício de variadas atribuições, o rei era assistido por um conselho, para tratar de assuntos da administração, da legislação e da justiça. A atividade judicante desse órgão, que passou a ser chamado de Cúria Régia, é considerada importante fonte de produção do direito no período da reconquista.[6]

O Cúria Régia tinha competência originária para julgar algumas causas mais relevantes e, ainda, funcionava como tribunal de apelação. Era o órgão jurisdicional mais preeminente do reino e, por essa razão, não admira que, no início da

---

3 Nuno Espinosa Gomes da Silva, *História do direito português*, cit., p. 115 e nt. 4. V., ainda, José Anastácio de Figueiredo, *Sobre qual seja o verdadeiro sentido da palavra "façanhas"*, Memórias de litteratura portugueza, t. 1, Lisboa, Academia Real de Sciencias, 1792, pp. 61 ss.

4 Helena Cristina Costa Tomás, *Em torno do regime dos assentos em processo civil*, Lisboa, AAFDL, 1990, p. 21.

5 Cf. Alfonso Garcia-Gallo, *Manual de historia del derecho español*, 1, 6ª ed., Madrid, s/ed., 1975, pp. 194-195. V., nesse sentido, Jesús Lalinde Abadia, *Derecho histórico español*, Barcelona, Ariel, 1974, p. 76.

6 Braga da Cruz, *História do direito português*, cit., p. 292.

monarquia lusitana, delimitasse uma orientação jurisprudencial, "impondo-se à observância dos tribunais municipais e senhoriais".[7]

Na verdade, as sentenças da Cúria Régia, sem embargo do valor que possuíam na determinação de correntes jurisprudenciais e "de se revestirem – pelo menos, de fato – de *força vinculativa* para a decisão de casos similares", eram, em muitas ocasiões, a confirmação formal da vigência de costumes.[8]

Dada a incipiência e precariedade dos direitos populares vigentes em inúmeras comunas, ao lado das tendências hegemônicas de Castela sobre os demais reinos ibéricos, resultava de todo natural a adoção de princípios e regras provenientes do direito romano-canônico, uma vez que os seus respectivos fundamentos alargariam, por certo, as prerrogativas dos monarcas.

2. Recepção do direito comum

2.1. Direito espanhol

É de ressaltar-se que o fenômeno da recepção do direito comum na península ibérica não se deu de forma simultânea e uniforme, dada a oposição que lhe foi encetada por diferentes suseranos apegados à tradição jurídica consuetudinária.[9]

Além desse empecilho, também se alvitrava alguma resistência de natureza política à recepção, visto que o direito romano representava inicialmente o ordenamento do *Sacrum Imperium* que, *de iure*, proclamava a sua supremacia sobre todo o mundo cristão.

As causas primordiais para o ingresso da nova cultura jurídica no reino castelhano-leonês foram a influência do direito canônico desde os fins do século XII, e, em momento posterior, sob a coroa de Afonso X, a assimilação das fontes do direito comum no ensino universitário e na prática negocial e judiciária.

Com efeito, o progressivo intercâmbio de juristas e professores, entre a península e famosos centros de estudo jurídico, já na aurora do século XIII, contribuiu em muito à renovação do pensamento jurídico iniciado há quase um século na Universidade de Bolonha.[10]

---

7 Cf. Braga da Cruz, *História do direito português*, cit., p. 292.

8 Braga da Cruz, *O direito subsidiário na história do direito português*, separata da Revista portuguêsa de história, Coimbra, 14(1975):181.

9 José Maria Font Rius, *La recepción del derecho romano en la Península Ibérica durante la Edad Media*, Recueil de mémoires et travaux, Faculté de Droit et des Sciences Économiques de Montpellier, 1967, p. 92.

10 Cruz e Tucci, *Jurisdição e poder*, cit., p. 139.

A via legislativa pela qual se produz em Castela a incorporação do *utrumque ius*, além de eliminar os inconvenientes que a pluralidade de *fueros* acarretava à unidade das fontes do direito, propicia também a adoção do princípio justinianeu que privava de todo valor normativo as sentenças judiciais. Em conseqüência, a estrutura formal da ordem jurídica tende a centrar-se na vontade do monarca, único detentor do monopólio legislativo.[11]

A primeira iniciativa em tal sentido foi providenciada por D. Fernando III (1230-1252), após a fusão dos reinos de Leão e Castela (1230), ao ser outorgado o *Fuero Juzgo* como texto normativo a vigorar nos territórios que iam logrando a liberdade.

A aspiração de atingir a unidade legislativa do reino é seguida por seu filho, Afonso X (1252-1284), que determinou a elaboração de um *fuero* extenso, subsidiário dos *fueros* breves, destinado a harmonizar as regras de aplicação local.

Em 1254 era promulgado o *Fuero del Libro*, mais tarde conhecido pelo nome de *Fuero Real*. E, nos anos que se seguiram, o monarca, auxiliado pelos seus conselheiros, compila o *Libro del Fuero*, esclarecendo, no *Prólogo*, que a obra deveria ser considerada como "*espejo del derecho por que se judquen todos los de nuestros regnos e de nuestro señorio...*". Recebeu, assim, a denominação posterior de *Especulo*.

Anos depois, o Rei Sábio orientou juristas de notável cultura e de indubitável formação filosófica a escreverem uma obra com a precípua finalidade de unificar o direito de seu reino e, ao mesmo tempo, servir de subsídio para colmatar as lacunas então existentes.

Esse amplo trabalho, que representa o epílogo de um ciclo legislativo, inspirou-se nas fontes do direito comum e é considerado "*el monumento central del romanismo español*".[12] Concluído em 1263, chamado de *Siete Partidas* e que contou com a inestimável contribuição do Mestre Jacob de las Leys, passou a ter força de lei somente em 1348, com a promulgação do ordenamento das Cortes de Alcalá de Henares, no reinado de D. Afonso XI (1312-1350), pelo qual se outorgou preeminência ao direito oficial frente ao local.

Esse conjunto de fatores iria, por certo, ser o veículo de introdução do direito comum na vizinha nação lusitana.

---

11 Paricio e Fernandez Barreiro, *História del derecho romano y su recepción europea*, cit., p. 230.

12 Rafael Gibert, *El "nuevo Savigny" en España. Estado de las investigaciones sobre derecho romano en la Hispania medieval*, Colloquio internazionale su 'cultura iberica e diritto romano', texto inédito, Sassari, 1980, p. 19.

2.2. Direito lusitano

A despeito de algum atraso na recepção da nova metodologia científica, devido, em particular, à sua singular posição geográfica, Portugal passa a incrementar a legislação reinol em decorrência do fortalecimento do poder real, transmitido pelos postulados preconizados pela legislação de Justiniano.

Viu-se então existir ambiente propício à aceitação do *ius commune*: "queria-a a Igreja, queria-a o Rei".[13]

Apesar de já serem constatados traços da influência do direito romano em algumas leis de D. Afonso II (1211-1223) – os quais possivelmente teriam derivado da legislação visigótica – foi apenas no reinado de D. Dinis (1279-1325) que o direito comum adquiriu grande autoridade, principalmente por ter ele importado e mandado traduzir as obras *Flores de las leyes*, do Mestre Jacob, e *Siete Partidas* e, ainda, fundado, em 1º de março de 1290, o *Studium generale* dionisiano, no qual "o ensino do direito romano e do direito canônico e a outorga de graus num e noutro direito ocupavam justamente a finalidade mais destacada".[14]

Era natural que as fontes de direito subsidiário no reino português, a exemplo do que sucedera em quase toda a Europa ocidental, proviessem do *ius commune*, passando a constituir, via direito espanhol, inesgotável manancial de soluções concretas das questões jurídicas às quais os tribunais recorriam, com o intuito declarado de suprir as lacunas de um regramento consuetudinário cada vez mais ultrapassado e de uma legislação ainda em fase de formação.

Com o decorrer do tempo, os juristas e operadores do direito lusitano dirigiram à coroa veemente protesto contra a primazia atribuída em solo português às fontes jurídicas castelhanas como direito subsidiário, fato esse que comprova o altíssimo grau de aprovação que alcançaram, cuja autoridade resultava da "expressão consagrada do novo credo jurídico romano-canônico, com a vantagem de serem – como trabalho de síntese e redigidos em vulgar – de muito mais fácil acesso do que os textos das compilações originais em que se tinham inspirado".[15]

Assim, às fontes castelhanas se sobrepõem o "direito e as opiniões dos doutores", sendo certo que as leis régias promulgadas a partir de D. Afonso III (1248-1278) e a atividade judicial são informadas diretamente pelas regras e princípios do Digesto, da Glosa, do Decreto e das Decretais.

---

13 Gomes da Silva, *História do direito português*, cit., p. 158.

14 Cf. Braga da Cruz, *O direito subsidiário na história do direito português*, cit., pp.190-191.

15 Braga da Cruz, *O direito subsidiário na história do direito português*, cit., p. 204.

Na verdade, ao espírito da época incomodava cada vez mais admitir que os tribunais, para preencher as lacunas da lei em uma hipótese concreta, recorressem à legislação de D. Afonso X, ao invés de extraírem a solução do original dos textos de direito comum, que foram inclusive traduzidos do latim para o vernáculo em meados do século XIV.[16]

3. Interpretação e fazañas do rei nas fontes espanholas

Recebendo influência direta da legislação de Justiniano, as primeiras compilações castelhanas reservavam ao rei o poder exclusivo de proceder à *interpretatio iuris*.

Conquanto de forma ainda não muito evidente, o *Especulo* continha interessante regra que disciplinava a aplicação do direito em caso de lacuna no ordenamento.

Com efeito, prescrevia o texto legal que, se porventura, a causa não pudesse ser julgada com base nas leis do reino, *"o juiz deveria enviar o pleito ao rei. Primeiramente, deveria explicar ao rei como a demanda se iniciou, qual o seu objeto, a defesa apresentada, e, depois, apontar a dúvida ou a lacuna da lei* ["la mingua en las leyes"], *que o impediu de julgar; a carta a ser enviada ao rei deveria ser redigida diante das partes, de modo que lhes fosse possível verificar se foram escritas todas as razões. E se o rei entender que a lacuna ou dúvida realmente existe a ponto de exigir a elaboração de lei, a lei deve ser editada e inserida neste livro"*.[17]

É curioso notar que, nessa espécie de *consultatio*, o rei, em princípio, não decidia propriamente a questão que lhe era submetida. Segundo se extrai da transcrita disposição, reputando procedente a solicitação provinda do magistrado, o rei não julgava a questão, mas, na verdade, baixava uma lei com o escopo de dirimir a dúvida ou suprir a lacuna verificada, e, com isso, possibilitava ao juiz decidir a causa.

Com redação bem mais apurada, o problema da interpretação do ordenamento jurídico aparece resolvido de modo diferente sob a égide das *Siete Partidas*.

Ocorrendo aquela mesma situação de dúvida ou de lacuna na lei, a mais importante compilação de D. Afonso X determinava que o próprio monarca, "sabida toda a verdade", isto é, tomando conhecimento dos pormenores que envolviam o litígio, julgasse a causa ou, então, se preferisse, orientasse o juiz sobre como deve-

16 Cruz e Tucci, *Jurisdição e poder*, cit., p. 149.

17 *Especulo*, 2.16.

ria proceder. A norma legal ainda previa severa sanção ao juiz que, diante daquele problema, deixasse de levar a questão à autoridade do soberano.[18]

Continuando a regulamentar a atividade judicante, no mesmo título *De los juizios*, as *Siete Partidas* proíbem expressamente os juízes de recorrer a precedentes judiciais ["... *non deue valer ningu juyzio que fuesse dado por fazañas de outro*"]. Considera-se, como se observa, inválido o julgamento que fosse proferido com base em precedente!

Não obstante, a mesma lei excetuava da regra a *fazaña real*, ou seja, a decisão proferida pelo monarca, porque esse precedente "*del Rey ha fuerça, e deue valer como ley en aquel pleyto sobre que es dado, e en los otros que fueren semejantes*".[19]

Compreende-se que, pela sua equiparação à própria lei, as sentenças do rei revestiam-se de eficácia vinculante, *ad futurum*, em casos análogos.

4. O problema das lacunas da lei no direito lusitano

A problemática que envolve a integração da norma jurídica sempre preocupou o legislador, assim como a questão que com esta é conexa, ou seja, a da plenitude do ordenamento jurídico.

Ora, como o intérprete sempre encontrará lacunas, autênticas e não-autênticas, no sistema de normas, torna-se necessário estabelecer um critério seguro de fontes subsidiárias para a solução de um determinado caso.

O movimento de renovação cultural do direito em Portugal – que já não concebia a aplicação de outras fontes a título subsidiário que não aquelas estampadas nos textos originais (ou traduzidos) do *utrumque ius*, iluminados pelas autorizadas interpretações dos juristas bolonheses e que buscava estabelecer segurança e certeza na aplicação do direito – iria culminar com a Carta Régia de 18 de abril de 1426, que outorgou primazia absoluta à *Glosa* de Acúrsio e aos *Comentários* de Bártolo sobre as opiniões de quaisquer outros doutores: "*Bem sabees o tralado que nos tomamos per que os feitos de nossos Reignos fossem desembargados por huu termo sôo. O qual foy autorizado pella força das leix do código, declaradas e autorizadas pellas entenções finaaes das grossas de sua final entençom dacursio que sobrello escrepveo, ora fosse per hua grossa ou per duas ou per três ou mais segundo he escripto, nos livros. E esto quissemos que as conclusões de bartallo, que de sobellas leix do codigo ffez, que estas sejam autenticadas...*".[20]

---

18 3.22.11.

19 3.22.14.

20 A respeito desse importante documento, v. Almeida Costa, *Romanismo e bartolismo no direito português*, Boletim da Faculdade de Direito, Universidade de Coimbra, 36(1960):30, nt. 10; Gomes da

Com essa ordenação de D. João I (1387-1433) sanavam-se, em parte, as inúmeras dúvidas acerca da autoridade do direito estrangeiro nas cortes do reino, mas importava, ainda, determinar o exato âmbito de aplicação do direito romano-canônico, bem como sua interação com as normas jurídicas pátrias.

Esse importante passo foi então dado, em 1446, com a vigência das Ordenações Afonsinas, que unificaram o direito da nação lusitana e delimitaram, na hipótese de lacuna nas leis ou nos costumes do reino e nos *estilos da Corte*, as fronteiras de incidência do direito comum. Nota-se, pois, que, já na primeira compilação lusitana, é possível observar, de logo, a preocupação do legislador quanto ao problema das lacunas da lei, o que evidentemente revela o seu elevado descortínio científico.

Em tais situações dever-se-ía recorrer às fontes do direito. Lançava-se mão das "Leis Imperiais" e dos "Santos Cânones"; havendo discórdia entre os dois ordenamentos acerca do assunto examinado, o direito laico teria preferência, a não ser que a causa fosse de natureza espiritual ou se de sua aplicação resultasse pecado.[21]

Quando o caso *sub iudice* mesmo assim não pudesse ser dirimido, recorrer-se-ía à *magna glosa* e, a seguir, à opinião de Bártolo, "não embargando que os outros doutores digam o contrário".[22]

Acrescente-se, outrossim, que na ausência absoluta de fontes, ou se a matéria não envolvesse pecado e estivesse revestida de flagrante divergência entre os cânones e as glosas e comentários, submetia-se então uma consulta ao monarca, "cuja sentença valeria, de aí por diante, em todo os feitos idênticos".[23]

Cumpre esclarecer, nesse particular, que as disposições afonsinas sobre o direito subsidiário passaram com diminutas modificações às Ordenações Manuelinas, e destas às Ordenações Filipinas.[24] No tocante ao direito subsidiário, a única modi-

---

Silva, *O sistema de fontes nas Ordenações Afonsinas (1446) em Portugal*, Colloquio internazionale su 'cultura iberica e diritto romano', texto inédito, Sassari, 1980, p. 10.

---

21 Ord. Af., 2.9: "*Quando a Ley contradiz aa Degratal qual dellas se deve guardar*". Acolhia-se, nesse passo, o ensinamento de Bártolo ("critério do pecado"), já examinado. V., sobre esse instigante assunto, Cruz e Tucci, *Jurisdição e poder*, cit., pp. 150-151.

22 Cf., ainda, Ord. Af., 2.9.2.

23 Cf. Almeida Costa, *Romanismo e bartolismo*, cit., p. 33; Cruz e Tucci, *Jurisdição e poder*, cit., p. 151. Ord. Af., 2.9.2: "*E acontecendo caso, ao qual per nenhuu dos ditos modos nom fosse previsto, mandamos que o notefiquem a Nos pera o determinarmos; porque nom tamsomente taaes determinações som desembargo daquele feito, que se trauta, mais som Ley pera desembargarem outro semelhante...*".

24 Ord. Man., 2.5; Ord. Fil., 3.64.

ficação de fundo introduzida pelo texto manuelino cingia-se a condicionar a utilização da *Glosa* de Acúrsio e dos *Comentários* de Bártolo à hipótese de não serem contestadas pelas *communes opiniones* dos demais doutores.[25]

A sentença do rei continuava a ser considerada precedente judicial com eficácia vinculante para casos análogos.

Aduza-se que, para ter presente a exata importância atribuída, em Portugal, às fontes subsidiárias, será necessário considerar que o direito compilado, por certo, não constituía um sistema jurídico completo, malgrado as suas sucessivas reformas. Por essa razão é que se tornava imprescindível o recurso ao *ius commune* como instrumento de unificação do direito, "atraído a preencher lacunas e a ajudar o entendimento de inúmeros preceitos das leis pátrias".[26]

5. Interpretação autêntica das leis da Casa da Suplicação

Prevalecia, igualmente, no ordenamento jurídico português, já no início da monarquia, o princípio de que a *interpretação autêntica das leis* constituia prerrogativa exclusiva do monarca, que a exercia mediante a publicação de *leis interpretativas* ou "em Relação", ou seja, quando proferia julgamento presidindo as sessões da Casa da Suplicação ou, eventualmente, da Casa do Cível.

No que se refere às *leis interpretativas*, procurando fortalecer o poder real, inclusive sob o ponto de vista patrimonial, D. João I institui a chamada *Lei Mental*, jamais escrita, mas sempre observada pelo monarca em casos concretos, como se fosse um *estilo* ou *costume* da corte. Aliás, "há um diploma de 1429 em que o próprio D. João I manda dizer: 'posto que nós tenhamos feita e ordenada uma lei em nossa vontade...'".[27]

No reinado de D. Duarte (1433-1438), em 30 de junho de 1434, a *Lei Mental* é confirmada, com a sistematização dos preceitos praticados pelo seu antecessor, resolvendo uma série de dúvidas que subsistiam acerca da sua aplicação.[28]

Registre-se que, sob a perspectiva histórica, para configurar a interpretação autêntica das leis, jamais se exigiu identidade entre quem a realiza e o autor da

---

25 V., a respeito, a ampla e minudente pesquisa de Braga da Cruz, *O direito subsidiário na história do direito português*, cit., pp. 247-249.

26 Almeida Costa, *Romanismo e bartolismo*, cit., p. 34.

27 Cf. Marcello Caetano, *História do direito português*, v. 1 – Fontes-direito público, Lisboa, Verbo, 1981, p. 513.

28 V., ainda, Marcello Caetano, *História do direito português*, cit., pp. 514-515. A lei de D. Duarte, de 30 de junho de 1434, foi recolhida nas Ordenações Manuelinas, 2.17.7 a 25 e, em seguida, reproduzida nas Ordenações Filipinas, 2.35.9 a 17.

norma legal interpretada. A história realmente mostra "que o poder legislativo de interpretação não é expressão necessária do poder legislativo enquanto tal, mas apenas a conseqüência implicada numa certa concepção deste poder. O legislador só chamou a si o *ius* de interpretar as leis quando concebeu os seus poderes jurídicos de modo a ter-se pelo titular absoluto e exclusivo do direito. Só então, recusando a quaisquer outras instâncias ou instituições sociais a possibilidade de criar direito, se arrogou também a única instância interpretativa, e para excluir assim o modo indireto de criação normativo-jurídica que a interpretação, especialmente a interpretação judicial, sempre se tinha revelado ser. Por isso foi só com os últimos imperadores, e sobretudo com Justiniano, que em Roma o legislador se proclamou a instância exclusiva de interpretação das leis, proibindo a mesma interpretação pelos próprios tribunais. A vocação exclusiva e proibição estas que se viriam a repetir por diversas vezes ao longo da história, como é sabido, e que sempre se inseriram na disputa histórica, entre os tribunais e o legislador, pelo poder de constituir e proclamar o direito...».[29]

Ao que tudo indica, com as múltiplas atribuições administrativas com as quais se ocupavam, os reis portugueses foram declinando do exercício de tais privilégios.

Desse modo, para resolver a questão da *interpretação autêntica*, visto que o seu natural destinatário encontrava-se impedido de assumir tal importante tarefa, D. Manuel (1495-1521) teve a iniciativa de outorgá-la ao próprio tribunal superior do reino, "mantendo o monarca, apenas, como da sua competência reservada, a interpretação daquelas dúvidas sobre cujo esclarecimento a Casa da Suplicação se mantivesse hesitante e que o respectivo regedor, por isso mesmo, entendesse deverem ser levadas à apreciação régia".[30]

Assim sendo, no início do século XVI, o problema da interpretação da lei com eficácia vinculante *ex post*, veio disciplinado pelo Alvará de 10 de dezembro de 1518, mais tarde, ampliado e recolhido nas Ordenações Manuelinas, que determinava o seguinte: *"E assi Auemos por bem, que quando os Desembarguadores que forem no despacho d'alguu feito, todos, ou alguu delles teverem algua duuida em algua Nossa Ordenaçam do entendimento della, vam com a dita duuida ao Regedor, o qual na Mesa grande com os Desembarguadores que lhe bem parecer a determinará, e segundo o que hi for determinado se poerá a sentença. E se na dita Mesa forem isso mesmo em duuida, que ao Regedor pareça que he bem de No-lo fazer saber, para a Nós loguo determinarmos, No-lo fará saber, pera Nós nisso Provermos. E os que em outra maneira interpretarem Nossas Ordenações,*

29 António Castanheira Neves, *O instituto dos "assentos" e a função jurídica dos Supremos Tribunais*, Coimbra, Almedina, 1983, pp. 336-337.

30 Braga da Cruz, *O direito subsidiário na história do direito português*, cit., p. 283, nt. 109.

ou derem sentenças em alguu feito, tendo alguu deles duuida no entendimento da dita ordenaçam, sem hirem ao Regedor como dito he, seram suspensos atee Nossa Mercê. E a determinaçam que sobre o entendimento da dita Ordenaçam se tomar, mandará o Regedor escreuer no liurinho pera despois nom viir em duuida".[31]

Ora, diante dessa original disposição, irrompem claras quatro regras, quais sejam:

a) em caso de dúvida objetiva quanto à aplicação de determinada lei, a questão deveria ser levada ao regedor da Corte que, por sua vez, deveria submetê-la a alguns desembargadores perante a "mesa grande";

b) se, porventura, a dúvida ainda subsistisse diante daquele órgão, o regedor deveria submeter o problema à interpretação e resolução do rei;

c) em ambas as hipóteses, a decisão era inserida em um "livrinho" para evitar futuras dúvidas; e, por fim,

d) se algum juiz procedesse em desobediência a tal determinação, decidindo em estado de dúvida, sem recorrer ao regedor, seria suspenso até quando fosse remido pela graça real.

Os julgamentos que então eram efetivados à luz dessa lei e devidamente registrados no "livrinho", logo "tomaram o nome de 'assentos'; e tinham um valor normativo em tudo idêntico ao das próprias leis interpretadas", e, portanto, "projetavam eficácia vinculativa para casos futuros semelhantes".[32]

Era clara a intenção da lei em regular esses *assentos*, ou seja, com a uniformidade da jurisprudência pretendia-se satisfazer a segurança jurídica e garantir a unívoca aplicação do direito.

O "livrinho" passou a ser chamado de *Livro dos Assentos* ou *Livro Verde*, e, mais tarde, *Livro dos Assentos da Relação*.

Como bem se destacou, as Ordenações Filipinas reiteraram os termos da supra transcrita lei, mantida a redação com insignificantes alterações, sob a rubrica *Dos Desembargadores da Casa da Suplicação*.[33]

---

31 Ord. Manuel., 5.58.1.

32 Cf. Braga da Cruz, *O direito subsidiário na história do direito português*, cit., p. 284, nt. 109; Gomes da Silva, *História do direito português*, cit., p. 228. V., atribuindo igualmente "valor vinculativo aos assentos da Casa da Suplicação sempre que aí se procedesse à interpretação de passos duvidosos das Ordenações do Reino", Hespanha, *História das instituições*, cit., p. 515.

33 Ord. Fil., 1.5.5: *"E havemos por bem, que quando os Desembargadores, que forem no despacho de algum feito, todos ou algum delles tiverem alguma duvida em alguma nossa Ordenação do entendimento della, vão com a duvida ao Regedor; o qual na Mesa grande com os Desembargadores, que lhe bem parecer, a determinará, e segundo o que ahi for determinado, se porá a sentença. E a determinação, que sobre o entendimento da dita Ordenação se tomar, mandará o Regedor screver*

Observe-se que essa prática, de emitir *assentos normativos*, iria perdurar na experiência jurídica lusitana até 1993, ocasião em que o Tribunal Constitucional, exercendo controle concreto de constitucionalidade, declarou "inconstitucional a norma do artigo 2º do Código Civil, na parte em que delega aos tribunais competência para fixar doutrina com força obrigatória geral, por violação do disposto no artigo 115 da Constituição".[34]

6. Estilos da Casa da Suplicação

As Ordenações Afonsinas e Manuelinas arrolavam, entre as fontes do direito pátrio, os *estilos da Corte*.[35] Embora os juristas medievais tivessem travado longa discussão acerca da diferença entre o costume e o *stylus Curiae*, o certo é que ambos não eram escritos e, à evidência, tinham reconhecida eficácia pelo uso reiterado.

O *estilo* era a prática introduzida pelos juízes nos tribunais. E, por essa razão, por *estilo* se entendia a *jurisprudência constante* e *uniforme dos tribunais superiores*, ou seja, da Casa da Suplicação, em particular, e da Casa do Cível, mais tarde, das Relações.[36]

A própria praxe forense estabeleceu três importantes requisitos para que determinada orientação pretoriana pudesse ser alçada à categoria de *estilo*, a saber:

a) posicionamento não contrário à lei;

b) fosse suficientemente antigo: 10 anos ou mais (constância);

no livro da Relação, para depois não vir em duvida. E se na dita Mesa forem isso mesmo em duvida, que ao Regedor pareça, que he bem de nol-o fazer saber, para nos logo determinarmos, nol-o fará saber, para nisso provermos. E os que em outra maneira interpretarem nossas Ordenações, ou derem sentenças em algum feito, tendo algum delles duvida no entendimento da Ordenação, sem ir ao regedor, será suspenso até nossa mercê". V., a respeito, Braga da Cruz, *O direito subsidiário na história do direito português*, cit., p. 284, nt. 109; Mário Júlio de Almeida Costa, *História do direito português*, Coimbra, Almedina, 1989, p. 296.

34 O art. 2º do CC português, de 1966, ainda em vigor, tem a seguinte redação: "Nos casos declarados na lei, podem os tribunais fixar, por meio de assentos, doutrina com força obrigatória geral". V., a propósito do julgamento de 7 de dezembro de 1993, Castanheira Neves, *O problema da constitucionalidade dos assentos*, Coimbra, Almedina, 1994. Hoje os *assentos* não são considerados fonte de direito como se infere do disposto no art. 115, n. 5, da Constituição portuguesa, cuja regra representa um corolário do princípio da separação de poderes estabelecido no art. 114, e que, obviamente, inibe os tribunais de se imiscuirem no campo do poder legislativo, e vice-versa. Todavia, persistem ainda três hipóteses nas quais a jurisprudência do Tribunal Constitucional de Portugal tem eficácia *erga omnes ad futurum*.

35 Ord. Af., 2.9; Ord. Man., 2.5.

36 Cf. Gomes da Silva, *História do direito português*, cit., p. 232.

c) confirmado em pelo menos duas ou três decisões (uniformidade).[37]

Aduza-se que, já sob a regência das Ordenações Filipinas, D. Filipe II (1578-1621), de Portugal, aprovou, em 7 de junho de 1605, o *Regimento da Casa da Suplicação*, mediante uma *Carta Régia* dirigida a D. Diogo de Castro, então Regedor.

Regulamentando a imperatividade dos antigos *estilos*, dispõe o *Regimento*: *"VIII – E porque convém e importa muito, que os estilos antigos da Casa da Supplicação se guardem, sem se permittir introduzirem-se outros de novo, nem praticas particulares, assim no despacho dos feitos, como no fazer das audiências, encomendo e encarrego muito ao Regedor, e Chanceller della, que procurem saber, e averiguar bem, quaes são os ditos estilos antigos, informando-se para isso dos Officiaes de mais pratica e experiência; e que os façam inviolavelmente guardar e conservar; e que movendo se sobre elles alguma duvida, ou alteração, ouvidos os Ministros antigos da dita Casa, e ainda os que servirem fora della, que delles tenham conhecimento, se tome na Mesa Grande, perante o Regedor, a resolução que parecer que mais convém à boa administração da justiça; e se faça disto assento no Livro da Relação, para d'ahi por diante se guardar assim, e se não tornar a dar na mesma duvida"*.

Observa-se, assim, que, na hipótese de dúvida ou alteração quanto a determinado *usus fori*, recorria-se ao tribunal pleno para a fixação, por meio de *assento*, do *estilo* antigo da Casa da Suplicação.[38]

E, nessa situação, como ressaltado, o *assento* também ostentava força vinculante.

Podem ser citados, à guisa de exemplo, os seguintes *estilos*:

1. *O pagamento do dote pode provar-se por testemunhas, posto que o sogro o promettesse por escriptura*;

2. *Dada a sentença se assignão ao vencedor cinco dias para a tirar, e trez para a Chancellaria, aonde a parte a pode embargar; e passado este tempo, se dá vista nos autos originaes;*

3. *Inventário dos bens do Clérigo morto se faz no secular, e o mesmo de Prelados*;

4. *Alimentos* ad litem, *he interlocutoria; porém tem força de definitiva, e de appellação; porque em final não pode ter remédio, porquanto estes não se dão com fiança*.[39]

---

37 V., nesse sentido, Almeida Costa, *História do direito português*, cit., p. 301.

38 V., a respeito, Braga da Cruz, *O direito subsidiário na história do direito português*, cit., p. 285, nt. 109.

39 V., o significativo rol de *estilos* de vários tribunais portugueses, Candido Mendes de Almeida, *Auxiliar jurídico*, 14ª ed., Rio de Janeiro, TIP, 1869, pp. 47 ss.

7. Direito subsidiário na reforma pombalina

A introdução do ideário iluminista em Portugal é devida, em especial, à influência da doutrina de Luiz Antônio Verney, que, então, afinada à corrente de pensamento em voga anos antes em outras nações européias, proclamava a necessidade de uma ampla reforma da legislação e do ensino jurídico.[40]

Desse modo, na legislação de D. José (1750-1777) nota-se de forma muito nítida o eco daquele movimento, levado a efeito, sobretudo, pelo Ministro Sebastião José de Carvalho e Mello, Marquês de Pombal, a quem foi confiada a direção das reformas que estavam por vir.[41]

Com efeito, a primeira intervenção legislativa eficaz, visando a limitar a subserviência ao direito subsidiário e, com isso, fortalecer o direito nacional, foi efetivada por uma lei de 18 de agosto de 1769, conhecida como a *Lei da Boa Razão*.

A intenção do legislador era então a de afeiçoar a nova ideologia a um sistema de fontes subsidiárias do direito, especialmente na seara do direito privado, na qual se apresentavam extremamente deficientes e lacunosas as leis portuguesas.

A *Lei da Boa Razão* cuidou do problema do direito subsidiário proibindo de modo terminante a remissão a quaisquer outras *"Allegações e Decisões de Textos ou de authoridades de alguns Escriptores"*, inclusive da *Glosa de Acúrsio* e dos *Comentários de Bártolo*, enquanto, no ordenamento pátrio, houver ordenações, leis ou precedentes do reino.[42]

Foram então expressamente refugadas "as Leis Romanas, que em *Boa Razão* não forem fundadas", precavendo-se, "com sabias providências, as interpretações abusivas, que ofendem a majestade das Leis, desautorizam a reputação dos Magistrados e tem preplexa a justiça dos litigantes, de sorte que no direito, e domínio dos bens dos vassalos não possa haver aquela provável certeza, que só

---

40 Em apertada síntese, como já tivemos oportunidade de destacar, infere-se da obra intitulada *Verdadeiro método de estudar*, que Verney se baseia nos conceitos de direito natural e das gentes; na concepção filosófica e racionalista do direito em si mesmo considerado; na hostilidade ao direito romano histórico, que deveria ser limitado pelos princípios e pelo *usus modernus pandectarum*; e no respeito ao direito nacional e à preservação de sua história (cf. Cruz e Tucci, *Jurisdição e poder*, cit., p. 178, com arrimo em Cabral de Moncada, *O "século XVIII" na legislação de Pombal*, Boletim da Faculdade de Direito, Universidade de Coimbra, 19(1925-1926):180 ss.).
Acerca de todos os aspectos que propiciaram esse movimento de renovação cultural em Portugal, inclusive com a análise da contribuição de Verney, v. Lobo da Costa, *A revogação da sentença no direito lusitano (perfil histórico)*, Revista da Faculdade de Direito da USP, 76(1981):194 ss; *A revogação da sentença*, cit., pp. 184-185. Consulte-se, também, Inocêncio Galvão Telles, *Verney e o iluminismo italiano*, Boletim da Faculdade de Direito, Universidade de Lisboa, 7(1950):196 ss.

41 Braga da Cruz, *História do direito português*, cit., p. 442.

42 Cf. § 9º.

pode conservar entre eles o público sossego"; procurando evitar-se através da ação uniformizadora e corretiva dos assentos as injustas demandas "a que muitas vezes são animadas por frívolos pretextos tirados das extravagantes sutilezas, com que aqueles, que as aconselham, e promovem, querem temerariamente entender as Leis mais claras, e menos suscetíveis de inteligências, que ordinariamente são opostas ao espírito delas, e que nelas se acha literalmente significado por palavras exclusivas de tão sediciosas, e prejudiciais cavilações".[43]

Ademais, elevou-se como critério hermenêutico da praxe de julgar subsidiária, a *boa razão.* Nesse ponto, na verdade, centrava-se todo o caráter inovador e revolucionário da reforma pombalina, uma vez que, indo além do que as próprias leis anteriores ditavam, "vai o legislador permitir-se explicar o que as Ordenações não chegaram a explicar, ou seja, o que deve entender-se, para aquele efeito, pelo termo *boa razão*; e é então que aproveita o ensejo para, como soe dizer-se, 'encher de vinho novo os odres velhos', injetando nas escanecidas estruturas do direito português todo o pensamento nacionalista e iluminista da *escola do direito natural* e do *usus modernus pandectarum*. Aquela *boa razão* de que as Ordenações tinham acidentalmente falado no sentido corrente da expressão – como equivalente de *razão natural* ou *justa razão* – passa agora a ser, em toda a sua pujança e arrogância, a *recta ratio* dos jusnaturalistas, arvorada em supremo padrão da justiça e da felicidade dos povos".[44]

Era, como se observa, a própria lei que fornecia a chave para a correta compreensão da locução *recta ratio*.

Partindo, pois, desse pressuposto, a *Lei da Boa Razão* determinava que não mais se aceitasse a "autoridade extrínseca" das leis romanas, e, portanto, repudiava a aplicação generalizada do *Corpus Iuris Civilis* e dos *Santos Cânones*, que tanto prestígio haviam granjeado durante séculos como fontes subsidiárias.

Assim sendo, pelas novas premissas, as eventuais lacunas da legislação nacional deveriam agora ser supridas pela *recta ratio*, devendo-se, pois, recorrer às fontes do direito romano que não a afrontassem e ao direito das gentes aceito pelas nações civilizadas e, outrossim, às "leis das nações cristãs iluminadas e polidas", quando a questão versasse sobre matéria política, econômica, mercantil ou marítima.[45]

---

43 Corrêa Telles, *Comentário crítico à Lei da Boa Razão*, Auxiliar Jurídico, apêndice às Ordenações Filipinas, vol. 2, Lisboa, Fundação C. Gulbenkian, 1985, p. 445.

44 Braga da Cruz, *O direito subsidiário na história do direito português*, cit., p. 293.

45 Cf., ainda, § 9º.

8. Assentos e estilos na Lei da Boa Razão

No longo e mais importante texto normativo da reforma efetivada sob a coroa de D. José, vem expressamente reiterada a função da Casa da Suplicação de proceder à interpretação autêntica da lei e de proferir *assentos* na hipótese de dúvida dos desembargadores: "... *pela authoridade de seu Regedor e pela maior experiencia dos seus doutos e provectos Ministros; não só mereceo a justa confiança, que della fizerão sempre os ditos Senhores Reys Meus Predecessores para a interpretação das Leis; mas também constitue ao mesmo tempo nos Assentos, que nella se tomão sobre esta importante matéria toda quanta certeza póde caber na providencia humana para tranquiliizar a Minha Real Consciencia e a justiça dos Litigantes sobre os seus legítimos direitos*".[46]

Nesse mesmo sentido, vale dizer, procurando, a um só tempo, concentrar a interpretação das leis na Casa da Suplicação e valorizar a praxe dos tribunais do reino, a *Lei da Boa Razão* referenda uma lei de D. João III (1521-1557), de 10 de outubro de 1534, que instituíra o *Regimento do Chanceler-mór*, recolhida no "Código Sebastiânico"[47], compilado pelo licenciado Duarte Nunes do Lião, e, mais tarde, inserta nas Ordenações Filipinas.[48] Esse texto legal havia criado os *assentos por efeito de glosas do chanceler*.

Tais *assentos* eram editados na situação em que o Chanceler da Casa da Suplicação, no momento em que devia selar os julgamentos da corte, levantava dúvida acerca da legalidade intrínseca destes, "por lhe parecerem proferidos contra texto expresso das Ordenações ou do direito subsidiário". Aposta a *glosa* pelo chanceler, os autos eram levados aos desembargadores que haviam participado do julgamento e, caso não fosse sanada a dúvida, o regedor deveria providenciar novo julgamento a ser proferido por novos juízes.

O *assento*, nesse caso, abstraindo-se da hipótese concreta, era extraído da interpretação fixada na decisão ("*inteligência geral e perpétua da lei*").[49]

Vieram também instituídos pela reforma pombalina os *assentos* derivados da divergência entre os advogados dos litigantes a respeito da lei aplicável ao caso concreto.[50]

Dispunha, a respeito, o § 6º: "*Mando, que não só quando alguns dos Juízes da causa entrar em dúvida sobre a intelligencia das Leis, ou dos Estylos, a deva propor*

---

46 Cf. § 8º.

47 1.2.

48 1.4.

49 *Lei da Boa Razão*, § 2º. V., a respeito, Braga da Cruz, *O direito subsidiário na história do direito português*, cit., p. 284, nt. 109.

50 *Lei da Boa Razão*, § 6º.

ao Regedor para se proceder a decisão della por Assento na forma das sobreditas Ordenações; mas que também se observe igualmente o mesmo quando entre os Advogados dos Litigantes se agitar a mesma dúvida; pretendendo o do Author, que a Lei se deva entender de hum modo; e pretendendo o do Réo, que se deva entender de outro modo. E nestes casos terá o Juiz Relator a obrigação de levar os autos à Relação, e de propor ao Regedor a sobredita controvérsia dos Advogados, para sobre ella se proceder na forma das Ordenações, a Assento, que firme a genuína intelligencia da Lei antes que se julgue o direito das partes".

No subseqüente § 7º, aos advogados que, nesta situação, agissem com deslealdade ("raciocínios frívolos e sofismas"), visando a procrastinar o feito, previa-se severa sanção, inclusive, em caso de reincidência, degredo para Angola.[51]

Assim como na anterior hipótese, o *assento* em que fixada a "genuína inteligência da lei" passava a gozar de eficácia normativa.

Já quanto aos *estilos*, a *Lei da Boa Razão* mantém a mesma diretiva restritiva, consagrando o seu respectivo valor legal somente quando estabelecidos e aprovados mediante "assentos da Casa da Suplicação". Os *estilos da Corte* perdiam, desse modo, toda a legitimidade autônoma que lhe havia sido conferida pelas Ordenações, visto que passavam a depender da sua conversão em *assentos.*[52]

9. Coibição da prática abusiva de editar assentos

A faculdade de expedir *assentos normativos* fora inicialmente concedida, em 1518, apenas à Casa da Suplicação, que era a mais elevada corte de justiça do reino.

Assim, até 1582, somente a Casa da Suplicação tinha o privilégio de tirar *assentos*.

Ocorre que, naquele referido ano, Filipe I (1581-1621) transfere para o Porto a Casa do Cível, mais tarde, Relação do Porto, que passou a dispor de competência autônoma e ampla. Somente em causas cíveis mais relevantes é que cabia recurso de suas decisões para a Casa da Suplicação.

Desse modo, a prerrogativa de proferir *assentos* passou a ser também avocada pelo Tribunal da Relação do Porto e, em momento subseqüente, pelas Relações ultramarinas, de Goa, da Bahia e do Rio de Janeiro. Entenderam os seus respectivos desembargadores que deviam também arrogar-se o direito de proferir *as-*

---

51 Consulte-se, ainda, Braga da Cruz, *O direito subsidiário na história do direito português*, cit., p. 286, nt. 109.

52 Cf. § 14. Mário Reis Marques, *História do direito português, medieval e moderno*, cit., p. 163.

sentos com força de lei, a exemplo da Casa da Suplicação, mesmo que nenhum diploma lhes tivesse outorgado tal função.

Com o intuito deliberado de obstar que a interpretação autêntica das leis, assim ampla e insegura, corresse o risco de enfraquecer a aplicação uniforme do ordenamento jurídico, a reforma pombalina reiterou que apenas a Casa da Suplicação era competente para emitir *assentos* com força de lei.

Determinou, em complemento, que toda espécie de *assento*, emitido pelas "Relações Subalternas", deveriam ser remetidos à aprovação da Casa da Suplicação, para, só então, serem considerados *assentos definitivos*. Estes *assentos* eram enviados, em cópia autêntica, aos respectivos chanceleres das referidas Relações, para serem lançados nos livros específicos e observados como leis gerais.[53]

10. Classificação dos assentos

Os *assentos* da Casa da Suplicação, como visto, originavam-se de dúvidas suscitadas pelos desembargadores ou, em diferente situação, pelo chanceler-mór. Distinguiam-se em *assentos por efeito de dúvidas de interpretação levantadas pelos desembargadores* e *assentos por efeito de glosas do chanceler*.[54]

Ao lado dessas duas espécies de *assentos*, é criada outra modalidade pelo *Regimento da Casa da Suplicação*, datado de 7 de junho de 1605. Quando surgisse dúvida ou fosse modificada determinada praxe forense, recorria-se ao tribunal pleno para a fixação, por meio de *assento*, do *estilo* antigo da Casa da Suplicação, que passava a ter valor vinculante para situações análogas.

Ademais, como também já esclarecido, a *Lei da Boa Razão* instituiu os *assentos derivados da divergência de opiniões dos advogados das partes no tocante à lei aplicável no caso concreto*. Também aqui disciplinava-se todo um procedimento para que a solução, a final, viesse assentada, com eficácia *ad futurum*.

Um *assento* de 16 de fevereiro de 1786 exemplifica uma derradeira espécie. Eram os *assentos por efeito de ordem régia, transmitida por aviso de um Secretário de Estado*. No caso concreto, "foi a Casa da Suplicação solicitada, em nome da Rainha, por um Aviso de 26 de janeiro, 'assinado pelo Visconde de Villa Nova de Cerveira, Secretário de Estado dos Negócios do Reino', a proferir *assento* sobre três questões suscitadas na interpretação do Alvará de Lei de 9

---

53 Cf. § 8º. V., ainda uma vez, Braga da Cruz, *O direito subsidiário na história do direito português*, cit., pp. 288-289, nt. 110.

54 Braga da Cruz, *O direito subsidiário na história do direito português*, cit., pp. 284-285, nt. 109; César Trípoli, *História do direito brasileiro (ensaio)*, v. 1 – Época colonial, São Paulo, Ed. RT, 1936, p. 157.

de novembro de 1754, acerca da transmissão da posse dos *bens alodiais*, dos *bens vinculados* e dos *bens emplazados* – ao que de contínuo procede, fixando doutrina sobre cada um desses pontos".[55]

E é claro que, também nessa hipótese, o *assento* se revestia de força vinculante.

11. Assentos do Tribunal da Relação do Rio de Janeiro

A Casa ou Tribunal da Relação do Rio de Janeiro foi criada em 13 de outubro de 1751, estabelecendo-se em seu *Regimento Interno* que a respectiva competência territorial abrangia a "*parte Sul do Estado do Brazil*".

Preceituava ainda, no item 7, que, para o "*expediente do despacho haverá na Relação as Ordenações do Reino, com seus Repertórios; e haverá também hum jogo de Textos de Leis com as Glossas de Acursio, e outro de Cânones; como também hum jogo de Bartholos da ultima edição*".

Com o passar do tempo, como já esclarecido, os integrantes desse tribunal imaginaram que também possuíam a prerrogativa de tirar *assentos normativos*, a exemplo da Casa da Suplicação de Lisboa.

No entanto, a *Lei da Boa Razão* reafirmou o princípio no sentido de que somente esta é que estava investida daquela competência, sendo certo que os *assentos* emitidos pelos demais tribunais se subordinavam a ulterior aprovação da Casa da Suplicação.

Pois bem, com a transformação da Relação do Rio de Janeiro em Casa da Suplicação para o Brasil, por força do Alvará de 10 de maio de 1808, outorgou-se competência à nova corte de justiça para proferir *assentos interpretativos*, no âmbito de sua jurisdição.[56]

55 Cf., uma vez mais, Braga da Cruz, *O direito subsidiário na história do direito português*, cit., p. 286, nt. 109.

56 Almeida Costa, *História do direito português*, cit., p. 300, nt. 2, consignando que a Casa da Suplicação do Brasil foi substituída pelo Supremo Tribunal de Justiça, instituído pela Constituição do Império, de 25 de março de 1824, organizado pela Lei de 18 de setembro de 1828, e instalado em 9 de janeiro de 1829.

VI

COMMON LAW

Sumário: 1. Gênese histórica do common law. **2.** Precedente vinculante: tradição e praxe judiciária. **3.** Consolidação da teoria do stare decisis. **4.** Conservação dos precedentes judiciais. **5.** Panorama da recepção do common law na América do Norte: **5.1.** Estados Unidos. **5.2.** Canadá. **6.** Características formais dos precedentes: hierarquia, auto-referência e método distintivo (distinguishing). **7.** Ratio decidendi, obiter dictum e dissenting opinion. **8.** Exceções à regra do precedente vinculante. **9.** Case law e direito casuístico: confronto e contrastes. **10.** Common law e direito codificado.

1. Gênese histórica do common law

Durante muitos séculos, depois do sucumbimento do império romano do ocidente, não havia diferenças sensíveis no cenário jurídico europeu, inclusive da Inglaterra, no qual preponderava um sistema de regras não escritas, observado na prática negocial rudimentar e nos tribunais locais.

A ruptura com esse passado ocorreu a partir da notória evolução da sociedade européia em geral, e do direito em especial, no trânsito dos séculos XII e XIII. O estudo do *Corpus Iuris Civilis* suplantou a velha ordem jurídica. Em França e na Itália, além das Universidades, foram criados tribunais integrados por juristas profissionais.

É importante ter presente, nesse particular, que, na Inglaterra, por puro acaso, a centralização das fontes de produção do direito antecedeu aos influxos da propagação do direito romano-canônico.

O direito que começava a germinar na antiga Britania era essencialmente autóctone, fundado na regra conhecida e na prática quotidiana, e muito pouco influenciado pelo *ius romanorum*. Quando, no crepúsculo do século XII, o estudo científico do direito romano-canônico passa a ganhar autoridade na praxe dos tribunais canônicos, e, no curso do século XIII, a influir nos tribunais laicos, já era muito tarde para que o direito inglês fosse, de alguma forma, seduzido pelas reflexões jurídicas de cunho científico.[1]

O sistema do *common law*, desde a sua formatação inicial, "era considerado tão adequado às necessidades e estava tão bem inserido na realidade social de seu tempo, que qualquer intenção de alterá-lo se depararia com o adágio '*nolumus leges Angliae mutari*', com o qual os barões, no Estatuto de Merton,

1 R. Ch. van Caenegem, *El nacimiento del common law inglés*, separata da *Interpretatio* – Revista de história del derecho, Madrid, Universidad Complutense, 4(1998):138 e 141-142.

de 1236, opuseram-se à exigência do clero de modificar as leis inglesas que regiam o casamento".[2]

Ademais, apesar de Ranulfo de Granvill, o primeiro grande tratadista do *common law*, demonstrar ciência das *Institutas* de Justiniano, também não despontou, àquela época, romanista algum em território inglês.

É verdade que Vacario, glosador civilista que imigrou para a Inglaterra, teve a idéia de fundar em Oxford uma escola de direito para estudar a compilação de Justiniano, que inclusive acabou granjeando relativo prestígio. Todavia, o rei Estéfano I (1151-1154) ordenou o seu fechamento e, mais tarde, em 1234, seguindo a mesma política, um *writ* de Henrique III (1216-1272) proibiu o ensino das *leges*, isto é, do direito romano.

A rejeição ao *Corpus Iuris Civilis* era devida à natureza "imperial" do direito romano pós-clássico, fator que incomodava os reis, porque poderia fomentar uma sublevação dos súditos diante de um "modelo absolutista de governo" e, também, hostilizava os grandes senhores feudais, que temiam, por sua vez, um recrudescimento do poder real.[3]

Enfim, a unidade jurídica, a configuração geográfica, a centralização judiciária e a homogeneidade da classe forense justificam a "recepção falhada" das fontes do direito romano-canônico na Inglaterra. Enquanto, por exemplo, na Itália e na Alemanha, a divisão territorial em comunas e pequenos reinos, tornava indispensável recorrer ao direito romano como fonte jurídica mais aperfeiçoada, "a Grã-Bretanha já tinha o seu próprio direito comum".[4]

O período entre o ano 1066 até o início da dinastia Tudor, em 1485, é caracterizado como a época de formação do *common law*, ou seja, quando se firma um novo sistema jurídico frente aos costumes locais.

A conquista normanda, em meados do século XI, foi fundamental para a história do direito inglês. Guilherme I (1066-1087), Duque da Normandia, considera-se herdeiro dos reis saxões, e, por isso, acolhe de bom grado os seus costumes e as suas decisões. Conserva das instituições saxônias todas aquelas que se prestam aos seus propósitos.

Os primeiros juízes do *common law* aplicavam regras de origem germânica. Princípios provenientes do direito germânico serviram de alicerce do sistema jurídico anglo-americano.[5]

---

2 Caenegem, *El nacimiento del common law inglés*, cit., p. 142.

3 Calasso, *Medio evo del diritto*, cit., p. 619.

4 Cf. Mario G. Losano, *Os grandes sistemas jurídicos*, Lisboa, Presença/Martins Fontes, 1978, p. 121.

5 Roscoe Pound, *El espíritu del "common law"*, tr. esp. José Puig Brutau, Barcelona, Bosch, s/d., p. 30.

A legislação de Henrique II (1154-1189) propiciou a ampliação dos limites da jurisdição da *Curia Regis*. O direito que dominava àquela época era composto por normas consuetudinárias, anglo-saxônias e normandas, com certa influência de regras de direito romano e de direito canônico.

As decisões judiciais, do rei e dos juízes, que continham o comando a seguir em um caso determinado, iam sendo catalogadas, ao longo dos anos, nos *statute books*. Assim, tais coletâneas encerravam os costumes da corte.

A *interpretatio iuris* nessa época primitiva não se subordinava a qualquer critério mais rígido. O rei era o natural intérprete da lei. Competia também aos juízes a tarefa de procurar a *ratio* para adaptá-la ao caso concreto, não estando, pois, submissos a qualquer texto legal escrito.

Com a expansão do território reguengo, no final do século XIV, havia três tribunais reais – *Common Pleas, King's Bench* e *Exchequer* – que se orientavam pelas regras do *common law*, cuja prática já estava disseminada, de forma natural e espontânea, em todas as regiões conquistadas.

Não é preciso salientar que essa concepção de organização judiciária centralizada, possibilitando a todos os homens livres o acesso à justiça, contribuiu sobremaneira para infundir nos súditos o conhecimento do direito em vigor.

O desenvolvimento e a aceitação dessa *praxis* foram tão amplos e inusitados, que Henrique de Bracton, escrevendo em meados do século XIII, foi capaz de desenhar um grande sistema de direito e de processo, arquitetado pelos próprios ingleses.[6]

Verificou-se, ademais, certa tendência de considerar as sentenças conservadas naqueles livros não propriamente como fonte de novo direito, mas, sim, como meio subsidiário de conhecimento deste nas chamadas escolas *Inns of Court*.

É interessante notar que na obra dos primeiros comentadores do *common law* já se manifesta preocupação com o problema de julgamentos contraditórios. Sobretudo «na obra de Bracton começa a delinear-se a importância de ater-se, na decisão de casos similares, àqueles que já tinham sido antes decididos». Chega-se mesmo a suscitar a questão da certeza do direito, quando colocada em perigo pelos juízes que decidiam desprezando o direito elaborado nos *vetera iudicia*.[7]

Bracton, ao referir-se ao ofício judicial na obra *De legibus et consuetudinibus Angliae*, enfatizava, outrossim, que: "se surgisse um assunto novo, ainda não

---

6 Dawson, *The Oracles of the Law*, cit., p. 2.

7 Letizia Vacca, *Contributo allo studio del metodo casistico del diritto romano*, cit. pp. 9-10, que inclusive se reporta à famosa obra de Granvill, *Tractatus de legibus et consuetudinibus Regni Angliae tempore Regis Henrici secundi compositus*, escrito provavelmente entre 1187 e 1198.

examinado, mas se casos análogos já tivessem ocorrido, a decisão deveria ser naquele mesmo sentido, visto que se fazia oportuna a ocasião para proceder de um caso similar a outro similar. Mas se, porventura, não houvesse precedente e a decisão fosse difícil e obscura, o caso deveria ser levado a julgamento perante a Magna Curia".[8]

Toda essa ideologia que marcou o início de formação do *common law* favorecia a que, cada vez mais, os operadores do direito – juízes e advogados – invocassem os precedentes judiciais. Afirma-se, precisamente por essa razão, que, desde a sua fase embrionária, a *common law* mostrou natural vocação para ser um sistema de *case law*.[9]

Não havia regra jurídica que impusesse efeito vinculante ao precedente. Contudo, com freqüência, "os juízes ressaltavam a relevância dos julgados, e, sobretudo de uma série de decisões conformes, como sendo os melhores intérpretes da lei, e a exigência de que tais decisões deviam ser seguidas para conferir certeza e continuidade ao direito".[10]

A guarda e seleção das atas de julgamento (*court enrollments* ou, simplesmente, *plea rolls*), a partir de um *writ* real, de 1292, passam a ser observadas com o escopo de auxiliar no aprendizado do ensino jurídico. Esse costume já estava consagrado sob a coroa de Henrique VI (1422-1461), tomando-se inclusive o cuidado de traçar, com maior clareza e precisão, a questão de direito debatida no caso concreto.

Os denominados anuários – *Year Books* – de importância vital para a memória jurídica, transformaram-se em verdadeiros repositórios de "doutrina judicial", consubstanciada esta em excertos de argumentos dos litigantes e de decisões judiciais – *grosso modo*, semelhante à arquitetura do Digesto de Justiniano – catalogados por assunto em ordem alfabética. A primeira versão impressa de um *Year Book*, atribuída a Statham, veio a lume em 1495.[11]

---

8 *"Si autem aliqua nova et inconsueta emerserint et quæ prius usitata non fuerint in regno, si tamen similia evenerint per simile iudicentur, cum bona sit occasio a similibus procedere ad similia. Si autem talia prius numquam evenerint, et obscurum et difficile sit eorum iudicium, tunc ponantur iudicia usque ad magnam curiam ut ibi per consilium curiæ terminentur"* (texto latino compilado por George Woodbine, Yale University Press, 1942).

9 Dawson, *The Oracles of the Law*, cit., p. 50.

10 Letizia Vacca, *Contributo allo studio del metodo casistico del diritto romano*, cit. p. 13.

11 Dawson, *The Oracles of the Law*, cit., pp. 64-65.

2. Precedente vinculante: tradição e praxe judiciária

Em meados do século XVI, seguindo uma natural evolução, o estilo dessas compilações foi substituído pelos *Law Reports*, em formato muito próximo aos repertórios de época moderna, com a transcrição textual do caso e do respectivo julgamento. É evidente que esse novo método possibilitava maior precisão no estudo e manuseio das anteriores decisões à guisa de precedentes.

Tornaram-se famosas as coleções de Edmund Plowden (1571), James Dyer (1585) e Edward Coke, este considerado o fundador da teoria moderna do precedente judicial, tendo publicado, a partir de 1600, 11 volumes de repertórios (*Coke's Reports*), no exercício da função de *Chief Justice of the Common Pleas*.[12]

As notas elaboradas por Coke revelam que o seu esforço almejava, a um só tempo, imprimir certeza a uma prática que, durante três séculos, encontrava-se ainda desordenada, e, também, preservar os princípios jurídicos edificados pelo talento de juízes do passado, conservados nos respectivos julgamentos.

Prova suficiente do tirocínio apurado de Coke são, por exemplo, as suas considerações, em forma de *objections* e *resolutions*, no *Slade's Case* (ou *Slade v. Morley* [1602]), no qual se questionava se a mera troca de promessas implicava o aperfeiçoamento do contrato. Inúmeros juristas modernos vislumbram em tais anotações as bases estruturais da atual teoria dos contratos.[13]

É interessante notar que Coke atribuía maior relevância aos julgados mais recentes. A contribuição desse jurista – com a classificação dos precedentes, a tentativa de conciliar ou distinguir as decisões divergentes e o preciso discrime entre *ratio decidendi* e *obiter dictum* – chegou a alcançar um certo grau de generalização, que realmente facilitava a citação dos precedentes.[14]

---

12 Pound, *El espíritu del "common law"*, cit., p. 31; Dawson, *The Oracles of the Law*, cit., p. 68; Frederick G. Kempin Jr., *Historical Introduction to Anglo-American Law*, 2ª ed., St. Paul, West, 1973, p. 105.

13 Dawson, *The Oracles of the Law*, cit., pp. 70-71. V., sobre a relevância desse *precedente* para o estudo do direito contratual, A. W. Brian Simpson, *A History of the Common Law of Contract. The Rise of the Action of Assumpsit*, Oxford, Clarendon, 1996, pp. 308 ss. Atente-se para o fato de que, no âmbito do direito codificado, o problema da responsabilidade derivada da ruptura das tratativas preliminares somente veio examinado muito tempo depois, na obra de Ihering (*De la* culpa in contrahendo *ou des dommages-intérêts dans les conventions nulles ou restées imparfaites*, Oeuvres choisies, tr. fr. de O. de Meulenaere, t. 2, Paris, Libr. A. Marescq, 1893, pp. 40 s.).

14 Letizia Vacca, *Contributo allo studio del metodo casistico del diritto romano*, cit., p. 16.

Matthew Hale, autor da clássica história do *common law*, asseverava, ainda no século XVII, que as decisões judiciais possuíam grande peso e autoridade, especialmente quando congruentes com anteriores julgamentos.[15]

Aduza-se, por oportuno, que até o século XVIII os mencionados *Law Reports* eram coletâneas particulares e, portanto, assegurava-se aos juízes ampla discricionariedade em acolher ou não um determinado precedente judicial.

Partindo desse pressuposto, afirmava Blackstone que a antiga regra de julgar com base no precedente paradigma poderia sofrer exceção quando a anterior decisão fosse contrária à razão ou, ainda, com maior evidência, contrária à lei divina. "Mas, mesmo nestas hipóteses» – continuava – «o precedente não deve ser seguido, ainda que os juízes subseqüentes não pretendam criar direito, mas reproduzir o velho, conquanto errado".[16]

Com a maturação necessária, a regra *do precedente* é aperfeiçoada, entendendo-se que não era o caso julgado em si que irrompia importante, mas, sim, a *ratio decidendi*, isto é, o princípio de direito contido na sentença.

Chief Justice Lord Mansfield, destacado magistrado da segunda metade do século XVIII, afirmou, em vários julgamentos, que: "O direito da Inglaterra seria mesmo uma estranha ciência se as decisões se fundassem apenas nos precedentes. Na verdade, os precedentes servem para iluminar os princípios e para conferir-lhes estável certeza".[17]

É então a partir das primeiras décadas do século XIX que vem reconhecida a eficácia vinculante do precedente judicial.

Na decisão do caso *Beamisch v. Beamisch*, conduzida, em 1861, pelo Lord Campbell, ficou virtualmente estabelecido que a *House of Lords* estaria obrigada a acatar a sua própria autoridade proclamada nos julgamentos: "... o direito declarado na *ratio decidendi*, sendo claramente vinculante para todas as cortes inferiores e todos os súditos do reino, se não fosse considerado igualmente vinculante para os *Law Lords*, a *House of Lords* se arrogaria o poder de alterar o direito e legiferar com autônoma autoridade".

---

15 *The History of the Common Law of England*, Chicago, Universidade de Chicago, 1971, p. 45.

16 *Commentaries on the Laws of England*, v. 1, cit., pp. 51-52: "... For if it be found that the former decision is manifestly absurd or injust, it is declared, not that such a sentene was *bad law*, but that it was *not law*; that is, that it is not the established custom of the realm, as has been erroneously determined...".

17 V., *e. g.*, *Jones v. Randall* [1774]. Consulte-se, a propósito, Jim Evans, *Change in the Doctrine of Precedent During the Nineteenth Century*, Precedent in Law (obra coletiva ed. Laurence Goldstein), cit., pp. 36-38.

Desse modo, e por paradoxal que possa parecer, verifica-se que "a *doctrine of precedent* vem ancorada à teria constitucional da separação dos poderes e da supremacia do Parlamento, tornando 'heresia' qualquer tentativa de superá-la".[18]

No entanto, a mesma corte de justiça já havia declarado, anos antes, em *Bright v. Hutton* [1852], que, a exemplo de qualquer tribunal, "ela também possuía um inerente poder para corrigir eventuais erros que porventura tivesse cometido".

Segundo consta, a *House of Lords* exerceu pela primeira vez essa prerrogativa uma centúria depois, somente em 26 de julho 1966, ocasião em que o *Chancellor* Lord Gardner proclamou, em nome de todos os componentes da corte, em uma resolução específica – *Practice Statement* of *Judicial Precedent* – que era prudente rever orientação emitida no passado, quando parecesse correto: "Os Law Lords consideram o uso do precedente um indispensável fundamento para determinar o direito e sua aplicação aos casos individuais. Este fornece pelo menos um grau de certeza sobre o qual os cidadãos podem nortear a conduta dos próprios negócios, e também uma base para o desenvolvimento ordenado das regras legais. Os Law Lords, todavia, reconhecem que a adesão muito rígida ao precedente pode trazer injustiças em certos casos, e ainda restringir indevidamente a evolução futura do direito. A despeito de ser normalmente vinculante um precedente pronunciamento da *House of Lords*, os seus integrantes propõem modificar a praxe atual, podendo superar uma precedente decisão quando pareça oportuno ("... *when it appears right to do so*").

Esse *Practice Statement* assinalou, com certeza, marcante mudança de rumo na teoria do *stare decisis*, embora a aplicação prática dessa nova concepção sempre fosse muito reduzida: o primeiro caso registrado de *overruling* em tais termos é de 1968, seguindo-se-lhe um número insignificante.[19]

É evidente que aquela anterior postura, de intransigente rigidez, colocava a magistratura inglesa em difícil situação diante da evolução natural do direito. Revelava-se, portanto, de todo procedente a afirmação que se tornou famosa, formulada na primeira metade do século XX, no sentido de que: «*o juiz inglês é um escravo do passado e um déspota do futuro*".[20]

---

18 Cf. Luisa Antoniolli Deflorian, *Il precedente giudiziario come fonte di diritto: l'esperienza inglese*, cit., p. 156.

19 Luisa Antoniolli Deflorian, *Il ruolo del precedente giudiziale del common law inglese*, Il valore dei precedenti giudiziali nella tradizione europea (obra coletiva dir. Umberto Vincenti), cit., pp. 193-194.

20 A. L. Goodhart, *Precedent in English and Continental Law and Case Law: a Short Replication*, Law Quartely Review, 50(1934):61, nt. 25.

3. Consolidação da teoria do *stare decisis*

A moderna teoria do *stare decisis* (da expressão latina: *stare decisis et non quieta movere = mantenha-se a decisão e não se moleste o que foi decidido*) informada pelo princípio do precedente (*vertical*) com força obrigatória externa para todas as cortes inferiores, veio definitivamente consagrada em prestigiada doutrina de um dos maiores juristas ingleses de todos os tempos, Sir Baron Parke J., que, por certo, inspirado na velha lição de Blackstone, escreveu: "O nosso sistema de *Common Law* consiste na aplicação, a novos episódios, de regras legais derivadas de princípios jurídicos e de precedentes judiciais; e, com o escopo de conservar uniformidade, consistência e certeza, devemos aplicar tais regras, desde que não se afigurem ilógicas e inconvenientes, a todos os casos que surgirem; e não dispomos da liberdade de rejeitá-las e de desprezar a analogia nos casos em que ainda não foram judicialmente aplicadas, ainda que entendamos que as referidas regras não sejam tão razoáveis e oportunas quanto desejaríamos que fossem. Parece-me de grande importância ter presente esse princípio de julgamento, não meramente para a solução de um caso particular, mas para o interesse do direito como ciência".[21]

A *doctrine of binding precedent*, já declarada com todas as letras no caso *Beamisch v. Beamisch*, repetida no caso *Bradford v. Pickles* [1895], vem definitivamente reconhecida, em 1898, no caso *London Tramways Company v. London County Council*, ocasião em que a *House of Lords* reiterou a obrigatoriedade de nortear-se pelas suas próprias anteriores decisões (*efeito auto-vinculante*), como, ainda, patenteou a eficácia externa destas a todas as cortes de grau inferior.

Tratava-se de uma ação condenatória promovida pela empresa privada de transporte que fora "desapropriada" pelo governo municipal, na qual pretendia indenização equivalente à soma do patrimônio imobilizado e, ainda, do *good will value*, isto é, da previsibilidade futura de lucro, enquanto o demandado afirmava que devia ser considerado apenas o montante relativo ao maquinário e ao estabelecimento. A diferença monetária, à toda evidência, era enorme.

Sucede que, quatro anos antes, a justiça inglesa tinha sido instada a examinar um caso análogo (*London Sreet Tramways Lt. v. London County Council* [1894]). Já existia, portanto, pelo menos um valioso *precedent in point* da *House of Lords*.

---

21 *Mirehouse v. Rennell* [1833]. V., a respeito, Jim Evans, *Change in the Doctrine of Precedent During the Nineteenth Century*, cit., p. 64; Deflorian, *Il precedente giudiziario come fonte di diritto: l'esperienza inglese*, cit., pp. 155-156.

Eis a ementa do julgado:

> *"LONDON TRAMWAYS COMPANY v. LONDON COUNTY COUNCIL*
>
> *Prática – Decisão da* House of Lords – Até que ponto é vinculante para a House.
>
> *– Uma decisão da* House of Lords *sobre uma questão de direito é definitiva e vincula a* House *nos casos sucessivos. Uma decisão errada somente pode ser revista mediante uma lei do Parlamento".*

O trecho realmente importante desse histórico documento foi o em que constou a afirmação peremptória do Lord Halsbury, no sentido de que tal regra estava "assentada desde há alguns séculos" (*"for several centuries"*).[22]

4. Conservação dos precedentes judiciais

Em um sistema jurídico governado pelo *case law*, diante da concepção de que o precedente se revestia de reconhecida autoridade científica, vital à própria evolução do direito, tornavam-se imperativos a seleção e o armazenamento dos julgados.

Ademais, a crítica severa lançada por Jeremias Bentham contra a prática obsoleta do *judge-made law* também recomendava cuidado especial quanto à precisão dos textos das decisões. A idéia positivista e o movimento codificador que se alastravam pela Europa continental conspiravam contra a *common law*.[23]

Com a precípua finalidade de imprimir maior certeza e genuinidade aos precedentes judiciais, em 1865, por sugestão de W. S. Daniel, foi instituído na Inglaterra um órgão semi-oficial incumbido de editar os repertórios: *Incorporated Council of Law Reporting for England and Wales*, composto por oito advogados mais experientes (*barristers*), escolhidos pelas *Inns of Court*, e dois mais jovens (*solicitors*), indicados pela comunidade jurídica.[24]

Esse órgão, além da responsabilidade pela escolha da jurisprudência que é inserida nos *Reports*, deve também providenciar, junto aos próprios juízes, a revisão de seus votos, antes de serem publicados.

---

22 Cf. David F. Pugsley, *L'origine della regola* stare decisis *nella House of Lords e il caso London Tramways (1898)*, tr. it. Luisa Antoniolli Deflorian, Il valore dei precedenti giudiziali nella tradizione europea (obra coletiva dir. Umberto Vincenti), cit., pp. 242-244. É interessante notar que o articulista procura "corrigir" a expressão *"for some centuries"*, que poderia estar realmente errada na transcrição do julgamento, avançando a hipótese de que o correto teria sido *"for some seventy years"*.

23 Cf. Evans, *Change in the Doctrine of Precedent During the Nineteenth Century*, cit., p. 66; P. Koschaker, *Europa y el derecho romano*, tr. esp. José Santa Cruz Teijeiro, Madrid, Rer. Der. Privado, 1955, p. 315.

24 Dawson, *The Oracles of the Law*, cit., pp. 82-83. V., ainda, J. H. Baker, *Law Reports and English Legal History: the Editorial Problem, Scintillae iuris* – Studi in memoria di Gino Gorla, t. 1, cit., pp. 155 s.

Ademais, os *reporters* que compõem o referido conselho gozam da faculdade de omitir trechos dos julgados que não apresentam interesse para o cerne da questão debatida. Desde 1897 os critérios de seleção do material que merece ser colacionado foram praticamente mantidos. Deve ser dada prevalência a todos os *cases* em que:

a) aparece um novo princípio ou uma nova regra;

b) há modificação substancial de um princípio ou regra já consagrados;

c) é solucionada uma questão sobre a qual a lei é duvidosa;

d) por qualquer razão, haja interesse instrutivo.

Conclui-se, assim, que o princípio do *binding precedent* tornou-se mais rigoroso com a progressiva melhora qualitativa e quantitativa da seleção dos casos julgados.

5. Panorama da recepção do *common law* na América do Norte

5.1. Estados Unidos

Desde a época da colonização americana o sistema baseado no *case law* vigora em praticamente todo o território dos Estados Unidos. No entanto, por inúmeras razões, durante o século XVIII, o direito norte-americano distanciou-se da antiga tradição jurídica da Grã-Bretanha.

A estrutura constitucional assentada no federalismo e na rígida divisão de poderes acarretou ao ordenamento jurídico dos Estados Unidos profundos contrastes em relação ao direito inglês.

Ressalte-se, no entanto, que, sob o ponto de vista histórico, o direito norte-americano, apesar de fragmentado, seguiu, *pari passu*, a experiência jurídica britânica até a promulgação da Constituição dos Estados Unidos, em 1787.

Importa registrar que a recepção do *common law* nos Estados Unidos não se fez de modo automático. As realidades de uma nação do Novo Mundo, com as dimensões continentais dos Estados Unidos, não permitiram a adoção de institutos forjados para uma sociedade circundada por água e profundamente enraizados em uma mundivisão feudal, como é o caso do direito agrário (*land law*); "por tais razões, os institutos como a primogenitura, que é a base do sistema hereditário na Inglaterra, nunca tiveram qualquer aceitação nos Estados Unidos. Outra diferença notável é o fato de os Estados Unidos terem sido formados sob a égide da liberdade de culto religioso, em uma fase histórica em que a *equity* já estava *laicizada* nos tribunais que a aplicavam; isso posto, a influência do direito declarado pelos tribunais quase-eclesiásticos do Chanceler do Rei, a *equity* (antes ou após a

Reforma anglicana), teve uma influência relativa sobre o direito norte-americano, como um todo".[25]

A partir daquele referido momento, as fontes do direito americano são basicamente a Constituição, as leis ordinárias federais (*US Statutes – e. g.*: *Uniform Commercial Code*; *Federal Rules of Civil Procedure*) e estaduais, e as regras herdadas do *common law*. Embora estas sejam aplicadas em caráter subsidiário, apenas para suprir eventuais lacunas das leis escritas, possuem inequívoca relevância na atividade jurídica dos Estados Unidos.

O primeiro *Law Report* americano foi publicado em Connecticut, em 1789. Não demorou muito para que vários Estados regulamentassem a edição de coleções oficiais. Em outros, os próprios juízes das *Courts of Appeals* providenciavam a seleção e publicação por sua própria iniciativa.[26]

Tenha-se presente que as normas recepcionadas durante muitos séculos não só influenciaram o direito material como, também, determinaram a adoção do procedimento decisório nos moldes do *common law*. Sem embargo de inúmeras adequações ao contexto institucional americano, as cortes de justiça dos Estados Unidos julgam, com vigorosa freqüência, segundo os princípios da teoria do *stare decisis*, referido pela própria doutrina como *decisional law*.[27]

Cumpre salientar que a praxe dos tribunais americanos aplica com menor rigidez a regra do *binding precedent*. Tanto a Suprema Corte quanto os tribunais superiores dos Estados, ao longo da história, revêem seus precedentes quando manifestamente equivocados ou ultrapassados. Encontra-se expressivo exemplo da prática do *overruling* em uma conhecida situação na qual um consumidor acionou um fabricante de automóveis visando a receber indenização por danos pessoais, resultantes de defeito no carro. O Tribunal de Apelação reformou a sentença de primeiro grau, eximindo o fabricante de qualquer responsabilidade em relação ao demandante, porque este não era o comprador original. O automóvel havia sido adquirido de um terceiro.[28]

Ocorre que, posteriormente, por força de um *writ of error* (espécie de ação rescisória), a mesma corte, reexaminando a orientação que antes prevalecera e desconsiderando o caráter privado do contrato, julgou procedente o pedido de

25 Guido Fernando Silva Soares, *Common Law. Introdução ao direito dos EUA*, 2ª ed., São Paulo, Ed. RT, 2000, p. 59.

26 Dawson, *The Oracles of the Law*, cit., pp. 85-86.

27 Geoffey C. Hazard e Michele Taruffo, *American Civil Procedure. An Introduction*, New Haven, Yale University, 1993, p. 37 (= *La giustizia civile negli Stati Uniti*, Bologna, Mulino, 1993, p. 47).

28 *Johnson v. Cadillac Motor Co.* V., a respeito, Benjamin Nathan Cardozo, *A natureza do processo judicial*, 3ª. ed., tr. port. Lêda Boechat Rodrigues, Porto Alegre, Ajuris, 1978, pp. 146-147.

indenização, isto é, favorável ao consumidor, com fundamento em precedente do Tribunal de Apelação do Estado de New York (*Mac Pherson v. Buick Motor Co.*).[29]

Verifica-se que, ainda hoje, prevalece entre os juristas norte-americanos a idéia clássica de que o sistema do *common law "consiste em aplicar a razão e a experiência.* Toda a teoria que daí decorre, parte da suposição de que a experiência proporcionará o fundamento mais satisfatório para os *standarts* da ação e princípios de decisão. Sustenta-se, com acerto, que o Direito não pode ser criado arbitrariamente por um *fiat* da vontade soberana, mas, sim, descoberto pela experiência judicial e jurídica baseada em regras e princípios que, no passado, lograram alcançar uma solução justa ou fracassaram nesse intento...".[30]

5.2. Canadá

Tendo recebido forte influência de dois sistemas jurídicos, dada a colonização simultânea de franceses e ingleses, o direito canadense apresenta peculiaridades próprias.

A vasta província de Ontário rejeitou formalmente as leis francesas, pelo *Constitutional Act* de 1791. Mesmo depois da união política das províncias do norte e do sul (*Upper and Lower Canada*), ocorrida em 1840, o *common law* continuou em vigor nos territórios do norte do Canadá e, ainda, na região da Columbia britânica.

Até 1949, o *Judicial Committee of the Privy Council*, situado em Londres, tinha competência para rever, em determinadas hipóteses, as decisões da Suprema Corte do Canadá.

---

29 Lembre-se que esse precedente judicial, como já referido, fora também invocado pelo Lord Atkin, perante a *House of Lords*, e é considerado o *leading case* em matéria de responsabilidade aquiliana, no qual se anteviu a inconsistência do princípio da relatividade dos efeitos contratuais. Procurando explicar a filosofia dessa possibilidade inerente de "reforma do precedente", vale transcrever trecho de magnífica página da clássica obra de Benjamin Cardozo (Juiz da Suprema Corte dos Estadaos Unidos, de 1932 a 1938), na qual se reporta a passagem de Monroe Smith: "... O *common law* não opera com verdades preestabelecidas, de validade universal e inflexível, para chegar a conclusões derivadas delas, por um processo dedutivo. Seu método é indutivo e ela extrai as suas generalizações de particulares. Este processo foi admiravelmente fixado por Monroe Smith: ‹Em seus esforços para dar ao sentimento social de justiça expressão articulada em regras e em princípios jurídicos, o método dos profissionais na pesquisa do direito sempre foi experimental. As regras e princípios do direito consuetudinário (*case-law*) nunca foram tratados como verdades finais, mas como hipóteses de trabalho, continuamente reexaminadas nesses grandes laboratórios do direito que são os tribunais de justiça. Cada caso novo é uma experiência; e se as regras aceitas, provavelmente aplicáveis, conduzem a resultado que se sente injusto, a regra é reconsiderada. Pode não ser modificada imediatamente, pois a tentativa de fazer absoluta justiça em cada caso concreto tornaria impossível o desenvolvimento e a manutenção de regras gerais; mas se continua a produzir injustiças, será eventualmente reformulada'..." (*A natureza do processo judicial*, cit., pp. 59-60).

30 Cf. Pound, *El espíritu del "common law"*, cit., p. 182.

Hoje, no entanto, os *precedentes* daquele órgão judicial inglês exercem apenas influência persuasiva nas cortes canadenses.

É importante salientar que, desde o século passado, os tribunais do Canadá também manifestam grande interesse pela jurisprudência dos Estados Unidos.

Afirma-se que a atividade jurisdicional do país vizinho constitui "fonte de informação e de ensino... e que representa a experiência de uma nação de fortes tradições democráticas e idéias de liberdade com enfoque dinâmico e evoluído".[31]

Os *precedentes judiciais* americanos que mais são invocados, com eficácia persuasiva (e, à evidência, não vinculante!), nas cortes canadenses concernem a direitos sociais e garantias individuais.[32]

Desde o *Colonial Laws Validity Act*, de 1865, as normas do *common law* não incidem quando forem contrárias às leis ou aos costumes do povo canadense.

Ressalte-se, por fim, que os dois sistemas jurídicos – codificado e casuístico – interagem e exercem recíproca influência: quando o juiz decide com base na lei escrita, na Província de Québec, a sentença é considerada *precedente* vinculante. Todos os tribunais do Canadá sujeitam-se às decisões da Suprema Corte, situada em Ontário.

6. Características formais dos precedentes: hierarquia, auto-referência e método distintivo *(distinguishing)*

Além da força obrigatória do *precedente* (*binding precedent*), que é conotação essencial de toda a teoria do *stare decisis*, vem ela também caracterizada por uma hierarquia funcional muito bem articulada.

Os *Judicatures Acts*, de 1873 a 1875, que regulamentaram as regras da *equity*, estabeleceram ainda a fusão e a moderna estrutura das cortes de justiça inglesas.

O efeito vinculante das decisões já proferidas encontra-se condicionado à posição hierárquica do tribunal que as profere. Normalmente, na experiência jurídica do *common law*, o julgado vincula a própria corte (eficácia interna), bem como todos os órgãos inferiores (eficácia externa). Não se delineia possível, à evidência, a aplicação dessa regra em senso contrário.

No Reino Unido, pois, todo *precedente judicial* da *House of Lords*, de natureza colegiada ou monocrática, reveste-se de força vinculante no âmbito das cortes inferiores, ou seja a *Court of Appeal*, a *High Court*, as *Crown Courts*, as *County Courts*

---

31 *Osborne v. Canada (Treasury Board)* [1991].

32 Sara Volterra, *La giurisprudenza statunitense nelle pronunce della Corte Suprema Federale del Canada, Scintillae iuris* – Studi in memoria di Gino Gorla, t. 1, cit., p. 492.

e as *Magistrates Courts*, todas evidentemente dotadas de competência recursal e originária especificamente definidas.

Com a mesma força obrigatória, os julgados da *Court of Appeal* vinculam, em casos análogos, as suas decisões futuras e aquelas dos tribunais de grau menos elevado.[33]

Observe-se, por outro lado, que o estilo de julgamento, no âmbito do *common law*, é caracterizado pela "auto-referência" jurisprudencial. Na verdade, pela própria técnica do *precedente* vinculante, impõe-se, na grande maioria das vezes, a exigência de que a corte invoque, para acolher ou rejeitar, julgado ou julgados anteriores. Em outras palavras, a fundamentação de uma decisão deverá, necessariamente, conter expressa alusão à jurisprudência de tribunal superior ou da própria corte.

Infere-se daí a relevância que ostenta, no sistema do *case law*, a interpretação do *precedente judicial* no cotejo com o caso concreto. A lógica jurídica, nesse particular, tem como pressuposto o método de "*reasoning from case to case*".

Em primeiro lugar, o juiz do *common law* deve aproximar os elementos objetivos que possam identificar a demanda em julgamento com eventual ou eventuais decisões anteriores, proferidas em casos análogos. Procede-se, em seguida, ao exame da *ratio decidendi* do *precedente*. Dependendo da postura do juiz, pode este ser interpretado de modo restritivo (*restrictive distinguishing*) ou ampliativo (*ampliative distinguishing*).

Isso significa que não se exige submissão "cega" a anteriores decisões. Permite-se à "corte *estender* um princípio mais além dos limites de um caso antecedente se entender que assim estará promovendo justiça. Caso a aplicação do princípio, entretanto, possa produzir resultado indesejável, o tribunal *estreitará* ou restringirá o princípio, ou ainda aplicará precedente diverso". Por essa razão, deve ser assinalado que *stare decisis* não é apenas uma teoria que historicamente resguardou a estabilidade e a uniformidade, visto que suas restrições e ampliações inerentes, bem como os fatores que determinaram a inaplicabilidade de *precedentes judiciais*, permitem a inafastável flexibilidade do ordenamento do *common law*, indispensável à evolução e ao progresso do direito.[34]

Na questão *Peabody Fund v. Sir Lindsay Parkinson Ltd.* [1984], a *House of Lords* interpretou de forma restritiva o *precedente Anns v. Merton London Borough*

---

33 V., a respeito da organização judiciária inglesa depois da reforma do século XIX, Peter Stein, *I precedenti nella "common law"*, cit., p. 55.

34 Edward D. Re, *Stare Decisis*, Revista Jurídica, tr. port. Ellen Gracie Northfleet, Porto Alegre, 198(1994):30.

[1978]. O caso *Anns* é citado como paradigma para as situações em que se imputa responsabilidade ao município por negligência na fiscalização de obras. No caso *Peabody Fund*, procurando circunscrever o dever do poder público de proteger os cidadãos ameaçados de dano à saúde ou à segurança, a *House of Lords* limitou a responsabilidade do município. Assim, a Corte não admitiu a ação do proprietário da casa em construção, que alegara prejuízo pela falta de fiscalização no sistema de drenagem, instalado em desacordo com o projeto aprovado. Desse modo, no *Peabody Fund* o elemento de distinção restritiva foi a inserção do requisito "possibilidade de dano à saúde ou à segurança".

Como exemplo de interpretação mais extensiva da tese jurídica (*ratio*) encampada pelo *precedente*, a doutrina alude à reiterada aplicação em hipóteses sucessivas do expressivo caso *Barwick v. The English Stock Bank* [1886], atinente à responsabilidade de entidade financeira pelo fato de um preposto ter induzido o demandante, cliente do banco, a aceitar uma garantia despida de valor, prestada por um terceiro, devedor do banco, para lastrear empréstimo que lhe fora concedido pelo referido cliente, com o qual quitou o seu débito. O núcleo da *ratio decidendi* centrou-se na seguinte argumentação: "No que concerne à questão de saber se um comitente é responsável por ato de seu agente, na execução de negócio realizado no interesse daquele, não se deve fazer qualquer distinção entre a fraude ou qualquer outro ilícito. A regra geral é a de que o comitente é responsável por qualquer ilícito do preposto ou do agente enquanto efetivado na execução do serviço e no interesse do comitente, mesmo que não fique provada qualquer ordem ou solicitação deste".

Em situação posterior, ou seja, no caso *Lloyd v. Grace, Smith and Co.* [1912], no qual um bancário, cumprindo o seu trabalho, fraudou o autor da demanda em seu próprio benefício, a Suprema Corte inglesa, entendeu aplicável o *precedente Barwick v. The English Stock Bank*, como se tratasse de caso absolutamente análogo, permitindo abstrair-se da expressão constante da decisão "no interesse do comitente", uma vez que a considerou como mero *obiter dictum* (alusão incidental) e, portanto, não um elemento essencial da *ratio decidendi* do *precedente* invocado (diversamente, aliás, da orientação que prevalecera perante a *Court of Appeal*).[35]

Essa aparente discricionariedade das cortes inglesas vem delimitada pelo substrato cultural latente de seus componentes e pelo dever de justificar as razões da aplicação ou da rejeição de um certo *precedente*, a exemplo do que ocorre na esfera do direito codificado, em que também o julgador deve declinar os motivos pelos quais afastou-se de determinado texto legal.[36]

---

35 Giovanni Sartor, *Precedente giudiziale*, cit., p. 1.343.

36 Neil Mac Cormick, *Legal Reasoning and Legal Theory*, ed. revisada, Oxford, Clarendon, 1994, p. 215.

A complexa atividade lógica de interpretação do *precedente judicial* vale-se, outrossim, do método de confronto, denominado *distinguishing*, pelo qual o juiz verifica se o caso em julgamento pode ou não ser considerado análogo ao paradigma anterior.

Assim, o *precedente*, para produzir eficácia vinculante, deve guardar absoluta pertinência substancial com a *ratio decidendi* do caso sucessivo, ou seja, deve ser considerado um *precedent in point*.

Esse referido processo de "distinção", dependendo das circunstâncias, implica dois tipos de atividade dos tribunais: *criadora* e *legislativa*. O tribunal pode decidir "um caso de forma contrária à solução dada em um precedente, por meio de interpretação restritiva da regra extraída do precedente em cotejo com o caso sob apreciação. Descobre-se aí alguma diferença juridicamente relevante entre os elementos estruturais dos dois casos. Ao acompanhar um precedente, por outro lado, o tribunal pode afastar um ponto, entendendo que tal aparente exceção não encontra qualquer óbice no ordenamento jurídico. Amplia-se, destarte, a regra do precedente. A despeito dessas duas formas de atividade legislativa deixadas em aberto pela eficácia vinculante do precedente, a praxe do sistema do *common law* produziu, ao longo do tempo, um corpo de princípios, dos quais um número significativo, quer de maior, quer de menor importância, delineia-se tão preciso como qualquer regra legislada".[37]

Anote-se, por outro lado que, quando o juiz inglês se depara com uma questão pela primeira vez (*first impression*), sem que tenha existido a respeito prévia discussão pelos tribunais, considera-se um *hard case* (em contraposição aos *clears cases*, ou seja, amparados por *precedentes*). Os juízes terão então de enfrentar o mérito da controvérsia, deixando, nessa situação, de buscar subsídios imediatos nos *Law Reports*.

7. *Ratio decidendi, obiter dictum* e *dissenting opinion*

A *ratio decidendi*, como já observado, constitui a essência da tese jurídica suficiente para decidir o caso concreto (*rule of law*). É essa regra de direito (e, jamais, de fato) que vincula os julgamentos futuros *inter alia*.

Sob o aspecto analítico, três são os elementos que a integram: *a*) a indicação dos fatos relevantes (*statement of material facts*); *b*) o raciocínio lógico-jurídico da decisão (*legal reasoning*); e *c*) o juízo decisório (*judgement*).[38]

---

37 Herbert L. A. Hart, *O conceito de direito*, 3ª ed., Lisboa, Fundação C. Gulbenkian, 2001, p. 148.

38 Luisa Antoniolli Deflorian, *Il ruolo del precedente giudiziale del common law inglese*, Il valore dei precedenti giudiziali nella tradizione europea, cit., p. 182.

Cumpre esclarecer que a *ratio decidendi* não é pontuada ou individuada pelo órgão julgador que profere a decisão. Cabe aos juízes, em momento posterior, ao examinarem-na como *precedente*, extrair a "norma legal" (abstraindo-a do caso) que poderá ou não incidir na situação concreta.

A submissão ao *precedente*, comumente referida pela expressão *stare decisis*, indica o dever jurídico de conformar-se às *rationes* dos *precedentes* (*stare rationibus decidendi*). A *ratio decidendi* encerra uma escolha, uma opção hermenêutica de cunho universal, "e repercute, portanto, sobre todos os casos futuros aos quais tenha ela pertinência: assim, o vínculo do *stare decisis* distingue-se do dever de respeito à *res iudicata* (que é a disciplina do caso concreto)".[39]

Frise-se que a literatura é enfática em acentuar esse caráter de "universalidade" da justificação das decisões judiciais.[40]

É certamente em decorrência desse relevante aspecto, na órbita de um sistema jurídico estribado na observância compulsória dos precedentes, que as razões de decidir devem prever e sopesar a repercussão prática que determinada decisão poderá oferecer para o ordenamento jurídico globalmente considerado.

Não se afasta até a possibilidade de haver, em algumas ocasiões, um efetivo "receio judicial" de inclinar-se por determinada vertente (e, portanto, de potenciar a criação de precedente), que será seguida em grande número de decisões: "*Ides decidir, não a respeito de Isócrates, mas a respeito de uma regra de vida, se é mister filosofar*".[41]

As cortes britânicas, sob tal perspectiva, pautam-se sempre "*by a consequentialist reasoning*", valorando, na fundamentação, qual solução "faz melhor sentido como um comando legal de abrangência geral".[42]

Denominada de *holding* na linguagem dos operadores americanos, a *ratio decidendi*, para potenciar força obrigatória pamprocessual, deve, pois, possuir um grau de generalização em relação ao próprio caso julgado.

Para a correta inferência da *ratio decidendi*, propõe-se uma operação mental, mediante a qual, invertendo-se o teor do núcleo decisório, se indaga se a conclusão permaneceria a mesma, se o juiz tivesse acolhido a regra invertida. Se a

39 Sartor, *Precedente giudiziale*, cit., p. 1.321.

40 V., por todos, Mac Cormick, *Why Cases have* Rationes *and what these are*, Precedent in Law (obra coletiva ed. Laurence Goldstein), cit., pp. 162-163.

41 Perelman e Olbrechts-Tyteca, *Tratado da argumentação*, cit., p. 122, que se referem a Aristóteles, em passagem alusiva a Isócrates (*Sobre a troca*, 173).

42 Cf. Mac Cormick, *The Motivation of Jugement in the Common Law*, La motivation des décisions de justice (obra coletiva), Bruxelles, É. Bruylant, 1978, p. 183.

decisão ficar mantida, então a tese originária não pode ser considerada *ratio decidendi*; caso contrário, a resposta será positiva.[43]

Como regra necessária à decisão, não se confunde com o *obiter dictum*, vale dizer, passagem da motivação do julgamento que contém argumentação marginal ou simples opinião, prescindível para o deslinde da controvérsia.[44] O *obiter dictum*, assim considerado, não se presta para ser invocado como precedente vinculante em caso análogo, mas pode perfeitamente ser referido como argumento de persuasão.

Acrescente-se, de outra parte, que se delineia possível aos juízes ingleses, em particular, aos membros da *House of Lords*, emitirem *opinions* ou *speeches* individuais, e que são igualmente publicados nos *Law Reports*. Tal prática acarreta, com efeito, situações muitas vezes inusitadas e que convidam à reflexão.

Pode ocorrer, por exemplo, que a corte esteja de acordo com a solução a ser dada em determinada causa, mas apresente divergência no *legal reasoning*, ou seja, na fundamentação jurídica. Qual então seria o princípio vinculante que prevaleceria neste precedente?

É certo que *reasons* unânimes dão vida a uma única *ratio deciendi*. No entanto, pontos de vista convergentes no dispositivo e discordantes na motivação, quando compatíveis em relação ao tema debatido, proporcionam ao intérprete a possibilidade de escolha por uma das duas posições, sendo até passível de ser invocada *a posteriori*.

Já a situação inversa, ou seja, quando a fundamentação divergente descortina-se incompatível, tem-se uma decisão despida de *discoverable ratio*, e, portanto, *não vinculante* no que concerne à solução dada ao caso. Nesta hipótese, as *opinions* podem até gozar de algum valor, dependendo do prestígio pessoal do juiz que a emitiu.[45]

Esses votos divergentes, em algumas situações, também acabam destacando as fissuras da interpretação do paradigma consolidado e, de certo modo, sinalizam possível mudança na apreciação posterior de questão semelhante.

---

43 Sartor, *Precedente giudiziale*, cit., p. 1.309.

44 A respeito desta distinção, v. Rupert Cross, *Precedent in English Law*, 3ª ed., Oxford, Clarendon, 1977, pp. 80 s.; Francesco Galgano, *L'interpretazione del precedente giudiziario*, Contratto e impresa (obra coletiva dir. Francesco Galgano), Padova, Cedam, 1985, pp. 701 ss.; Gino Gorla, *Precedente giudiziale*, Enciclopedia giuridica treccani, 23(1990):10 ss.

45 Confira-se, a propósito, Moretti, *La dottrina del precedente giudiziario nel sistema inglese*, Contratto e impresa (obra coletiva dir. Francesco Galgano), Padova, Cedam, 1990, p. 689. Sobre o estilo dos pronunciamentos da *House of Lords*, que hoje é integrada por 10 magistrados, v. Lord Wilberforce, *La Chambre des Lords*, La Cour Judiciaire Suprême – une enquête comparative (obra coletiva dir. Pierre Bellet e André Tunc), Paris, Economica, 1978, pp. 94-95

8. Exceções à regra do precedente vinculante

Em princípio, como visto, todo precedente deve ser considerado nos julgamentos futuros de casos análogos. Todavia, a inexorável evolução do direito determinada pela dinâmica social dos países que se orientam pela *doctrine of binding precedent* permite que, em certas circunstâncias, venha oposta exceção à referida regra.

Em primeiro lugar, as cortes superiores podem substituir – *overruled* – um determinado precedente por ser considerado ultrapassado ou, ainda, equivocado (*per incuriam* ou *per ignorantia legis*). A decisão que acolhe nova orientação incumbe-se de revogar expressamente a *ratio decidendi* anterior (*express overruling*). Nesse caso, o antigo paradigma hermenêutico perde todo o seu valor vinculante.

É possível também que, sem qualquer alusão ao posicionamento jurisprudencial assentado, a nova decisão siga diferente vetor. Tem-se aí, embora mais raramente, uma revogação implícita do precedente (*implied overruling*), similar à ab-rogação indireta de uma lei.[46]

Distinguem-se ainda, como exceção à regra do precedente *vinculante*:

a) a *retrospective overruling*: quando a revogação opera efeito *ex tunc*, não permitindo que a anterior decisão, então substituída, seja invocada como paradigma em casos pretéritos, que aguardam julgamento;

b) a *prospective overruling*: instituída pela Suprema Corte Americana, na qual o precedente é revogado com eficácia ex nunc, isto é, somente em relação aos casos sucessivos, significando que a ratio decidendi substituída continua a ser emblemática, como precedente vinculante, aos fatos anteriormente ocorridos;

c) a *anticipatory overruling*: introduzida, com inescondível arrojo, pelos tribunais dos Estados Unidos. Consiste na revogação preventiva do precedente, pelas cortes inferiores, ao fundamento de que não mais constitui *good law*, como já teria sido reconhecido pelo próprio tribunal *ad quem*. Basta portanto que na jurisprudência da corte superior tenha ocorrido, ainda que implicitamente, uma alteração de rumo atinente ao respectivo precedente. Ocorre aí "uma espécie de delegação tácita de poder para proceder-se ao *overrruling*".[47]

---

46 Anote-se que a *Court of Appeal*, por exemplo, não tem a prerrogativa de revogar implicitamente as suas próprias decisões. Se porventura proferir julgamento substancialmente divergente de anterior pronunciamento, em caso análogo, sem manifestar a intenção clara de revogar o precedente, será criada uma duplicidade de orientações, gerando evidente incerteza para as cortes inferiores, até que a *House of Lords* intervenha para fixar qual *ratio decidendi* deve prevalecer (G. Moretti, *La dottrina del precedente giudiziario nel sistema inglese*, cit., p. 57).

47 Sartor, *Precedente giudiziale*, cit., pp. 1.345-1.346; Moretti, *La dottrina del precedente giudiziario nel sistema inglese*, cit., pp. 56-57.

Ora, todos esses mecanismos estão a evidenciar que a força vinculante do precedente não impede que uma determinada tese dominante, antes sedimentada, possa ser superada, passando-se a um novo processo de "normatização pretoriana". A mutação progressiva de paradigmas de interpretação de um determinado episódio da vida, dotado de relevância jurídica, sempre veio imposta pela historicidade da realidade social, constituindo mesmo uma exigência de justiça.

Não obstante, o "abandono" do precedente, sobretudo no ambiente de uma experiência jurídica dominada pelo *case law*, exige do órgão judicial uma carga de argumentação que supõe não apenas a explicação ordinária das razões de fato e de direito que fundamentam a decisão, mas, ainda, justificação complementar. Essa imposição natural é geralmente esclarecida pelo denominado *princípio da inércia*, segundo o qual a orientação já adotada em várias oportunidades deve ser mantida no futuro (por ser presumivelmente correta, pelo desejo de coerência e pela força do hábito). Não pode, pois, ser desprezada sem uma motivação satisfatória.[48]

9. *Case law* e direito casuístico: confronto e contrastes

Afirma-se correntemente que o método de "raciocinar de caso a caso" ("*reasoning from case to case*"), que marca o direito inglês, tem como ancestral mais remoto a técnica empregada pelo jurista romano de época clássica.

E isso se justifica porque o direito romano sempre manteve um perfil dinâmico, de natureza acentuadamente casuística, ou melhor, "problemática".[49]

Nos ordenamentos jurídicos de natureza casuística não se deve mesmo subestimar os elementos de sistematização. Ainda que não se revelem no sistema externo, visto que lhe faltam o corpo de normas, encontram-se na órbita do sistema interno. É claro que também nesses sistemas jurídicos (direito romano no passado e *common law* em época contemporânea) as normas e conceitos próprios se articulam em conjunto, para alcançar uma unidade que faça sentido.[50]

48 Cf. Perelman e Olbrechts-Tyteca, *Tratado da argumentação*, cit., p. 120: "A inércia permite contar com o normal, o habitual, o real, o atual, e valorizá-lo, quer se trate de uma situação existente, de uma opinião admitida ou de um estado de desenvolvimento contínuo e regular. A mudança, em compensação, deve ser justificada; uma decisão, uma vez tomada, só pode ser alterada por razões suficientes"; Marina Gascón Abellán, *La técnica del precedente y la argumentación racional*, Madrid, Tecnos, 1993, p. 40.

49 Cf. Kaser, *En torno al metodo de los juristas romanos*, cit., p. 16.

50 Kaser, *En torno al metodo de los juristas romanos*, cit., pp. 14 e 15. Quanto à distinção entre sistema interno e sistema externo, v., por todos, Claus-Wilhelm Canaris, *Pensamento sistemático e conceito de sistema na ciência do direito*, 2ª ed., tr. port. António Menezes Cordeiro, Lisboa, Fundação C. Gulbenkian, 1996, pp. 26 ss.

Todavia – e talvez fosse ocioso enfatizar – o sistema do *common law* e a experiência jurídica romana evoluíram sob circunstâncias históricas peculiares e totalmente heterogêneas. As formas de produção do direito e a própria ciência jurídica de cada qual são também diferentes. Basta pensar no "fato de que o direito inglês e aqueles que se inspiraram em seu modelo são direitos de 'juízes' – *Jugde-made law* – enquanto o direito romano é um direito de juristas (*Juristenrecht*). No primeiro, a criação do direito se manifesta por meio da sentença, no outro, mediante a *interpretatio*".[51]

Ademais, deve ser de logo esclarecido que "o *case law* é sempre casuístico; mas um direito casuístico não é, de modo algum, sempre *case law*".[52]

Com efeito, o valor vinculante do precedente judicial, que constitui o ponto de referência normativo de toda a teoria do *stare decisis*, não era reconhecido no direito romano, visto que, em todos os seus momentos históricos, jamais outorgou força às sentenças, para terem eficácia em casos futuros.

O conceito de *ratio decidendi*, no qual se escuda a *doctrine of binding precedent*, mostra que é a tese jurídica suficiente a decidir o caso concreto (*rule of law*), e não a parte dispositiva da decisão, que produz eficácia vinculante e que deve nortear a interpretação judicial em momento posterior.

O juiz inglês, portanto, após examinar o mérito (assim entendido, o *thema decidendum*) da questão que lhe é submetida, parte de um processo mental indutivo e empírico, cotejando (*distinguishing*) o caso a ser julgado com a *ratio decidendi* de casos já solucionados. Raciocina-se, pois, do particular para o geral.

Desse modo, o processo hermenêutico culmina com a identificação dos elementos necessários, para o fim de estabelecer se efetivamente os casos são análogos, e, por via de consequência, se deve aplicar a solução individuada na *ratio decidendi* do ou dos precedentes judiciais interpretados, ou então, são discrepantes e, portanto, o caso *sub iudice* deve ser decidido à luz de uma regra jurídica diferente.[53]

Entende-se, destarte, a razão pela qual no sistema do *common law* não existem, em princípio, modelos legais abstratos estabelecidos de modo estável. São os precedentes catalogados nos *Law Reports* que constituem a fonte de confronto com os casos concretos.[54]

---

51 Letizia Vacca, *La giurisprudenza nel sistema delle fonti del diritto romano*, cit., pp. 112-113.

52 Horak, *Osservazioni sulla legge, la casistica e il case law nel diritto romano e del diritto moderno*, cit., p. 68.

53 Letizia Vacca, *La giurisprudenza nel sistema delle fonti del diritto romano*, cit., p. 109.

54 Horak, *Osservazioni sulla legge, la casistica e il case law nel diritto romano e del diritto moderno*, cit., p. 71.

No direito romano, pelo contrário, o jurista abstraía-se de todos os elementos que pormenorizavam as hipóteses já decididas e, assim, não se preocupava com a descrição dos fatos estruturais daquelas. O operador romano se limitava a subsumir o caso concreto no caso-tipo: apenas se a situação concreta não se encaixava entre aquelas já tipificadas é que o jurista deveria individuar um caso novo, por meio de um procedimento assemelhado ao de qualquer intérprete que deva colmatar a lacuna da lei.

De ordinário, os argumentos que a doutrina romanista se arvora para negar o caráter de verdadeiro *case law* à ciência jurídica construída pelos romanos são:

a) a carência de motivação dos *responsa*, que, na verdade, fundavam-se mais na autoridade dos juristas anteriores; e

b) o grau de abstração da casuística estampada na obra dos juristas, com a conseqüência de que se tornava impossível discernir os elementos intrínsecos dos casos examinados e, por isso, de detectar a respectiva *ratio decidendi*, ou seja, a *regula iuris*.[55]

Os romanos tinham, com efeito, aversão aos dogmas gerais, como bem enfatizado pelo jurista Paulo: "o direito não provém da regra, mas é do próprio direito que se faz a regra".[56]

As diversas máximas e regras cunhadas pelos romanos, e que se perpetuaram ao longo do tempo, jamais foram consideradas fontes independentes de conhecimento do direito romano, mas, a rigor, tinham o condão de refletir unicamente o direito tal e qual se manifestava nas soluções casuísticas concretas. Os romanos consideravam as *regulae* perigosas porque deixavam de fazer sentido quando não formuladas de modo exato e preciso.[57]

A despeito de existirem outras importantes fontes de expressão do direito no âmbito da experiência romana, dúvida não pode haver acerca de que a técnica de raciocínio dos juristas clássicos, na exaustiva produção de *iura*, constituiu a base fundamental de uma ciência jurídica como forma autônoma do saber, organizado de modo racional e segundo uma lógica específica, a qual, dadas as suas peculiaridades, não encontra qualquer modelo similar nos direitos da antigüidade e do presente. Esta é seguramente a razão precípua da sobrevivência e do legado do direito romano através dos séculos.

---

55 Letizia Vacca, *La giurisprudenza nel sistema delle fonti del diritto romano*, cit., pp. 109 e 118.

56 D. 50.17.1 (*l. 16 ad Plautium*): "*... non ex regula ius sumatur, sed ex iure quod est regula fiat*".

57 Kaser, *En torno al metodo de los juristas romanos*, cit., p. 28.

10. *Common law* e direito codificado

A dimensão da eficácia do precedente concerne à intensidade da influência que ele exerce sobre a decisão de um caso futuro. O ponto de referência normativo no âmbito do common law é exatamente o precedente judicial, enquanto, no tradicional sistema de fontes do direito que vigora nos países regidos pela *civil law*, o precedente, dotado de força persuasiva, é considerado fonte secundária ou fonte de conhecimento do direito.[58]

A questão, como facilmente se nota, é de método: "enquanto no nosso sistema a primeira leitura do advogado e do juiz é a lei escrita e, subsidiariamente, a jurisprudência, na *common law* o caminho é inverso: primeiro os *cases* e, a partir da constatação de uma lacuna, vai-se à lei escrita".[59]

Sem embargo da evidente "diferença de valor" que é reservada ao produto da atividade judicial, o processo lógico do intérprete, em ambos os sistemas jurídicos, descortina-se assemelhado. A interpretação do precedente aproxima-se da interpretação da lei, porque sempre haverá um contexto de justificação a legitimar a decisão pleiteada.[60]

A peculiaridade da incidência do precedente em cotejo com a aplicação da lei consiste sobretudo na amplitude da área de discricionariedade que o juiz inglês possui. A individuação da *ratio decidendi* é uma operação heurística de natureza casuístico-indutiva, pela qual a regra jurídica é extraída do confronto entre a anterior decisão e o caso concreto submetido à apreciação judicial.

A sentença do juiz do *civil law*, a seu turno, também pressupõe um labor intelectual, porém, de cunho normativo-dedutivo, no qual deve ser apresentada uma justificação das circunstâncias fáticas e jurídicas que determinaram a subsunção destes a determinado texto de lei.

É de ressaltar-se, por outro lado, que a jurisprudência exerce significativa influência persuasiva na esfera do direito codificado e, por essa razão, «defende-se a idéia de que o problema da eficácia do precedente não pode ser reduzido à simples alternativa entre eficácia vinculante e não vinculante".

O precedente judicial é, pois, um fenômeno extremamente difuso, presente e importante nos ordenamentos de *civil law*, cada vez mais reforçado pela função nomofilácica das Supremas Cortes.[61]

---

58 Cf. Larenz, *Metodologia da ciência do direito*, 3ª ed., tr. port. José Lamego, Lisboa, Fundação C. Gulbenkian, 1997, p. 615.

59 Guido Fernando Silva Soares, *Common Law. Introdução ao direito dos EUA*, cit., p. 39.

60 Mac Cormick, *Legal Reasoning and Legal Theory*, cit., p. 214.

61 Taruffo, *Dimensioni del precedente giudiziario*, cit., p. 387; Francesco Galgano, *Il precedente giudiziario in civil law*, Atlante di diritto privato comparato, Bologna, Zanichelli, 1999, p. 31.

VII

DIREITO MODERNO

Sumário: 1. Precedentes judiciais nos Grandes Tribunais dos sécs. XVII e XVIII. **2.** Ascensão do legalismo e declínio da jurisprudência. **3.** Superamento do paradigma positivista. **4.** Resgate do prestígio da atividade judicial. **4.1.** A doutrina da Escola Histórica. **4.2.** Função dos precedentes judiciais. **4.3.** Importância da atividade judicial na percepção da jurisprudência dos valores. **4.4.** Observantia iudicialis na doutrina pandectística. **5.** Precedente judicial como fonte do direito na doutrina do início do século XX: **5.1.** Itália. **5.2.** França. **5.3.** Alemanha. **5.4.** Portugal. **6.** Eficácia do precedente judicial no direito brasileiro anterior.

1. Precedentes judiciais nos "Grandes Tribunais" dos sécs. XVII e XVIII

Nos primórdios da Europa moderna, a denominada Escola Culta agrupava próceres de uma tendência que desejava restaurar os textos jurídicos clássicos da antiguidade romana, escoimando-os das glosas e comentários medievais. Procuravam outorgar primazia ao estudo das fontes do direito nacional ao lado da vertente axiomática do direito romano. Os humanistas destacavam, desse modo, princípios racionais como, por exemplo, *neminem laedere* (não prejudicar ninguém), *pacta sunt servanda* (os pactos devem ser respeitados). E foi assim que, "no século XVI, iniciou-se uma segunda recriação do direito romano (a primeira fora a do *studium civile*), agora em moldes racionalistas".[1]

Sob o aspecto jurídico-cultural, o viés metodológico então seguido buscava romper com os fundamentos da ciência jurídica criada pelos glosadores e ampliada pelos comentadores, questionando-se inclusive a autoridade do *Corpus Iuris* em sua dimensão prática.

Essa posição de cunho humanista, em tal contexto, integrava um processo geral de renovação ideológica, política e intelectual, que vai ultimar-se com o fenômeno cultural do Renascimento, na aurora da Era Moderna.

Com o passar do tempo, nota-se que a atividade forense desenvolvida nos países da Europa continental conhecia grande desorganização e insegurança, devidas ao excesso de correntes doutrinárias e à morosidade da tramitação do processo, causada pelo rito solene ditado pelas *ordines iudiciarii* medievais. Os tribunais também apresentavam complicada organização interna, inerente à variedade de juízos, fator que ensejava imensa desconfiança na justiça.

---

1 Hespanha, *Panorama histórico da cultura jurídica europeia*, Mem Martins, Europa-América, 1998, p. 139.

Iniciou-se assim, entre os juristas, já no início do século XVIII, obstinada reação visando à uma reforma judiciária que pusesse termo ao "despotismo dos tribunais", creditando exclusivamente aos legisladores a tarefa de interpretar a lei obscura.[2]

A obra de Ludovico Antonio Muratori (*Dei difetti della giurisprudenza*), que havia influenciado, por intermédio de Verney, a reforma pombalina em Portugal, denunciava um estado de absoluta incerteza do direito vigente em decorrência da enorme massa de escritos doutrinários, acolhidos como fonte de direito pelos tribunais, mas, que, na verdade, eram "fontes de equívocos".[3]

Referindo-se à atividade judicial, Muratori era incisivo em chamar a atenção para o árduo problema que representava: "... a jurisprudência manipulada pelos fecundos e sutis espíritos dos jurisconsultos dos últimos séculos, os quais produziram um vasto corpo de leis, adaptado ao seu próprio entendimento. E denominamos leis as suas opiniões, porque com base nestas é que se rege a prática forense e são proferidas as sentenças... Assim decidem a Rota romana, o senado de Torino, assim afirmam Menochio, De Luca etc. Esta 'douta' jurisprudência ganhou tanta importância, que às vezes aparecem brilhantes advogados defensores que nunca abriram um livro de leis de Justiniano... Todo o estudo destes é orientado por tratadistas, consultores e precedentes judiciais: já que os antigos intérpretes das leis, Bártolo, Baldo, Odofredo e outros, repousam, empoeirados, no fundo das bibliotecas e, às vezes, ao invés de estarem nas bibliotecas, encontram-se no mercado de sardinhas".[4]

O arbítrio dos juízes vinha assim realçado, em pleno Iluminismo, entendendo-se que somente os princípios sedimentados do direito natural é que mereciam ser consagrados em um código de leis.

Como a pluralidade de jurisdições regionais fomentava interpretações divergentes dos textos do direito comum, das leis e costumes gerais, e, ainda, de estatutos particulares, pouco a pouco foram instituídos tribunais centralizados, investidos da precípua função de unificar o direito: "um Estado, um único direito"!

A criação dessas cortes também determinou o fim da dependência e submissão da justiça à ingerência política dos soberanos. Antes de sua instalação, a última decisão em questões de natureza jurídica cabia aos conselheiros do príncipe, que era o detentor da jurisdição suprema.[5] Aduza-se, sob tal aspecto, que, na dialética entre "jurisprudência" e "lei", ou melhor, entre tribunais e legisladores, que co-

2 Hespanha, *Panorama histórico da cultura jurídica europeia*, cit., p. 165.

3 Cf. Cannata, *Historia de la ciencia jurídica europea*, cit., p. 176.

4 *Dei difetti della giurisprudenza*, Napoli, 1743, cap. XI, *apud* Cannata, *Historia de la ciencia jurídica europea*, cit., p. 177.

5 Helmut Coing, *Derecho privado europeo*, t. 2 – El siglo XIX, tr. esp. Antonio Pérez Martín, Madrid, Fund. Cul. Not., 1996, p. 100, asseverando, ainda, que "a instalação dos tribunais supremos terminou, pois, com o sistema da chamada *justice retenue*, que havia dominado no *Ancien Régime*".

notou esse relevante momento histórico, é de considerar-se um "difuso poder de veto" sobre a legislação, poder este que defluia das diversas cortes supremas (e que, nos dias atuais, vem concretizado no controle direto da constitucionalidade das leis).[6]

Esses novos tribunais tinham competência recursal em relação às jurisdições inferiores, inclusive àquelas de natureza privada, e, com o decorrer dos anos, passaram a submeter-se aos seus próprios precedentes em prol da uniformização na interpretação e aplicação do direito. Isso significa que as sentenças contrárias à orientação seguida nos tribunais superiores eram, via de regra, reformadas.[7]

Observou-se realmente uma acentuada inclinação para atribuir grande peso à jurisprudência das cortes mais importantes, em substituição à *communis opinio doctorum*, cuja autoridade havia dominado por longo período.

A França já conhecia os *arrêts de règlement*, pelos quais o Parlamento, julgando uma causa de sua competência, determinava, *"sous le bon plaisir du roi"*, que a máxima de direito extraída da decisão fosse seguida por todos os tribunais inferiores em casos semelhantes.[8]

O projeto austríaco do *Codex Theresianus*, de 1766, impunha aos juízes o dever de recorrer ao soberano, se fosse entendido que um texto legal exigia interpretação. Em 1781, também a Prússia determinou aos tribunais que se reportassem, naquela mesma situação, a uma comissão legislativa.[9]

O Tribunal de Cassação francês, que passou a funcionar no início de 1791, possuía o poder de verificar a legalidade das decisões proferidas por instâncias sufragâneas. Em França adotou-se, ainda, o *référé législatif* – instituto que ganhou fama -, pelo qual os juízos inferiores estavam obrigados a remeter à Assembléia Legislativa as questões jurídicas de duvidosa interpretação, ou seja, *"toutes les fois qu'ils croiront nécessaire soit d'interpréter une loi, soit d'en faire une nouvelle"*.[10]

---

6 Cf. Gorla, *Giurisprudenza*, cit., p. 496, que cita, como exemplos mais salientes, o parlamento francês e o senado de Piemonte e Savoia, que possuíam competência para aprovar as leis do príncipe, e, igualmente, de rejeitá-las, impedindo, portanto, que entrassem em vigor no âmbito de suas respectivas jurisdições.

7 Gorla, *I tribunali supremi degli stati italiani preunitari quali fattori della unificazione del diritto nello stato e della sua uniformazione fra stati*, Diritto comparato e diritto comune europeo, cit., p. 584.

8 Piola Caselli, *Giurisprudenza*, cit., p. 841.

9 Gero Dolezalek, *Precedenti giudiziali nello* ius comune, Il valore dei precedenti giudiziali nella tradizione europea (obra coletiva dir. Umberto Vincenti), cit., p. 78.

10 Cf. François Geny, *Méthode d'interprétation et sources en droit prive positif*, t. 1, 2ª ed., Paris, LGDJ, 1954, pp. 67 s. V., ainda, sobre o tema, John Gilissen, *Introdução histórica ao direito*, tr. port. António M. Hespanha e L. M. Macaísta Malheiros, Lisboa, Fundação C. Gulbenkian, 1979, pp. 505-506.

Em Portugal, como visto, também veio outorgada à Casa da Suplicação a tarefa de proceder à *interpretação autêntica* da lei, mantendo o monarca, apenas, como da sua competência reservada, a interpretação daquelas questões que ensejavam hesitação dos julgadores.

É interessante registrar que os próprios tribunais superiores, em suas respectivas decisões, procuraram estabelecer um fundamento jurídico à sua função unificadora do direito, *sub specie interpretationis*, nos limites territoriais do Estado.[11]

Valeram-se então do, já examinado, fragmento de Calistrato, no qual vem afirmado que: "... o nosso imperador Severo respondeu que, nas ambiguidades originadas das leis, deve ter força de lei o costume ou a autoridade das coisas constantemente julgadas de modo uniforme".[12]

Não era nada fácil, no entanto, atribuir eficácia vinculante aos julgados dos tribunais centrais, visto que se impunha longo tempo para ser consolidado um verdadeiro posicionamento jurisprudencial.

A doutrina anterior repudiava, com veemência, a idéia proveniente da canonística de que se os tribunais seguissem, por duas vezes consecutivas, a mesma tese jurídica, a respectiva orientação já se transformava em precedente vinculante para os casos sucessivos.

Segundo opinião de um dos mais ilustres representantes da Escola Culta, não se sustentava tal fundamento, porque a coisa julgada não possuía o atributo de fixar costume algum; na verdade, nem o costume – que se formava pelo assíduo e longevo *usu inveteratus* popular – e tampouco a *res iudicata*, tinham força de lei: "... *errant, meo iudicio, qui putant duas sententias iudicis in eodem genere litis consimiles, consuetudinem facere: nam a rebus iudicatis consuetudo separatur et non res iudicatae consuetudinem faciunt, sed tacitus illeteratusque consensus populi frequenti adsiduo, et longaevo usu inveteratus, et res iudicatae vim legis non obtinent*...".[13]

Todavia, diante da nova proposta em busca da segurança jurídica, ficou assentado que se considerava *consuetudo* ou *stylus iudicandi* quando houvesse dois

---

11 Gorla, *I tribunali supremi degli stati italiani preunitari*, cit., p. 590.

12 D. 1.3.38 (*l. 1 quaestionum*) (v. nt. 80, *supra*).

13 Cujaci, *Operum priorum*, cit., p. 570: "... erram, a meu juízo, aqueles que afirmam que duas sentenças judiciais iguais, em casos análogos, formam costume. O costume não é feito pela coisa julgada, mas, sim, pelo consenso tácito do uso freqüente e longevo e, portanto, a coisa julgada, não obtém força de lei".

julgamentos no mesmo sentido (*binae iudicaturae*), a revelar o "costume" do respectivo tribunal de decidir análoga questão trilhando idêntica orientação.[14]

Nessa época, se a sentença contrariasse o precedente dos tribunais era ela considerada *iniusta*, e, portanto, determinava-se aos órgãos judiciais superiores o dever institucional de anulá-la. Não obstante, admitia-se o *revirement* da jurisprudência, isto é, a modificação de uma *consuetudo iudicandi*, não dotada de efeito retroativo. É certo que "a revogação de um precedente somente se justificava por motivos muito sérios".

Mudanças nas condições econômico-sociais – *novae temporum vicissitudines* – constituíam, sem dúvida, "graves razões" para que os tribunais superiores se afastassem de seus próprios precedentes.[15]

Dentre todas essas cortes de justiça, teve papel de destaque, no curso do século XVIII, o Tribunal da Rota fiorentina, que, inclusive, chegou a publicar várias coleções de jurisprudência do Grão-Ducado da Toscana.[16]

Em dois territórios alemães, Hessen-Kassel e Hessen-Darmstadt, nos anos de 1746 e 1777, respectivamente, foi introduzido o princípio de que o precedente judicial vinculava o próprio tribunal que havia proferido a decisão. E, mais, estabeleceram, por lei, que as cortes de apelação não dispunham de autoridade para modificar a jurisprudência consolidada. Somente o legislador é que detinha o poder de revogar um determinado precedente judicial.[17]

Mais moderada, no entanto, mostrou-se a legislação de Piemonte e Savoia, de 1729, pela qual se ordenava aos juízes o dever de seguir, em primeiro lugar, as leis nacionais, e, sucessivamente, o *Corpus Iuris* e os estatutos locais. Se estas fontes não fossem suficientes para a solução de um caso concreto, deveriam ser acatados os precedentes do tribunal superior.

As fontes subsidiárias, como se observa, somente deveriam ser utilizadas nas situações em que a lei apresentasse lacuna, por incidência do princípio *in claris non fit interpretatio*.

---

14 Gorla, *I tribunali supremi degli stati italiani preunitari*, cit., p. 591. É provável que tal orientação se inspirara na regra canônica que já exigia, para a formação da coisa julgada, *duplex sententia conformis*. A imposição da *duplex conformis* foi definitivamente introduzida nas ações de nulidade de casamento pelo Papa Benedito XIV (1740-1758), em 1741, com a finalidade de coibir graves abusos advindos da irresponsável facilidade e excessiva precipitação com que muitos juízes dissolviam o matrimônio.

15 Gorla, *I tribunali supremi degli stati italiani preunitari*, cit., pp. 592-593.

16 Cf. Helmut Coing, *Derecho privado europeo*, cit., t. 1 – Derecho común más antiguo, pp. 169-170; Gorla, *I tribunali supremi degli stati italiani preunitari*, cit., p. 597.

17 Dolezalek, *Precedenti giudiziali nello* ius comune, cit., p. 79.

O *Codex Maximilianeus Bavaricus civilis*, da Baviera, dispunha que os magistrados prestariam, tanto quanto possível, suma reverência aos precedentes do órgão jurisdicional ad quem.[18]

Em linhas gerais, mais do que persuasivos, os precedentes judiciais das cortes supremas, durante todo esse arco temporal, a pretexto de operarem em prol da uniformidade do direito, possuíam eficácia vinculante.

2. Ascensão do legalismo e declínio da jurisprudência

Com o notório fortalecimento da idéia da separação dos poderes, colocada à prova após as revoluções dos Estados Unidos da América (1776) e da França (1789), a vontade popular passa a ser considerada a única investida de legitimidade.

Diante dos dogmas democráticos então consagrados "deveriam curvar-se todas as antigas formas de legitimidade, desde a legitimidade do direito divino à oriunda da tradição". Assim, "no plano das fontes de direito, esse paradigma elevava a lei parlamentar – expressão da 'vontade geral' – à dignidade de fonte primeira, se não única, de direito".[19]

Perante a lei, a jurisprudência deveria ceder, certamente para evitar qualquer dúvida quanto ao monopólio da função legislativa que deveria ser exercitada exclusivamente pelo poder legislativo, sem ingerência de qualquer outro, em particular do poder judicial.[20]

Cumpre lembrar que nem mesmo a Inglaterra ficara imune à influência desse ideário. A posição filosófica de Jeremias Bentham ocupou lugar de destaque entre os primeiros juristas defensores da elaboração de um código que contivesse todo o direito, vale dizer, um conjunto fechado de normas.

Conferindo-se, portanto, absoluta primazia à *lei*, irrompe com grande pujança o *positivismo jurídico*, que nega a existência de outro direito além do direito positivo (*ius positum*), em vigor na sociedade por determinação humana. Em França, o legalismo estatista estribou-se na autoridade atribuída à lei como manifestação da *volonté générale* (traduzida pelo Poder Legislativo) e nos desígnios da codificação, a partir de 1804, com o *Code civil*.

Transformado em realidade o ideal de que todo o ordenamento é plasmado pela lei, a função do intérprete veio então relegada a uma atividade meramente declarativa em relação à legislação, considerada como a única fonte de direito.

---

18 Dolezalek, *Precedenti giudiziali nello* ius comune, cit., p. 79.

19 Hespanha, *Panorama histórico da cultura jurídica europeia*, cit., p. 172.

20 Hespanha, *Panorama histórico da cultura jurídica europeia*, cit., p. 173.

Sobrepunha-se, pois, a idéia de que não era possível "conhecer outro direito senão a legislação do Estado, e, sobretudo, a legislação codificada, tida como a 'razão escrita'. Essa tendência reflete-se no método de interpretação e aplicação da lei preconizado pela chamada Escola da Exegese".[21]

Ademais, foi ela acolhida, com argumentos coincidentes, em vários outros países, tendo, mais tarde, Kelsen como o seu mais influente adepto, que preconizava, como é notório, uma teoria pura do direito, erigida em um sistema fechado, escalonado e hierárquico de normas positivas (*Stufenbautheorie*).[22]

Mesmo no âmbito do positivismo científico, acreditava-se ser possível decidir corretamente todas as questões jurídicas controvertidas apenas por meio de uma operação lógica de subsunção da hipótese concreta à norma abstrata. A vinculação do juiz à lei corresponde, com efeito, "ao ideal de formação científica do positivismo".[23]

Ocioso é frisar que, perante essa concepção teórica, totalmente anti-axiológica, atinente às fontes do direito, muito pouco ou quase nenhum valor se atribuía ao papel dos juízes, e, por via de conseqüência, à produção jurisprudencial. Entre os estereótipos da atividade judicial, no contexto do positivismo jurídico, a figura do magistrado aproxima-se à do denominado juiz *mero executor* – "aquele que agradava a Frederico, o Grande e a Napoleão – funcionário estatal expedito, conhecedor das leis, cuidadoso examinador do texto das disposições, privado de qualquer vocação criativa, extremamente conservador. Este representa o modelo de juiz que a história consagrou como sendo a 'bouche de la loi', sobre o qual foi edificada em França a Escola da Exegese. A sua tarefa, segundo a rígida separação de poderes idealizada por Montesquieu, consistia em aplicar as disposições ditadas pelo monarca-legislador, subsumindo da norma a solução para o caso que lhe foi submetido. A sua operação mental irrompe limitada e mecânica: examinar os fatos, individuar as regras pertinentes e extrair as conseqüências".[24]

Cumpre esclarecer que a precípua finalidade da Escola da Exegese era a elaboração de um comentário pontual dos códigos que, até então, já estavam

---

21 Cf., a propósito, Mário Bigotte Chorão, *Introdução ao direito*, vol. 1 – O conceito de direito, Coimbra, Almedina, 2000, p. 169; A. J. Avelãs Nunes, *O direito de exclusão de sócios nas sociedades comerciais*, São Paulo, Cultural Paulista, 2001, pp. 32-33.

22 *Teoria pura do direito*, tr. port. Fernando de Miranda, São Paulo, Acadêmica, 1939. V., a respeito da concepção de Kelsen sobre a atividade judicial, Michel Troper, *Hans Kelsen et la jurisprudence*, Archives de Philosophie du Droit, t. 30, cit., pp. 83 ss.

23 Cf. Wieacker, *Storia del diritto privato moderno*, 2, cit., pp. 132-133 (= *História do direito privado moderno*, cit., pp. 498-499).

24 Cf. Guido Alpa, *L'arte di giudicare*, Roma, Laterza, 1996, pp. 3-4.

em vigor[25], seguindo uma metodologia que destacasse a aderência do intérprete ao texto normativo.

Esta, com efeito, a razão pela qual a prática do *référé législatif*, vale dizer, de consulta judicial, em caso de dúvida, à Assembléia Legislativa, revelou-se impraticável. O art. 4º do Código de Napoleão atribui ao juiz, em quaisquer circunstâncias, o poder de interpretar a letra da lei: "O juiz que se recuse a julgar sob pretexto de silêncio, de obscuridade ou de insuficiência da lei, poderá ser processado como responsável por denegação de justiça".

No entanto, esse dever de julgar aí instituído vinha delimitado pelo subseqüente art. 5º, com a seguinte redação: "Fica proibido aos juízes julgar por via de disposição geral e regulamentar as causas que lhe forem submetidas".

É forçoso reconhecer que o texto do art. 4º não oferecia indício algum acerca dos critérios de interpretação dos quais poderia valer-se o juiz. Todavia, o diâmetro do método hermenêutico emerge do célebre «*Discours Préliminaire*" de Jean Etienne-Marie Portalis, coordenador da comissão de redação do *Code Civil*: "O desígnio da lei é o de fixar, em grandes linhas, as máximas gerais do direito, de estabelecer princípios reitores fecundos; e não de descer nos detalhes das questões que possam surgir em qualquer matéria. Respeita ao magistrado e ao jurista penetrar no espírito geral das leis e dirigir a sua aplicação. Na falta de texto preciso sobre alguma matéria, *um uso antigo, constante e consolidado, uma série não interrupta de decisões*, uma opinião ou uma máxima recebida ocupem o lugar da lei".[26]

Nota-se, destarte, que essa ponderação tinha algo que a aproximava do velho texto romano inserto no Digesto (1.3.38). O elo com a tradição e, assim, "com o 'drama' da dialética juiz-legislador era colocado em evidência pelas expressões empregadas pelo jurista francês".[27]

Diante da lacuna do ordenamento, o jurista deveria tentar adaptar ao caso concreto uma solução que, se possível, encontrasse fundamento no *usu inveteratus* do passado, ou, ainda, na *consuetudo iudicandi*.

---

25 Eram eles: na Prússia, o *Allgemeines Landrechts für die preussischen Staaten*, de 1794; na Áustria, o *Allgemeines Bürgerlisches Gesetzbuch*, de 1811; e, em França, os Códigos Civil, de 1804; de Processo Civil, de 1806; Comercial, de 1807; de Processo Penal, de 1808; e Penal, de 1810. V., com riqueza de dados, Wieacker, *Storia del diritto privato moderno*, 1, cit., pp. 495 ss. (= *História do direito privado moderno*, cit., pp. 367 ss.); Gilissen, *Introdução histórica ao direito*, cit., pp. 451 ss.

26 Reproduzido por Vincenti, *Il valore dei precedenti giudiziali nella compilazione giustinianea*, cit., pp. 61-62. G. Baudry-Lacantinerie e M. Houques-Fourcade (*Trattato teorico-pratico di diritto civile*, tr. it., v. 1, Milano, Vallardi, s/d., p. 61) destacam, entre as fontes que influenciaram a redação do *Code Civil*, a jurisprudência dos parlamentos franceses.

27 Vincenti, *Il valore dei precedenti giudiziali nella compilazione giustinianea*, cit., p. 63; José Puig Brutau, *La jurisprudencia como fuente del derecho (interpretación creadora y arbitrio judicial)*, Barcelona, Bosch, s/d., p. 144.

Seja como for, a codificação representava a "vontade geral" e perante ela não se equiparava qualquer outra fonte de direito, inclusive a jurisprudência, porque aos juízes não competia nem o poder e tampouco a tarefa de criar o direito, mas, tão-só, a de aplicá-lo: "*non exemplis, sed legibus iudicandum est*"...

A *jurisprudence française*, construída pelas *décisions* dos tribunais, passa a representar uma visão superada do direito. A única fonte do direito que restava era a legislação.[28]

A lei – sobretudo a lei sistematizada em códigos – "adquiria, assim, o monopólio da manifestação do direito".[29]

3. Superamento do paradigma positivista

Todavia, como a experiência mostrava que o ordenamento jurídico possuía lacunas e, com alguma freqüência, era insuficiente para solucionar litígios não contemplados pelo legislador, a atuação do intérprete passava necessariamente a desempenhar função integrativa.

Verifica-se, assim, que no transcorrer do século XIX, motivado por exigências históricas em flagrante reação ao sistema "fechado", que conotava o positivismo clássico, surge um movimento que proclama nova metodologia de interpretação do direito, dando-se ênfase ao critério teleológico, na busca de estabelecer uma aliança entre sistema normativo e realidade social. Aquele paradigma é rompido abrindo-se as portas para novas proposições contra o dogma da "plenitude".

Na Alemanha, a partir dessa nova orientação, costuma-se individuar três momentos, na história moderna do pensamento jurídico alemão, nos quais a jurisprudência passa a ser concebida como fonte originária de direito, a saber:

a) o primeiro, é identificado com a doutrina da Escola Histórica, sobretudo contra a codificação;

b) o segundo período, considerado como fase de afirmação do "direito jurisprudencial", é dominado pelo "movimento do direito livre" (*Freirechtsbewegung*), que encontra em Hermann Kantorowicz (com o pseudônimo de Gnaeus Flavius) o seu mais destacado defensor e que chega ao apogeu na terceira década do século XX, como decorrência da crise do positivismo e do formalismo jurídico. "A concepção substancial e autoritária que se firmou du-

28 Gorla, Giurisprudenza, cit., p. 501.

29 Hespanha, *Panorama histórico da cultura jurídica europeia*, cit., p. 177. Piola Caselli (*Giurisprudenza*, cit., p. 841) esclarece que o art. 5º do *Code Civil*, confirmando uma lei anterior, aboliu a prática dos *arrêts de règlement*. V., também nesse sentido, Piero Calamandrei, *La cassazione civile*, Opere giuridiche, v. 6, dir. Mauro Cappelletti, Napoli, Morano, 1976, p. 469.

rante o nacional-socialismo, subordinando a atividade dos juristas não apenas à lei, mas também ao 'princípio do Führer', irrompe como uma lógica conseqüência da derrocada do positivismo e do formalismo..."; e

c) o derradeiro período coincide com o fim da II Guerra Mundial, e liga-se ao novo momento jus-naturalístico que caracteriza as primeiras tentativas do ideário jurídico alemão de superar a experiência fatídica advinda da "injustiça legal", da "perversão" do ordenamento jurídico.[30]

O mesmo ocorre em França. Imediatamente após a publicação da importante obra de François Geny, em 1899, a neutralidade ideológica da Escola da Exegese também passa a ser questionada. Na experiência jurídica francesa, a contribuição de Geny, no início do século XX, foi determinante para o reconhecimento da jurisprudência como fonte do direito e, sobretudo, a conscientização do poder criativo do juiz. Influenciado pelo pensamento de Aristóteles e em razão de seus dotes intelectuais, Geny inspirou-se e desenvolveu a original idéia de Raymond Saleilles, ao abraçar uma concepção antiformalista da interpretação do direito[31], dirigida tanto à crítica ao *status quo*, demarcando-lhe em termos estritos as possibilidades do seu legalismo, como à investigação de outros critérios normativos de decisão jurídica para além dos que se pudessem validamente considerar impostos pela lei, "mas onde verdadeiramente nem a compreensão tradicional das fontes (fontes formais), nem mesmo a essência do legalismo estavam postos em causa e sim apenas circunscritos em limites que abriam o espaço para outras fontes complementares, o costume, a jurisprudência e a doutrina, e ainda decerto a 'libre recherche scientifique'".[32]

É exatamente nesse palco que entra em cena o juiz *descobridor* do direito – cuja tarefa delineia-se bem mais complexa do que aquela do aludido juiz *executor* – que deve pesquisar a norma legal aplicável ao fato concreto,

30 Baratta, *Le fonti del diritto ed il diritto giurisprudenziale*, cit., pp. 199-200. Cf. também Wieacker, *Storia del diritto privato moderno*, 2, p. 370 (= *História do direito privado moderno*, cit., p. 699), que se refere, quanto a esse terceiro período, a um "movimento de renovação ético-jurídico sobre a legislação e a ordem jurídica da atualidade na Alemanha Ocidental".

31 Alpa, *L'arte di giudicare*, cit., p. 10. No *Prefácio* escrito para a 1ª edição da obra de Geny (*Méthode d'interprétation et sources en droit prive positif*, t. 1, cit, p. XXV), após deixar bem claro que o problema das fontes constitui, na verdade, um problema de interpretação do direito, Saleilles conclui, endossando o mote cunhado por Geny: *"Au-delà du Code civil, mais par le Code civil"*!

32 A. Castanheira Neves, *As fontes do direito e o problema da positividade jurídica*, Boletim da Faculdade de Direito, Universidade de Coimbra, 52, cit., pp. 97-98, anotando ainda que Geny não considerava a jurisprudência e a doutrina, em si mesmas, fontes formais, e apenas as via com uma "autoridade considerável, um ascendente moral e prático", suscetíveis assim de sugerirem soluções jurídicas possíveis...

tem consciência de que os mesmos fatos podem corresponder a mais de uma regra, que as regras, pela sua própria natureza, são abstratas e gerais, que o legislador não esgotou todas as circunstâncias possíveis de incidência da norma, que, com alguma freqüência, as disposições são contraditórias ou lacônicas, e portanto, a pesquisa do direito comporta inclusive operações tendentes a enfrentar eventuais antinomias, a colmatar as lacunas, a ampliar ou a restringir o sentido da norma... Este é o juiz que "agrada aos formalistas de cultura germânica, que centram na *Rechtsfindung* o complexo das operações hermenêuticas em busca do 'descobrimento' do direito e de sua aplicação".[33]

Tornou-se, destarte, clássica a doutrina do jurista francês no sentido de que "nem todo o direito está contido na legalidade", porque nos casos omissos, ausentes a lei e o costume, intervinha a livre apreciação judicial, porém, exercida como um legislador ideal, atento à ciência e à técnica do direito.

À luz desta posição, foi pontuado recentemente que ainda no século XIX, Geny dirige um ataque decisivo contra o fetichismo da lei: «*La loi n'est pas le droit*". Ao lado deste combate à idéia (surgida com a codificação) de que a lei e os códigos têm um caráter definitivo e completo, com pretensões a uma validade absoluta, subtraídas às mutáveis exigências da história, outro duelo se desenvolve, tendente a libertar a ciência do direito dos mitos da pandectística e a conferir ao jurista uma missão mais nobre e mais importante que a de mero "*facitore di formule*".[34]

O vocábulo *jurisprudence*, no sentido de atividade judicante dos tribunais, corrente na linguagem forense da França, passa a gozar de maior prestígio: *jurisprudence françoise, notre jurispudence*, são as locuções em voga no curso do século XIX. Multiplicam-se os *recueils* e os *répertoires* de *arrêts.*[35]

4. Resgate do prestígio da atividade judicial

4.1. A doutrina da Escola Histórica

Pode-se afirmar que o primeiro passo, na esfera do problema das fontes do direito, em direção a uma opção radical e consciente por fontes materiais – contra,

---

33 Alpa, *L'arte di giudicare*, cit., pp. 3-4.

34 Avelãs Nunes, *O direito de exclusão de sócios nas sociedades comerciais*, cit., pp. 33-34, assinalando, ainda, que: "ao jurista deve caber uma função verdadeiramente criadora, procurando os motivos profundos e o sentido real do mundo em que vivemos, buscando o significado último das normas, com vista à sua adaptação a uma realidade em permanente evoluir; o jurista não pode nem deve limitar-se à mera exegese de um direito objetivo que aspira à perfeição e à infalibilidade, mas deve assumir uma função propulsiva, capaz de tornar o direito positivo sempre mais conforme às necessidades concretas da sociedade. O direito não existe fora da sua interpretação, mas apenas tal como é continuamente interpretado e reconstruído".

35 V., nesse sentido, Gorla, *Giurisprudenza*, cit., pp. 498 s.

portanto, a preferência pelas fontes formais que o positivismo legalista e codificador defendia – foi dado pela Escola Histórica.[36]

A Escola Histórica do Direito é fruto da célebre polêmica que se estabeleceu entre dois grandes cultores da ciência jurídica: Anton Friedrich Justus Thibaut e Friedrich Karl von Savigny.

Em meados do século XIX, o movimento que visava à restauração política da Alemanha já contava com vários adeptos da corrente que defendia um Direito Civil unificado.

Thibaut (1772-1840), professor em Heidelberg, impulsionado pelas idéias racionalistas, ao publicar, em 1814, o seu escrito Üeber die Nothwendigkeit eines allgemeinen bürgerlichen Rechts für Deutschland[37](*Sobre a necessidade de um direito civil geral para a Alemanha*) tornara-se o paladino de uma codificação única, reunindo todos os ordenamentos jurídicos então vigentes nos vários "Estados alemães", a exemplo do *Allgemeines Landrechts für die preussischen Staaten* da Prússia, do *Allgemeines Bürgerlisches Gesetzbuch* da Áustria e, principalmente, do *Code Civil* de Napoleão.

Nesse opúsculo, após tecer considerações de ordem político-legislativa, demonstrando que o povo alemão jamais poderia ser feliz em suas relações civis enquanto todos os governos alemães não resolvessem, unindo suas forças, colocar em vigor um código promulgado para toda a Alemanha, distante do arbítrio dos poderes singularmente constituídos, afirma que a derradeira e principal fonte de direito de que desfrutavam era o código romano, obra de uma nação estrangeira muito diferente da germânica, elaborada em um período de mais profunda decadência... e que, na verdade, sofria de uma parcialidade de todo apaixonada aqueles que incitavam os alemães à recepção de tal malograda obra e recomendavam sua conservação.[38]

Assim, após criticar o direito romano, então vigente em sua nação, acrescentava que um código nacional contribuiria, igualmente, para fortalecer o importante sentido prático dos estudantes, uma vez que naquela época tudo se reduzia a aprender de memória inúmeras e imprecisas leis, definições, distinções e notícias históricas.[39]

E conclui seu pensamento, salientando que, no tocante à formação científica, a mais importante implicação de uma agilização em todos os setores do

---

36 Cf. Castanheira Neves, *As fontes do direito e o problema da positividade jurídica*, cit., p. 149.

37 Heidelberg, Mohr und Zimmer, 1814.

38 Üeber die Nothwendigkeit, cit., pp. 12 e 15.

39 Üeber die Nothwendigkeit, cit., p. 29.

ensino acadêmico era a introdução de um novo código nacional sabiamente elaborado.[40]

Ainda no mesmo ano de 1814, Savigny, professor em Berlim, a "estrela mais brilhante" – como o denominou von Ihering[41] – insurge-se contra as idéias de seu compatriota que redundavam no reclamo de um código para toda a nação.

Savigny (1779-1861), em famoso escrito, considerado como o manifesto programático da Escola Histórica – *Vom Beruf unsrer Zeit für Gesetzgebung und Rechtswissenschaft* (*Da vocação de nosso tempo para a legislação e a ciência do direito*) – "uma das contribuições mais belas da prosa jurídica ao patrimônio literário alemão"[42] – expõe as linhas fundamentais de sua concepção do direito, em prol de uma renovação cultural e política da ciência jurídica.

Com efeito, influenciado pela atmosfera do movimento romântico na Alemanha, Savigny afirma, no capítulo mais interessante de sua citada obra (2. *Entstehung des positiven Rechts – Nascimento do direito positivo*), que o direito vive, como a língua, na consciência do povo[43], segue crescendo com o povo, aperfeiçoa-se com ele e finalmente morre, quando o povo perde algo de peculiar.[44]

Por isso – complementa –, o direito tem dois momentos distintos: o da juventude dos povos (*Jungendzeit der Volker*), que é "pobre em conceitos, mas goza de uma clara consciência da sua situação e de suas relações..."; e, após este, aquele em que, com o crescer da cultura ("*Ben steigender Cultur*"), o direito toma uma direção científica, mais complicada, e, assim como antes vivia na consciência de todo o povo, recai agora na consciência dos juristas, os quais passam, a partir de então, a representar, em tal mister, o povo.[45]

Surge, então, a categoria dos juristas que, todavia, é vista como unida ao próprio povo por uma identidade de sentimentos e de convicções, como o seu intérprete e sacerdote.

Veja-se bem que a concepção de povo, de comunidade, para Savigny, era um conceito cultural ideal que vinha extraído da coletividade unida pela mesma for-

---

40 Ueber die Nothwendigkeit, cit., p. 31.

41 *Savigny*, Jahrbücher für die Dogmatik des heutigen römischen und deutschen Privatrecht", 5 (1861):354.

42 Wieacker, *Storia del diritto privato moderno*, 2, cit., p. 65 (= *História do direito privado moderno*, cit., p. 443).

43 "*... das Recht wie die Sprache im Bewuztsehn des Volkes lebt*" (*Vom Beruf unsrer Zeit*, cit., p. 8.

44 *Vom Beruf unsrer Zeit*, cit., p. 11.

45 *Vom Beruf unsrer Zeit*, cit., pp. 9 e 12.

mação espiritual e cultural[46], – resumido na expressão, já empregada, em momento anterior, pelo seu mestre Hugo e, posteriormente, pelo próprio Savigny e por seu mais ilustre discípulo, Puchta: *Volksgeist* (espírito popular).

Referindo-se, em seguida, ao problema crucial de sua tese, ressalta que, se uma codificação nasce numa determinada época na qual não prepondera o elemento científico necessário, ocorrerão males inevitáveis: "A administração da justiça far-se-á aparentemente consoante o código, embora, de fato, fundamentar-se-á em outra coisa, alheia ao código, e que será, destarte, a verdadeira fonte do direito. Mas esta falsa aparência é sumamente nociva, porque o código, por sua novidade, por sua afinidade com os conceitos que dominam a época e por sua autoridade externa atrairá inexoravelmente toda a atenção, desviando-se da verdadeira fonte do direito, de modo que esta obscura e inobservada existência encontrar-se-á privada das forças espirituais da nação, que são as únicas que lhe podem conferir autoridade".[47]

E, após advertir para o perigo de o direito positivo ser dominado pela letra da lei, eleva o direito romano como elemento essencial da vida jurídica alemã, concebido como processo de formação cultural.

Realmente, Savigny vislumbrava na experiência jurídica do povo romano uma superioridade cultural e um valor efetivo na vida do direito: o mérito do direito romano estava na metodologia utilizada pelos juristas de antanho. A sua pujança repousava no seu método, mais do que nos seus resultados, uma vez que aludido sistema jurídico não nasceu de uma combinação de conceitos, mas de uma constante observação voltada para a dinâmica social. Os juristas eram práticos assim como práticas eram as situações que favoreciam a criação jurídico-intelectual.

Diversamente do que poderá imaginar um leigo, a intenção do autor do *Beruf* não era a de perpetuar as normas romanas, pelo contrário, tinha por escopo aproveitar tão-só a experiência jurídica que pudesse ser útil à realidade daquele momento.

Em suma, as ponderações de Savigny, a propósito, preconizavam uma tomada de posição, de caráter regenerador, no sentido de buscar no direito romano o legado irrenunciável da civilização ocidental, "aquilo que do povo – não do legislador por mera vontade – seja uma inclinação vocacional, noutras palavras, o costume legislado".[48]

---

46 Cf. Wieacker, *Storia del diritto privato moderno*, 2, cit., p. 69 (= *História do direito privado moderno*, cit., p. 447).

47 *Vom Beruf unsrer Zeit*, cit., pp. 22-23.

48 Cf. Othon Sidou, *Bicentenário de Savigny*, Revista do Curso de Direito da Univ. Fed. de Uberlândia, 9(1980):362.

Savigny distinguia a lei (ato do Estado) e seu sentido, ou seja, o seu *espírito*, que repousava nas convicções comuns de um povo (espírito popular). Essa distinção permitia separar o centro emanador dos atos formais de concretização do direito, sendo *fonte* o "espírito do povo" e os atos estatais o *instrumento* de realização.[49]

Essas, em apertadíssima síntese, as principais idéias de Savigny, cujo desejo não era o de impor o predomínio do fator histórico-jurídico sobre a vida, mas sim "o de renovar a ciência do direito mediante o superamento da hostilidade pela tradição e das abstrações não críticas e, portanto, 'afilosóficas', do tardo jusnaturalismo laico".[50]

4.2. *Função dos precedentes judiciais*

Para Savigny, a produção do direito, a partir do "espírito popular", acompanhando o progresso da comunidade, é confiada à elaboração dos juristas, os quais, a seu turno, representam o povo na função de criar o direito.

O costume e a atividade científica, dos juristas, incluídos os juízes, também constituem fonte do direito.

Encontra-se assim implícita, sob tal enfoque, a distinção entre *fonte material* e *fonte formal* do direito, resultando mais viável, neste caso, a apreciação do "espírito popular" como fator causal do direito positivo (fonte material). Esta conclusão lastreia-se na explicação dada por Savigny acerca do *nascimento* do direito positivo, porquanto, chegando ao seu momento científico, sua existência é, a partir daí, mais complicada, visto que vive uma vida dupla: uma como fragmento da vida do povo (elemento político), e outra como ciência especial nas mãos dos juristas (elemento técnico).[51]

---

49 Sampaio Ferraz, *Introdução ao estudo do direito*, cit., p. 200.

50 Wieacker, *Storia del diritto privato moderno*, 2, cit., pp. 72-73 (= *História do direito privado moderno*, cit., pp. 450-451).
Ademais, resultado daquela profícua polêmica foi o enorme incremento dos estudos de História do Direito, considerado este, na feliz expressão de Recasens Siches, como "um produto social, um produto real da convivência, uma manifestação vital da mesma, e que, conseqüentemente, surge em estreita relação com os demais elementos sociais e culturais". (*Historicismo jurídico*, Enc. Jur. Omeba, 14, Buenos Aires, 1961, p. 385). Ressalte-se, ainda, que foi iniludivelmente sob a inspiração de tal ideário que o mundo jurídico alemão logrou aprimorar o rigor técnico e terminológico das construções dogmáticas, corporificadas apenas na última década do século XIX com a promulgação do Código Civil alemão (*BGB – Bürgeliches Gesetzbuch*).

51 V., a propósito, Agustin Squella, *Savigny y su idea de la ciencia del derecho y la labor de los juristas*, Savigny y la ciencia del derecho, 2, Revista de Ciencias Sociales, Universidad de Chile, Valparaiso, Edeval, 1979, p. 507.

No *Sistema del diritto romano attuale* Savigny retoma a doutrina do direito jurisprudencial como fonte de produção do direito, ao lado da lei e dos costumes, e a insere em um contexto mais amplo.

A atuação judicial adquiria, assim, o *status* de "nova forma de produção do direito", porque "facilita e assegura à lei o império sobre as relações da vida prática".

Todavia – explicava Savigny – não se examina corretamente o valor do direito da *praxis*, sobretudo quando se tem em mente que um tribunal está vinculado por várias decisões conformes, devendo manter imutável para o futuro a regra por ele mesmo erigida.

Na verdade, nessas situações, a orientação dos tribunais atingem tamanha autoridade, que é melhor e mais conveniente, antes do que a desprezar, continuar observando-a. Aqui, portanto, "como em qualquer costume, prevalece a lei da continuidade. Se, pelo contrário, um exame repetido e sério desvendou novos e, até agora, ignorados argumentos, o abandono da regra não pode deixar de ser considerado: e principalmente porque não há motivo algum para agir de modo diferente, considerando, até arbitrariamente, como imutável uma regra de tal natureza".[52]

Ressaltava, por outro lado, que o prestígio de uma corte de justiça superior sobre os tribunais que lhe são subordinados é devido a um importante fator intimamente relacionado com a atividade decisória. Não é apenas a posição hierárquica que conta, mas, sobretudo, o poder que é atribuído ao tribunal superior de fazer triunfar as próprias convicções no reexame das sentenças. Quando o tribunal inferior se submete à opinião contrária, não significa que se curva a uma força externa, mas, sim, que acata o espírito benéfico da hierarquia judiciária.[53]

Enfrentando o problema das lacunas da lei, Savigny também reserva expressivo papel aos precedentes judiciais. Escreveu, a propósito, que, a verdadeira jurisprudência dos tribunais ocupava o primeiro lugar no processo de integração do ordenamento jurídico. Em seguida, "em ordem de preferência na aplicação, vinham as leis imperiais, o direito canônico e, por último, o direito romano".[54]

Aduza-se que a Escola Histórica engendrou uma teoria das fontes bem restrita, deixando de fora a *ratio* jurídica, que provinha do processo de criação judicial do direito: ou os precedentes eram expressão do convencimento popular, e portanto direito consuetudinário, ou derivavam de opiniões da ciência jurídica. Na primeira hipótese eram considerados vinculantes; na segunda, não concorriam com outras opiniões da ciência jurídica. Savigny "combinou estas

52 *Sistema del diritto romano attuale*, 1, cit., pp. 113-114.

53 Savigny, *Sistema del diritto romano attuale*, 1, cit., p. 114.

54 *Sistema del diritto romano attuale*, 1, cit., p. 270.

duas premissas ao considerar os precedentes judiciais como direito consuetudinário e como momento do direito científico".[55]

4.3. *Importância da atividade judicial na percepção da jurisprudência dos valores*

Partindo de diferentes pressupostos científicos, ainda na Alemanha, desenvolve-se a chamada *jurisprudência dos interesses* (*Interessenjurisprudenz*), segundo a qual o intérprete, cumprindo a tarefa de aplicar a lei, deveria sobrelevar os interesses em jogo a partir das valorações que teriam norteado o próprio legislador (averiguação histórico-social dos *interesses causais*), não, porém, postando-se em atitude de mera submissão à literalidade do texto legal, mas de obediência esclarecida.

Com efeito, o juiz, no denominado "Estado legalista", não pondera os interesses segundo a sua fantasia, mas deve-se curvar às soluções dadas aos conflitos pelo legislador. Prevalece o princípio da fidelidade à lei. O juiz apenas revela, de caso para caso, as soluções gerais e abstratas dadas aos conflitos pela lei, ao verificar, por subsunção, que o conflito concreto se configura idêntico ao conflito "intuído" pelo legislador ao criar a norma... Apenas quando o direito excepcionalmente autorizar o juiz a fundamentar a decisão na sua própria apreciação dos interesses, ou seja, formando livremente a convicção, é que o juiz assume o papel de legislador. No entanto, ao invocar o princípio da vinculação à lei, a *jurisprudência dos interesses* aparta-se claramente da Escola do Direito Livre...[56]

Como um dos principais disseminadores desse pensamento, Rudolf von Ihering, em contraposição às noções românticas sobre a formação do direito, expôs de forma clara o papel crucial dos interesses na aplicação do direito. Em tal sentido, Ihering entendia que ao lado do direito positivo e dos costumes, existia ainda um direito não formalizado, mas nem por isso menos real: o juiz suiço que decide "como se fosse o legislador", os conceitos análogos aos *ius aequum* dos romanos, demonstravam as inexoráveis lacunas do sistema jurídico. Na verdade, este não era completo como imaginam os pandectistas, tampouco a lacuna é preenchida mecanicamente mediante simples interpretação.

Desse modo, afirmava Ihering que ao juiz não competia uma função apenas declarativa daquilo que está implícito no sistema jurídico, mas, sim, uma tarefa

---

55 Kriele, *Il precedente nell'ambito giuridico europeu-continentale e angloamericano*, La sentenza in Europa, cit., pp. 526-527.

56 Cf., nesse sentido, a síntese da teoria de Philipp Heck, estrênuo defensor da *jurisprudência dos interesses*, feita por Karl Engisch, *Introdução ao pensamento jurídico*, 3ª ed., Lisboa, Fundação C. Gulbenkian, 1977, pp. 311-313.

criativa do próprio direito. Tal criação irrompe sobrelevando o escopo da lei, vale dizer, o interesse tutelado pela norma: abre-se, destarte, o caminho à *jurisprudência dos interesses*.[57]

Forçoso é reconhecer que, por essa concepção, a lei continuava sendo consagrada como principal fonte do direito, mas não a única, porquanto o ordenamento não é completo, possuindo lacunas que deveriam ser supridas quando do julgamento dos conflitos, prevendo-se a vontade do legislador, mediante a detecção dos interesses que ele pretendeu defender. E, nessa atividade mental, descortina-se a possibilidade ao juiz de criar direito.

Ihering ainda destacava, em tal caso, a imperiosidade de o juiz justificar a *ratio decidendi* na sentença. Com o "intuito de excluir o arbítrio judiciário... o dever de expor a motivação da sentença representa, para o direito civil, uma forma incomparavelmente mais oportuna. Tem, com efeito, o condão de constringir o juiz a justificar objetivamente a própria sentença, sem que se lhe imponha irrestrita adesão ao conteúdo imediato da lei".[58]

4.4. Observantia iudicialis *na doutrina pandectística*

Como uma natural continuação da Escola Histórica, desenvolveu-se a ciência das Pandectas (*Pandektenwissenschaft*), que também se inspirara na tradição romanística, tendo prestado significativa contribuição para a moderna dogmática jurídica.

O excessivo formalismo da pandectística leva a um modelo de estudo sistemático, neutro e individualista, que marcou decisivamente a cultura do direito em época contemporânea.[59]

---

57 Ihering, *Lo scopo nel diritto*, dir. Mario G. Losano, Torino, Einaudi, 1972, pp. 44-45.

58 *Lo scopo nel diritto*, cit., pp. 280-281.

59 Cf. Hespanha, *Panorama histórico da cultura jurídica europeia*, cit., p. 187. Frise-se que, no sistema idealizado pelos juristas que aderiram a esta metodologia, predominava, dentre outros, os princípios da autonomia da vontade (*Willensprinzip*) na regência dos negócios jurídicos, da relatividade do domínio da propriedade, da irreversibilidade da anulação de um determinado ato jurídico. "Estes princípios explicariam e gerariam conseqüências normativas. Por exemplo, a de que devia ser absolutamente garantida a liberdade negocial, de que ninguém pode ser representado por outrem sem um mandato correspondente; a de que a extinção de um direito real limitado (*v. g.*, uma servidão ou um usufruto) reverte a favor do proprietário da coisa sobre que incidia; a de que um negócio jurídico nulo não pode ter quaisquer conseqüências (nem sequer aquelas com que as partes ou terceiros, de boa-fé, contavam) nem ter uma eficácia reduzida ou lateral (redução ou conversão de negócios jurídicos). Estas soluções seriam não apenas formalmente lógicas, mas ainda materialmente justas, porque os princípios de que elas decorriam existiriam, de fato, embora a um nível não explícito, na realidade cultural de que o direito se alimentava. Mas, justamente porque eram

Estruturando a sua obra a partir de um sistema formal do direito privado, Cristiano Federico Glück, ao discorrer sobre as fontes do direito, dedica um inteiro subtítulo à praxe do foro, denominando-o *A interpretação usual é parte do costume forense*.

Logo no início da respectiva tratativa, Glück escuda-se na premissa de que a *observantia iudicialis* tem um duplo significado, vale dizer, além de estabelecer regras de natureza procedimental, igualmente influencia a interpretação de um texto legal dúbio ou a decisão de um caso não contemplado pela lei, embora já examinado mais de uma vez.

Assevera, outrossim, que a experiência haurida por juízes sagazes e iluminados, no exercício da carreira forense, permite oferecer regras suplementares seguras e precisas para a solução de questões que emergem nebulosas. Essas diretrizes, apoiadas ao tácito consenso e à longevidade, assumem a forma de um direito consuetudinário e merecem estar em lugar destacado depois das leis escritas.[60]

Glück chega mesmo a reputar perniciosa a *communis opinio* dos juristas medievais, preferindo a praxe judicial ou a "interpretação usual", que acabou introduzindo novos remédios jurídicos.[61]

Em seus comentários às pandectas, Windscheid insere, entre as fontes do ordenamento jurídico alemão, o direito comum consuetudinário, que se manifestava pelo uso popular, pela prática introduzida pelos juristas, tanto nos pareceres, quanto nas decisões judiciais. Ressalta, ainda, como importante subsídio para a interpretação da lei, as sentenças do tribunal do império, recolhidas na coletânea intitulada *Entscheidungen des Reichsgerichts in Civilsachen* e publicada, em onze volumes, por iniciativa dos próprios magistrados.[62]

Outro pandectista que se destacou foi Ludwig Arndts. Aludindo à hierarquia das fontes subsidiárias, Arndts entendia que o direito romano-canônico deveria ser aplicado para suprir eventuais lacunas das leis do império alemão desde que não se evidenciasse qualquer contradição com a orientação que era seguida nos tribunais.

princípios realmente existentes, o jurista, ao formulá-los, não estava a criá-los arbitrariamente em função dos seus pontos de vista filosóficos, morais ou religiosos. Apenas os estava a identificar e descrever, neutralmente..." (pp. 187-188).

60 Glück, *Commentario alle pandette*, tr. it. Contardo Ferrini, dir. Filippo Serafini e Pietro Cogliolo, v. 1, Milano, Vallardi, 1888, p. 177.

61 Glück, *Commentario alle pandette*, cit., p. 180.

62 Bernard Windscheid, *Diritto delle pandette*, tr. it. Carlo Fadda e Paolo Emilio Bensa, v. 1, p. 1, Torino, Utet, 1902, pp. 15-16.

E isso, porque o direito pretoriano sendo mais moderno, deveria sempre predominar por força da regra *lex posterior derogat priori.*[63]

Procurando traçar um paralelo entre o direito consuetudinário e a jurisprudência, Dernburg, por sua vez, esclarecia que *praeiudicia* isolados de um tribunal, ainda que fossem do Supremo, não constituiam jurisprudência. No entanto, se a mesma questão examinada em um daqueles precedentes voltasse a ser discutida em sucessivas controvérsias, dúvida não poderia haver de que os fundamentos das decisões nestas proferidas deveriam ser considerados pelos julgadores.

A idéia de jurisprudência correspondia, pois, ao "uso geral, uniforme e perpetuado por longos anos, de uma regra jurídica, pela autoridade jurisdicional".[64]

Segundo doutrina de Dernburg, os precedentes judiciais tinham "força de lei de forma idêntica ao direito consuetudinário". Essa força *"ha la giurisprudenza anche di fronte alla legge scritta"*. É certo que o juiz deve aplicar a lei; não possui ele a faculdade de modificá-la ou muito menos de aboli-la. Todavia, se por séculos a lei é esquecida ou mal compreendida, se passa a ser estranha à realidade, o desejo de dar-lhe vida contradiz o senso de justiça. A lei, nessa hipótese, perdeu a sua qualidade de ser fonte de direito.

Assim, verificando-se esse fenômeno, a *"giurisprudenza l'ha abolita o trasformata, ed ha acquistato da parte sua forza di legge"*.[65]

5. Precedente judicial como fonte do direito na doutrina do início do século XX

5.1. Itália

Com o movimento que trabalhava em prol da unificação do direito italiano, na segunda metade do século XIX, os inúmeros tribunais provinciais de cassação (Piemonte, Toscana, Napoli, Modena e Parma) foram reunidos, em 1885, em uma única Suprema Corte de Justiça, que se estabeleceu em Roma.

O regime da cassação italiana seguiu basicamente o modelo francês, consubstanciando-se em órgão essencialmente judiciário, cuja função precípua era a de controlar a uniformidade da interpretação jurisprudencial.[66]

63 Ludwig Arndts, *Trattato delle pandette*, v. 1, 3ª ed., tr. it. Filippo Serafini, Bologna, Fava e Garagnani, 1877 (reed. 1981), pp. 30-31

64 Heinrich Dernburg, *Pandette*, v. 1, pt. 1, tr. it. Francesco B. Cicala, Torino, Fratelli Bocca, 1906, p. 73.

65 Cf. Dernburg, *Pandette*, v. 1, pt. 1, cit., pp. 73-74.

66 Cf. Calamandrei, *La cassazione civile*, cit., pp. 690-691; Giuseppe Salvioli, *Storia del diritto italiano* (dir. Pasquale del Giudice), v. 3, p. 2, Frankfurt, Sauer e Auvermann, 1969, p. 788.

Insta observar que as decisões da Corte de Cassação italiana não tinham força vinculante, mas, tão-somente, persuasiva no julgamento futuro de casos semelhantes.

É bem de ver, outrossim, que o significado prático das teses consolidadas, em reiterados arestos, adquiriam autoridade de precedente, "tornando menos espontânea e mais mecânica a atividade de subsunção do fato à norma".[67]

Vale também assinalar que a literatura jurídica produzida no limiar do século XX, sobretudo na Itália, reconhecia a importância da jurisprudência, em geral, e dos precedentes judiciais, em particular, chegando-se mesmo, em alguns escritos, a alçá-los à dignidade de fonte primária de direito.

O escrito de Eduardo Piola Caselli, sobre a "jurisprudência", de perfil anti-formalista, reveste-se de grande atualidade. Depois de dedicar ampla introdução à parte histórica, compreendendo o direito romano, o direito comum e o direito da época das codificações, o referido autor alude à difusão e relevância dos repertórios de julgados na virada do século XIX ao século XX, fator esse que se deveu à ampliação do número de litígios proporcionada pela vida moderna. Os operadores do direito, considerando mais a vertente patológica do fenômeno jurídico, preferiram então consultar as coletâneas de jurisprudência a pesquisar nos livros de direito.[68]

Ressalte-se, por outro lado, que Piola Caselli contempla a jurisprudência sob dois diferentes ângulos. O primeiro, de ordem pragmática, aproximando-a de um laboratório experimental, que se presta a observar a sinergia entre a realidade e as normas jurídicas, a eficácia das regras sobre os negócios jurídicos, os interesses pretendidos pelo legislador, etc.

Pelo segundo aspecto, de natureza política, a jurisprudência descortina-se como instrumento de controle da legislação e fator de promoção das reformas legislativas, "assim como o espelho revelador de novas exigências éticas ou sociais".

Considerando, ademais, a jurisprudência como fonte de direito, Piola Caselli assevera que a iteração do mesmo julgado em casos análogos acaba construindo um "costume juidicial, que tem, de fato, o mesmo valor geral da lei".[69]

Francesco Carnelutti, a seu turno, ao examinar as razões que aconselhavam a uniformização das decisões judiciais, ressaltava que o milagre do Código de Napoleão, que, então, na sua estrutura fundamental, já durava mais de um

---

67 Virgilio Andrioli, *Massime consolidate della Corte di Cassazione*, Rivista di diritto processuale, 1948(1):256.

68 *Giurisprudenza*, cit., 842.

69 Piola Caselli, *Giurisprudenza*, cit., 842. Cf., ainda, com lastro na mesma doutrina, Guido Alpa, *Relazione conclusiva*, Lo stile delle sentenze e l'utilizzazione dei precedenti, cit., p. 216.

século, era devido não à sua bondade, mas, sim, ao trabalho diário e incansável dos intérpretes que lhe tinham preservado a vida. Na verdade, "as incertezas e os contrastes que exornam a jurisprudência são como os poros, através dos quais o direito respira a justiça".

Destacava, ainda, Carnelutti, que os repertórios de jurisprudência, ao recolherem precedentes judiciais, adquiriam, na prática, o valor de um código de preceitos, que atendiam sobretudo à exigência de certeza, porque supriam, ao ensejo da aplicação no caso concreto, as proposições hipotéticas das normas jurídicas.[70]

Enfocando esta temática pela perspectiva da filosofia do direito, Pietro Cogliolo, embora negando que a *sententia iudicis* constituía fonte de direito, assinalava a importância, na prática forense, dos precedentes. É evidente "que se evade do território das fontes jurídicas, na acepção técnica da palavra, mas, pela sua repercussão prática, a tradição jurisprudencial adquire um altíssimo valor persuasivo".

Em notável passagem, Cogliolo procura justificar esse fenômeno, esclarecendo que a primordial razão é mais do que tudo de ordem psicológica, porque era o respeito que os juízes tinham por tudo quanto fora julgado com freqüência por seus pares: abstrair-se de um modo comum de pensar constituiria ato de força; e, em todas as conjunturas da vida, a veneração pelo costume, pelos usos, pela tradição é fundada sobre o mesmo sentimento.

De outra parte – ressaltava – os precedentes judiciais eram de evidente utilidade às exigências sociais, porque uma orientação uniforme de julgar auxilia a estabilidade dos conceitos e das relações, pois, não há conspiração maior contra o direito do que as repentinas e inusitadas inovações. E tudo isto vinha ensinado pelas fontes romanas, nas quais se verifica que o progresso foi sempre um lento modificar-se e adaptar-se do velho ao novo, sem abruptas modificações.

Mas, de outro lado, a importância dos precedentes podia também ser prejudicial, porque retirava o estímulo à reflexão, impedia que se tivesse presente a evolução científica, e induzia a aplicação cega e mecânica das sentenças anteriores... Na verdade – afirmava Cogliolo – "a história mostra que em todos os períodos de decadência foi maior a autoridade das sentenças em casos análogos. É, de fato, natural que juízes pouco instruídos ou muito preguiçosos encontrem comodidade na 'cama feita por outros'". Algo semelhante teria ocorrido em Roma, com a famosa lei das citações, pela qual os juízes deveriam aplicar os *responsa* de alguns jurisconsultos pré-estabelecidos e, havendo empate, seguir a opinião de Papiniano. Igualmente, na Idade Média, "houve a época dos praxistas, e tor-

70 Cf. Carnelutti, *Sistema del diritto processuale civile*, 2, Padova, Cedam, 1938, pp. 646-647.

nou-se célebre um passo de Fulgosio contra o uso forense de apoiar-se apenas sobre as glosas e as decisões, despido de qualquer investigação pessoal".[71]

Acrescentava Cogliolo que a eficácia dos precedentes devia ser dimensionada com muita prudência, especialmente por três relevantes motivos, a saber:

a) antes de mais nada, cada sentença é conexa com o fato que foi objeto de solução, não sendo nada fácil separar um do outro;

b) os juízes devem estar sempre atentos às máximas da jurisprudência citadas pelos advogados, porque, não raro, determinada decisão foi proferida tendo presente uma peculiaridade do caso julgado; ademais, a simples ementa, compilada nos repertórios, nem sempre traduz a *mens iudicis*, e, portanto, recomenda-se a exegese da integralidade do julgado; e, por fim,

c) há decisões proferidas por diferentes órgãos: juízos de primeiro grau, cortes de apelação e tribunal superior, e, portanto, é evidente que ostentam diferente valor intrínseco que não pode deixar de ser considerado.[72]

5.2. França

No limiar do século XX, a doutrina exaltava a influência que a Corte de Cassação francesa havia exercido na vida jurídica daquele país, especialmente no que se referia à elaboração e integração do direito material, que, por meio da interpretação jurisprudencial, logrou evoluir e adaptar-se às mutações exigidas pela dinâmica social.

Criada, como visto, há mais de um século, para assegurar a uniformidade na aplicação do direito, a Corte de Cassação continuou sendo um tribunal incumbido de examinar questões estritamente de direito, já julgadas em sede de recurso ordinário.

A eficácia de suas decisões restringia-se ao caso concreto, "*cependant l'autorité morale des arrêts de la Cour de cassation est considérable*". Ademais, os *revirements* da jurisprudência também eram considerados raros, até porque a uniformidade da jurisprudência complementava e assegurava a atualidade da legislação.[73]

Asseveravam Aubry e Rau que a força inevitável da jurisprudência contribuía para o progresso da ciência do direito, sobretudo pela missão que se lhe destinava

---

71 Pietro Cogliolo, *Filosofia del diritto privato*, 3ª tir., Firenze, G. Barbèra, 1912, pp. 44-45.

72 Cf. Cogliolo, *Filosofia del diritto privato*, cit., p. 45. V., citando a mesma doutrina, Guido Alpa, *Relazione conclusiva*, Lo stile delle sentenze e l'utilizzazione dei precedenti, cit., pp. 218-219.

73 E. Glasson e Albert Tissier, *Traité théorique et pratique d'organisation judiciaire, de compétence et de procédure civile*, t. 1, 3ª ed., Paris, Sirey, 1925, p. 259.

de suprir as lacunas da legislação, embora não formasse uma regra juridicamente obrigatória quer para os cidadãos, quer para os próprios tribunais.

A despeito dessa verdade – concluíam – havia um interesse geral no sentido de que os juízes, salvo justificadas razões, não deveriam se afastar dos precedentes já consagrados pelas cortes de justiça, especialmente pela Cassação.[74]

Além de infundir maior segurança ao tráfico jurídico, sobre pontos até então polêmicos, a jurisprudência constante atendia à insuficiência de textos legais ultrapassados.[75]

Aduza-se, outrossim – segundo doutrina de Glasson e Tissier -, que a atividade jurisdicional do Tribunal de Cassação francês, não desempenhava apenas um papel importante no sentido de conferir unidade à interpretação da lei e, assim, segurança ao direito, mas, também, de desenvolver e complementar a lei e a colmatar as suas lacunas. Aquela "*adapte la lois aux situations nouvelles...*".[76]

Como exemplos desse derradeiro aspecto, citam-se, com freqüência, importantes contribuições da Corte de Cassação, especialmente no que concerne à evolução da noção de causa, à inalienabilidade dos bens dotais, à incidência do princípio de que ninguém pode enriquecer-se à custa alheia, à disposição do art. 1.121 do *Code Civil*, segundo o qual "pode-se estipular em proveito de um terceiro desde que essa seja a condição de uma estipulação que se faz por si mesmo ou de uma doação que se faz a outrem".

Frisam-se, ainda, as diretrizes da jurisprudência francesa que passaram a autorizar a subrogação da hipoteca legal da mulher casada, a obstar as sociedades entre marido e mulher, a validar os atos praticados pelo herdeiro aparente; que permite a dupla transmissão dos bens legados, a despeito da proibição de substituição prevista no art. 896, quando o legatário onerado com essa obrigação dispunha do direito de alienar os bens legados.[77]

---

74 C. Aubry e C. Rau, *Cours de droit civil français d'après la méthode de Zachariae*, t. 1, 4ª ed., Paris, LGJ, 1869, pp. 128-129. René David anota que a infuência dos *arrêts* da Corte de Cassação francesa não se limitava às fronteiras territoriais do país, mas, também, passaram a ser estudados pelos juristas de outras nações vizinhas de língua francesa (*Les grands systèmes de droit contemporains*, 7ª ed., Paris, Dalloz, 1978, p. 133). V., comprovando essa afirmação, dentre outros, Henri De Page, *Traité élémentaire de droit civil belge*, t. 1, 2ª ed., Bruxelles, Émile Bruylant, 1948, cujas notas trazem inúmeras citações de *precedentes* da *Cour de Cassation* francesa (cf. pp. 200, 387, 389, 698, 710).

75 Cf. E. Garsonnet e Ch. Cézar-Bru, *Traité théorique et pratique de procédure civile et commerciale*, t. 1, 3ª ed., Sirey, Paris, 1912, pp. 161-163.

76 *Traité théorique et pratique d'organisation judiciaire*, cit., p. 260.

77 Cf. Pierre Arminjon, Baron Boris Nolde e Martin Wolff, *Traité de droit comparé*, t. 1, Paris, LGDJ, 1950, p. 198.

Nesse mesmo sentido, Louis Josserand afirmava que, sob o ponto de vista teórico, o juiz, sem dúvida, não era considerado intérprete da lei, porque a corte suprema não poderia cassar uma decisão fundada na lei escrita. Contudo, pela vertente prática, a atividade de interpretação confiada ao juiz fatalmente o transformava em criador do direito e, por essa simples razão, a jurisprudência constituía uma das fontes do direito, um modo, por excelência, de revelação do costume.[78]

Deixando de lado a discussão sobre a inserção da jurisprudência no quadro das fontes formais do direito, a doutrina da primeira metade do século XX externava realmente a convicção de que todos os países de direito codificado, à exemplo da experiência jurídica francesa, tinham uma organização judiciária desenhada para garantir, na medida do possível, a unidade da jurisprudência.

Enfatizava, ademais, que, uma vez fixadas as regras de direito pela Corte Suprema, ou, ainda, por tribunais regionais, passavam a exercer elas inequívoca influência sobre as decisões futuras em casos análogos. Com efeito, *"lês arrêts antérieurs sont consideres comme des 'précédents', au sens anglais de cette expression"*.[79]

5.3. Alemanha

Com a transformação do Tribunal da Câmara Imperial no *Bundesgerichthof – BGH* (Supremo Tribunal Federal), a unidade da interpretação e aplicação do direito alemão veio assegurada pelos julgamentos dessa corte, postada no mais elevado grau da organização judiciária da Alemanha.

Nunca foi da tradição da experiência jurídica alemã a existência de precedentes judiciais com eficácia vinculante. No entanto, em certas circunstâncias previstas em lei, o juiz de tribunal que pretendesse divergir de orientação jurisprudencial dominante, tinha (e continua tendo) o dever funcional de submeter a *quaestio iuris* à apreciação de um órgão superior no âmbito do mesmo tribunal.

Ponderava-se, outrossim, que, mesmo inexistindo força obrigatória, os precedentes das cortes superiores, após a consolidação do império alemão, adquiriam cada vez mais prestígio para nortear julgamentos futuros de casos semelhantes.[80]

Wieacker escreve, a propósito, que a evolução do direito privado da Alemanha, a partir do início do século XX, documenta o papel fundamental da jurisprudência

78 *Cours de droit civil positif français*, 1, 12ª ed., Paris, Sirey, 1932, p. 71.

79 Arminjon, Nolde e Wolff, *Traité de droit comparé*, t. 1, cit., p. 200.

80 Cf., a propósito, Albrecht Zeuner, *La sentenza in germania*, tr. it. C. Dalbosco, La sentenza in Europa – metodo, tecnica e stile (obra coletiva), cit., p. 583.

dos tribunais superiores, que encontrou novas soluções para problemas também inusitados, de sorte que o direito civil de fato vigente – sobretudo a teoria geral e o direito das obrigações -, mesmo antes da II Grande Guerra, não mais podia ser inferido do texto do Código Civil.

Assim, nos quadrantes da parte geral, Wieacker enumera as seguintes modificações introduzidas pela força dos precedentes jurispudenciais:

a) reconhecimento geral dos direitos da personalidade, segundo interpretação do § 12 (direito ao nome) do *BGB* e § 22 (direito à própria imagem) da lei de direitos autorais;

b) reformulação do direito de associação privada e do direito das sociedades de capitais;

c) compatibilização das teorias da declaração de vontade e da conclusão negocial, através da interpretação da boa-fé objetiva;

d) utilização das cláusulas gerais da parte geral do *BGB* (§§ 138, I e II), «originariamente destinadas apenas à preservação da moral geral e da lealdade das regras de jogo, para a transformção da moral econômica liberal numa outra adequada às idéias do estado social».[81]

Igualmente, no que se refere ao direito das obrigações, foram as seguintes as mais importantes alterações provocadas pela iteração dos precedentes judiciais:

a) reconhecimento de deveres acessórios derivados da relação obrigacional e, inclusive, de deveres pré-contratuais (*culpa in contrahendo*);

b) ampliação do conceito de violação dos deveres contratuais, como, *v. g.*, cumprimento defeituoso que também gera obrigação à indenização dos prejuízos e habilita a outra parte à denúncia do contrato.[82]

Apesar de não haver convergência na doutrina alemã quanto à consideração dos precedentes judiciais como fonte de direito[83], a literatura especializada mais recente, ainda sob a perspectiva histórica, seguindo o ensinamento de Wieacker, também não desconsiderou a inequívoca contribuição pretoriana, erigida ao lon-

---

81 Wieacker, *Storia del diritto privato moderno*, cit., pp. 245-246 (= *História do direito privado moderno*, cit., pp. 595-596).

82 Wieacker, *Storia del diritto privato moderno*, cit., pp. 249-250 (= *História do direito privado moderno*, cit., pp. 597-598), que, ainda, aponta muitas outras modificações atinentes a diversificados ramos do direito civil alemão.

83 V., entre outros, negando a eficácia de fonte à jurisprudência, Enneccerus e Nipperdey, *Derecho civil (parte general)*, tr. esp. da 39ª ed. alemã, v. 1, 2ª ed., dir. por José Puig Brutau, Barcelona, Bosch, 1953, p. 164: "La jurisprudencia en cuanto tal no está legalmente consagrada como fuente de derecho" (no original: "*die Rechtsprechung als Quelle ist keine Rechtsquelle*").

go do tempo, para a evolução de determinados institutos que não encontravam proteção nos textos legais originários do Código Civil alemão, como, por exemplo, a responsabilidade por *culpa in contrahendo*, a limitação da responsabilidade patrimonial dos sócios, o reconhecimento dos direitos da personalidade e também a correspectiva indenização decorrente de grave lesão destes. Hipóteses, todas estas, nas quais, na ausência de regras específicas, a jurisprudência, por via de interpretação, acabou criando um "trend" uniforme.[84]

5.4. Portugal

Na experiência jurídica portuguesa das primeiras décadas do século XX, José Alberto dos Reis também se debruçou no estudo relacionado com os precedentes judiciais, esclarecendo que o princípio da liberdade de interpretação e aplicação do direito poderia conduzir a resultados indesejáveis... À mesma norma jurídica poderão ser atribuídos sentidos diferentes, de sorte que casos particulares, perfeitamente idênticos, virão a ter diferente tratamento jurídico. E assim o princípio da igualdade dos cidadãos perante a lei torna-se uma ficção e um mito.[85]

Escrevia, ainda, que a inconstância da jurisprudência era um mal grave, porque, a rigor, redundava na incerteza do direito.

Desse modo, perante um conflito de jurisprudência, gerado por soluções antagônicas à mesma questão de direito pelo Supremo Tribunal de Justiça, o litigante vencido, antes da decisão transitar em julgado, tinha a faculdade de interpor recurso, fundado no conflito de acórdãos. Este recurso era da competência do tribunal pleno, e a jurisprudência que no respectivo julgamento ficasse assentada ficava revestida, para o futuro, de força obrigatória tanto para os tribunais inferiores, como para o próprio Supremo, enquanto não fosse modificada por outra, igualmente emitida pelo próprio ribunal.[86]

E, com efeito – concluía Alberto dos Reis -, jurisprudência uniforme não quer significar jurisprudência imutável. Os precedentes, em forma de *assentos*, investidos de força obrigatória, admitem perfeitamente revisão e alteração, quando ficasse reconhecido que deixaram de corresponder às necessidades e interesses da ordem jurídica.[87]

84 Cf. Larenz, *Metodologia da ciência do direito*, cit., p. 616; Guido Alpa, *I principi generali*, Trattato di diritto privato, dir. Giovanni Iudica e Paolo Zatti, Milano, Giuffrè, 1993, p. 97.

85 *Código de Processo Civil anotado*, v. 6, Coimbra, Coimbra Ed., 1953, pp. 233-234.

86 Cf. Alberto dos Reis, *Código de Processo Civil anotado*, cit., pp. 237-238.

87 *A função do Supremo Tribunal de Justiça segundo o Código de Processo Civil português*, Studi in onore di Enrico Redenti nel XL anno del suo insegnamento, v. 1, Milano, Giuffrè, 1951, p. 402.

Acerca do sistema que viria a ser adotado pela legislação processual portuguesa, criticava Fernando Martins de Carvalho[88] que os acórdãos do tribunal pleno, nos termos do art. 1.176 do Projeto do Código de Processo Civil, do início da década de 30, não dispunham de força de lei e não propiciavam a interpretação autêntica. A diferença "entre estes acórdãos e os velhos assentos, é portanto, capital; confundi-los é desconhecer de todo em todo o papel da Casa da Suplicação".

E, mais adiante, explicava: "Ao passo que os assentos da Casa da Suplicação tinham força legislativa, os acórdãos do Tribunal Supremo são somente obrigatórios para os tribunais, constituem o que podemos chamar *jurisprudência qualificada* que aliás o Supremo Tribunal pode em certas condições alterar". Não seriam obrigatórios senão para os tribunais, e somente de certo modo e dentro de certos limites.

Aduzia Martins de Carvalho que "este carácter de *jurisprudência qualificada* têm-no, porém, de alguma maneira também os outros acórdãos do Supremo Tribunal de Justiça, pois a oposição, que se lhes faça em novo acórdão, dá lugar ao recurso especial, que o citado artigo 1.176 regula. O Supremo Tribunal obedece aos acórdãos do Tribunal pleno, enquanto não resolva alterá-los. Os outros tribunais devem também obedecer-lhes mas, quando não o façam, bem podem as decisões ser-lhes confirmadas pelo Supremo, se êste resolver alterar a jurisprudência estabelecida pelo tribunal pleno. Teoricamente, pode este tribunal alterar constantemente as suas decisões. E, se é tão frágil a obrigatoriedade a respeito das decisões do tribunal pleno, ainda no campo restrito dos tribunais, fora dêstes não são de modo nenhum obrigatórios".[89]

A despeito da contundente crítica, o regime idealizado por Alberto dos Reis, do precedente vertical *obrigatório* iria perdurar, no direito português, por quase um século.

6. Eficácia do precedente judicial no direito brasileiro anterior

Foi a partir do Regulamento 737, de 1850, que o Brasil passou a ter leis próprias em matéria de organização judiciária e de processo civil, embora não houvesse qualquer texto legal que tivesse disposto sobre o valor dos precedentes judiciais para suprir eventuais lacunas da lei e, muito menos, para prevenir divergência em casos semelhantes.

Como não podiamos contar com um acervo jurisprudencial próprio, os *assentos* pré-existentes, em Portugal e no Brasil, foram todos implantados no ordena-

88 .*Algumas tendências dos nossos tribunais – os chamados "assentos" do Supremo*, O Direito, 68(1936):3 ss.

89 Carvalho, *Algumas tendências dos nossos tribunais – os chamados "assentos" do Supremo*, cit., p. 5.

mento jurídico pátrio, com força de lei, pelo Decreto 2.684, de 23 de outubro de 1875.[90]

O referido diploma, além de procurar trazer segurança jurídica para a nossa sociedade, reiterava ainda a tradição, que havia autorizado a antiga Casa da Suplicação do Brasil emitir *assentos*. Dispunha com efeito, o seu art. 2º que: "Ao Supremo Tribunal de Justiça compete tomar assentos para a inteligência das leis civis, comerciais e criminais, quando na execução delas ocorrerem dúvidas manifestadas por julgamentos divergentes havidos no mesmo Tribunal, Relações e Juízos de primeira instância nas causas que cabem na sua alçada. § 1º – Estes assentos serão tomados, sendo consultadas previamente as Relações. § 2º – Os assentos serão registrados em livro próprio, remetidos ao Governo Imperial e a cada uma das Câmaras Legislativas, numerados e incorporados à coleção das leis de cada ano; e serão obrigatórios provisoriamente até que sejam derrogados pelo Poder Legislativo. § 3º – Os assentos serão tomados por dois terços do número total dos Ministros do Supremo Tribunal de Justiça e não poderão mais ser revogados por esse Tribunal".

Tal regime de *assentos* revestidos de eficácia vinculante perduraria até o advento da República, momento em que "se arrebentou este funcionamento autoritário da elaboração da lei, com o que, certamente, ganhou a evolução social".[91] Introduziu-se, por outro lado, o *recurso extraordinário*, inspirado no modelo do *writ of error* norte-americano, com a precípua finalidade de preservar a autoridade e a uniformidade na aplicação da Constituição e das leis federais, pelo seu guardião, o Supremo Tribunal Federal.

A doutrina coetânea mais abalizada, a seu turno, tinha consciência da relevância dos precedentes judiciais como subsídio útil à interpretação da legislação.

Antonio Joaquim Ribas, em seu prestigiado *Curso de direito civil brasileiro*, ensinava, a propósito, que a autoridade moral das sentenças dos tribunais superiores em relação aos inferiores era uma lógica conseqüência da estrutura hierárquica do sistema judiciário. Foi a própria lei que permitiu àqueles tribunais reformarem as decisões destes e, portanto, que prevaleçam as suas teses. Desse modo, os órgãos inferiores, em regra, adotam as opiniões de seus superiores, evitando, pois, estéril luta em prejuízo das partes, "salvo quando poderosas razões gerarem opostas convicções".[92]

---

90 Consulte-se, a respeito, Álvaro Villaça Azevedo, *Os assentos no direito processual civil*, Justitia – Órgão do Ministério Público de São Paulo, 74(1971):121-122.

91 Cf. Pontes de Miranda, *Fontes e evolução do direito civil brasileiro*, Rio de Janeiro, Forense, 1928, p. 94.

92 *Curso de direito civil brasileiro*, 1, 4ª ed., Rio de Janeiro, Jacintho Ribeiro dos Santos, 1915, p. 106, invocando lição de Savigny. Anota Irineu Strenger que, "analisando e criticando a cada passo de sua obra o pensamento de Savigny, Antonio Joaquim Ribas evidencia quando se infiltraram na

Registre-se, por outro lado, que o Projeto da Lei de Introdução do Código Civil sofrera forte influência do *Code Civil* francês, ao prever, no art. 11, que: "O juiz não pode recusar-se a decidir as causas submetidas ao seu conhecimento sob o pretexto de silêncio, obscuridade ou dubiedade da lei".

Ademais, dispunha o subseqüente art. 13 do Projeto que: "Nos casos omissos aplicam-se as disposições reguladoras dos casos análogos e, na falta destas, os princípios que se deduzem do espírito da lei".

Na discussão do texto projetado, Amphilophio Botelho Freire de Carvalho, membro da comissão revisora que havia sido nomeada, em 1900, pelo então Ministro da Justiça, Epitacio da Silva Pessoa, sugeriu que a expressão "espírito da lei" fosse substituída por "princípios gerais do direito", que acabou vingando.[93]

Comentando a Lei de Introdução, aprovada, em sua versão original, pela Lei nº 3.071, de 1916, Clóvis Bevilaqua esclareceu que a divisão orgânica dos poderes estatais, desenhada pela Constituição Federal, não permitia que se outorgasse ao juiz, em caso de omissão do ordenamento jurídico, qualquer atribuição de revelador do direito latente.[94]

Todavia, ao referir-se à doutrina de Kohler, para quem a jurisprudência dos tribunais (*Gerichtsgebrauch*) constituia a fonte principal do costume, entendemos que Clóvis Bevilaqua se deixara seduzir pela doutrina de François Geny.

Com efeito, ao tratar das fontes subsidiárias do direito, escreveu Clóvis que a praxe judiciária tinha como ponto de partida uma sentença, "que teve a ventura de provocar imitações. Para proferir o seu julgamento, o magistrado, diante de uma lei

Faculdade de Direito de São Paulo as teorias da Escola Histórica, devendo-se-lhe prestar as honras de pioneiro ao lado do Conselheiro Crispiniano não só pela divulgação daquelas idéias, como, e principalmente, pela assimilação de alguns importantes princípios que soube glosar com rara inteligência. Ao discutir o problema da codificação, fez penetrante e arguta apreciação das mais modernas teorias de seu tempo, inclusive, contrariando a posição savignista, admitiu que a codificação da legislação civil no Brasil era um imperativo técnico, histórico e social, defendendo a tese favorável à codificação mesmo em circunstâncias adversas, entre as quais, considerou 'os períodos de elaboração das nacionalidades' que podem retardar o livre e natural desenvolvimento do Direito. Salientou, igualmente, ser demonstração da história que sempre que nas supremas regiões do poder reside um pensamento criador, sente ele a necessidade de fundar sólida e duradouramente o estado de coisas para que poderosamente contribuiu e a que liga o seu nome e glória, concluindo: 'O meio é a decretação de códigos'" (Irineu Strenger, *Da dogmática jurídica – contribuição do Conselheiro Ribas à dogmática do direito civil brasileiro*, 2ª ed., São Paulo, LTr, 2000, p. 134).

93 *Código Civil brasileiro*, trabalhos relativos à sua elaboração, v. 1, Rio de Janeiro, Imprensa Nacional, 1917, p. 321.

94 *Código Civil dos Estados Unidos do Brasil commentado*, v. 1, 8ª ed. at. Achilles Bevilaqua, São Paulo, Francisco Alves, 1949, p. 117.

deficiente, ou de um preceito legal, que o desenvolvimento da cultura tornou antiquado, absurdo ou injusto, procurou, no acervo de idéias e sentimentos que a educação e o comércio da vida depositaram no seu espírito, os elementos para formular a regra jurídica exigida pelo caso sujeito à sua apreciação. Umas vezes ser-lhe-ão auxílio bastante os preceitos da hermenêutica; outras vezes terá de remontar aos princípios gerais do direito, e até ao patrimônio mental e emocional dominante no momento histórico e no grupo social, a que pertence. Proferida a sentença, calou no ânimo dos interessados, provocou aplausos dos contemporâneos, porque correspondia à idéia e ao sentimento de justiça das pessoas esclarecidas ou também do povo, e, *assim lançou o germe de um direito novo, que se afirmará pela reprodução de outras sentenças, que seguirão a trilha aberta por força da imitação e por preguiça mental, mas, principalmente, porque sentirão os juízes, que as proferirem, ser a decisão, que firmou precedente, a expressão do direito latente, funcionando como órgão legislativo o juiz, que o revelou.* Assim se estabelece o costume, e a regularidade com que é observado mostra que, como a lei, ele é a manifestação da mesma força, que organiza a sociedade e a dirige aos seus destinos".[95]

Com a instalação do Supremo Tribunal Federal, em 1891, seguiu-se o modelo vigente nos Estados Unidos da América, pelo qual, dentre outras hipóteses, cabia recurso extraordinário contra acórdãos de tribunais estaduais, quando ocorresse divergência de interpretação de lei federal. A finalidade era exatamente a de exercer o controle nomofilácico sobre a distribuição de justiça pelos órgãos jurisdicionais inferiores.

Não obstante, na tentativa de uniformizar a interpretação e a aplicação do direito pátrio, o Decreto 16.273, de 20 de dezembro de 1923, criara o mecanismo do *prejulgado*, restrito à Corte de Apelação do então Distrito Federal, pelo qual a decisão sobre uma *quaestio iuris* controvertida, no âmbito de órgãos fracionários do tribunal, era submetida à apreciação de todos os integrantes daquele, reunidos em plenário.

Tal prática logo foi extinta na Reforma Judiciária ocorrida em 1926, não obstante restabelecida, em seguida, pelo art. 7º do Decreto 19.408, de 18 de novembro de 1930.

Em plena época da dualidade processual, o Código de Processo Civil e Comercial do Estado de São Paulo também acolheu o *prejulgado*, no art. 1.126, com o mesmo escopo de evitar interpretação divergente.

Caso a matéria do recurso suscitasse divergência no órgão colegiado, poderia ser levada para julgamento "em sessão conjunta".[96]

---

95 Cf. Clóvis Bevilaqua, *Theoria geral do direito civil*, 2ª ed., São Paulo, Francisco Alves, 1929, pp. 32-33.

96 Antonio Luiz da Camara Leal, *Código do Processo Civil e Commercial do Estado de São Paulo commentado*, v. 5, São Paulo, Academica, 1933, p. 528.

Mais tarde, em 25 de novembo de 1936, a Lei 319, adotou igualmente essa técnica processual para vigorar em todo o território do país, visando a obviar os males da contradição entre julgados no âmbito de todas as cortes de justiça brasileiras.

Além de aperfeiçoar o respectivo procedimento, porque permitiu a provocação do *prejulgado* a qualquer juiz integrante da turma julgadora, o citado diploma legal apresentava redação bem mais precisa do que a dos textos legais anteriores. O respectivo art. 2º tinha a seguinte redação: "A requerimento de qualquer de seus juízes, a câmara ou turma julgadora, poderá promover o pronunciamento prévio da Corte Plena sobre matéria, de que dependa decisão de algum feito, ou envolvida nessa decisão, desde que reconheça que sobre ela ocorre, ou pode ocorrer, divergência de decisões, ou de jurisprudência, entre camâras ou turmas".

Observando-se as regras específicas dos Regimentos Internos dos tribunais, o acórdão proferido pelo pleno sobre a questão de direito suscitada pela câmara ou turma, consubstanciava-se no *prejulgado* e deveria então ser inserido no *Livro dos Prejulgados*, "o que empresta certa ordem e facilita a procura de decisões de tal significação na vida jurídica das Justiças locais".[97]

É interessante notar que o art. 103, § 1º, do velho Decreto 16.273, determinava que o *prejulgado* era obrigatório para o caso concreto, "e norma aconselhável para os casos futuros, salvo relevantes motivos de direito, que justifiquem renovar-se idêntico procedimento de instalação das câmaras reunidas".

Já o art. 7º do Decreto 19.408, dispunha que o *prejulgado* destinava-se a "uniformizar a jurisprudência das câmaras".

Frisava-se então que o prestígio e o grau de persuasão do julgamento uniformizador, para a solução de litígios análogos no futuro, eram de ordem eminentemente ética.[98]

No entanto, parece-nos que sob a égide da Lei 319, o *prejulgado* possuía eficácia vinculante *intra muros*, e, portanto, *horizontal*, porque, a teor do art. 1º, letra *b*, se porventura uma das turmas contrariasse a regra jurídica antes fixada pelo tribunal pleno, era cabível, contra o acórdão, recurso de revista.

Revestido de força vinculante também era o *prejulgado* que fora instituído pelo art. 902 da Consolidação das Leis do Trabalho, cujo § 1º dispunha que: "Uma vez estabelecido o prejulgado, os Tribunais Regionais do Trabalho, as Juntas de Conciliação e Julgamento e os Juízes de Direito investidos na jurisdição da Justiça do Trabalho ficarão obrigados a respeitá-lo".

---

97 Pontes de Miranda, *Embargos, prejulgado e revista no direito processual brasileiro*, 2ª. tir., Rio de Janeiro, Coelho Branco, 1937, p. 190.

98 Cf. Pontes de Miranda, *Embargos, prejulgado e revista no direito processual brasileiro*, cit., p. 191.

O *prejulgado* trabalhista resultava de decisão *in abstracto* sobre matéria polêmica, fixando a respectiva regra a ser observada, em casos futuros, por todos os graus de jurisdição subordinados ao Tribunal Superior do Trabalho.[99]

O Decreto-lei 229 reafirmou, no art. 5º, a eficácia do *prejulgado* na Justiça do Trabalho, ao estabelecer que o presidente da Turma, no Tribunal Superior do Trabalho, negaria seguimento ao recurso de embargos para o tribunal pleno quando a decisão embargada estivesse fundamentada em *prejulgado* ou jurisprudência uniforme, aplicando-se a mesma regra do recurso de revista.

Ressalve-se que em inúmeras ocasiões foi argüida a inconstitucionalidade do referido art. 902 da Consolidação das Leis do Trabalho. A Lei 7.033, de 5 de outubro de 1982, revogou o *prejulgado trabalhista*.

O Código Eleitoral (Lei 4.737, de 15-07-1965) também admitia o *prejulgado*, emprestando-lhe o sentido próprio de precedente judicial. Dispunha, com efeito, o art. 263: "No julgamento de um mesmo pleito eleitoral, as decisões anteriores sobre questões de direito constituem prejulgados para os demais casos, salvo se contra a tese votarem dois terços dos membros do Tribunal".[100]

Seja como for, é certo que a tradição histórica do direito brasileiro repele o sistema dos precedentes vinculantes, não podendo, o Poder Judiciário, salvo expressa autorização constitucional, estabelecer regras genéricas e abstratas, aplicáveis a casos futuros. A fixação *prévia* da tese jurídica "normalmente só predetermina a decisão que se profira *in specie*, mas revela-se impotente para evitar que, noutro caso, a idênticos esquemas de fato se venha a aplicar tese diversa".[101]

Escrevendo no final do século XIX sobre a interpretação das leis, Paula Baptista realçava o uso regular que acaba formando jurisprudência. Este uso, de ordinário, irrompe de uma interpretação doutrinal, que depois é acolhida em uma série de julgados, proferidos em situações semelhantes, sempre constantes e invariáveis por longo espaço de tempo.[102]

Joaquim Ignácio Ramalho, o Barão de Ramalho, invocava a tradição da história para afirmar que os juízes estavam obrigados a julgar de conformidade com

---

99 O § 2º do art. 902 previa expressamente a possibilidade de revogação pelo mesmo TST do *prejulgado*, quando firmada nova interpretação.

100 V. Roberto Rosas, *Do assento e do prejulgado à súmula do S.T.F.*, Revista dos Tribunais, 404(1969):20.

101 Barbosa Moreira, *Comentários ao Código de Processo Civil*, v. 5, 10ª ed., Rio de Janeiro, Forense, 2002, p. 6.

102 *Compêndio de hermenêutica jurídica*, Clássicos do direito brasileiro, São Paulo, Saraiva, 1984, p. 52.

as leis pátrias e, na ausência delas diante de um caso concreto, deveriam procurar subsídios nas "leis imperiais", nas das nações modernas civilizadas, e, ainda, nos precedentes judiciais.[103]

Em obra que marcou época na literatura jurídica brasileira, outorgava-se, em um primeiro momento, pouca importância à jurisprudência como subsídio isolado de hermenêutica, porque, além do perfil conservador da magistratura, não raro, nos tribunais, "os sentimentos prevalecem contra a razão; deixam-se levar os juízes pelas considerações morais, sociais, políticas ou religiosas, que avassalam a opinião pública, na época e no país em que eles se acham. Na verdade, a experiência forense diuturna gera a convicação de que seria deplorável insânia pretender alguém entesourar ciência jurídica apenas compulsando coleções de arestos: a jurisprudência é a Torrente de Cedron dos erros em assuntos de Direito".[104]

Todavia, inserida a jurisprudência em um contetxo exegético mais amplo, certamente que indicava ela soluções adequadas às necessidades sociais e evitava que uma questão jurídica polêmica ficasse eternamente aberta e desse margem a novas demandas: portanto diminuia os litígios, reduzia ao mínimo os inconvenientes da incerteza do direito, porque de antemão fazia saber qual o resultado das controvérsias.

É de acrescentar-se, ainda, que um único precedente não poderia ser considerado jurisprudência, porque "é mister que se repita, e sem variações de fundo. O precedente, para constituir jurisprudência, deve ser *uniforme* e *constante*. Quando esta satisfaz os dois requisitos granjeia sólido prestígio, impõe-se como revelação presuntiva do sentir geral, da consciência jurídica de um povo em determinada época".[105]

Restabelecida a hegemonia da União para legislar, com exclusividade, em matéria processual, o Código de Processo Civil de 1939 conservou, no art. 861, o instituto do *prejulgado*, com o mesmo escopo de uniformizar a jurisprudência dos tribunais pátrios.

---

103 *Cinco lições de hermenêutica jurídica*, Clássicos do direito brasileiro, São Paulo, Saraiva, 1984, p. 103.

104 Cf. Carlos Maximiliano, *Hermenêutica e aplicação do direito*, 6ª ed., Rio de Janeiro, Freitas Bastos, 1957, p. 230.

105 Carlos Maximiliano, *Hermenêutica e aplicação do direito*, cit., p. 232, ponderando, ademais, que: "sem estudo sério, motivos ponderosos e bem examinados, não deve um tribunal superior mudar a orientação dos seus julgados; porque da versatilidade a tal respeito decorre grande abalo para toda a vida jurídica da circunscrição em que ele exerce autoridade. É preciso que os interesses privados possam contar com a estabilidade..." (p. 234).

Aquele diploma processual, no entanto, não previu a possibilidade de interposição do recurso de revista contra a decisão de turma que porventura contrariasse decisão do tribunal pleno. E isso demonstra que o *prejulgado* sob a égide do Código de 39 não era dotado de efeito vinculante.[106]

A Emenda Constitucional de 28 de agosto de 1963 abriu a possibilidade para que o Regimento Interno do Supremo Tribunal Federal instituísse as denominadas *súmulas da jurisprudência predominante*, como resultado do julgamento da maioria absoluta dos membros que integram a corte, cuja tese jurídica é condensada em enunciado que então se transforma em precedente de uniformização da jurisprudência.

As primeiras 370 *súmulas* do Supremo Tribunal Federal, aprovadas na sessão plenária de 13 de dezembro de 1964, passaram a ter eficácia no subsequente ano judiciário.

Essas *súmulas*, que também passaram a ser editadas por outros tribunais, não ostentam eficácia de precedente judicial vinculante, mas tão-somente relevante influência persuasiva.

Como bem ressaltado por Victor Nunes Leal, a metodologia que o Supremo atribuiu ao sistema de *súmulas*, visando a documentar e a simplificar os seus julgamentos, refletia uma orientação equilibrada, sem qualquer excesso. Esse ideal de um meio-termo, atinente à estabilidade da jurisprudência, ficou realmente entre a dureza implacável dos antigos *assentos* da Casa da Suplicação, "para a inteligência geral e perpétua da lei" e a virtual inoperância dos *prejulgados*. Constitui, assim, a *súmula* um instrumento flexível, destinado a simplificar o trabalho da justiça em todos os graus hierárquicos, evitando-se a petrificação, porque a disciplina da *súmula* regula também o procedimento pelo qual pode ser modificada. Apenas exige, para ser alterada, mais aprofundado esforço dos advogados e dos juízes, uma vez que deverão eles aduzir novos argumentos ou aspectos inexplorados nos velhos debates, ou mesmo realçar evolução da própria realidade social e econômica. Com esta precaução, a *súmula* fulmina a *loteria judiciária* das maiorias ocasionais pela perseverança esclarecida dos autênticos e competentes operadores do direito.[107]

No Anteprojeto de Lei Geral de Aplicação das Normas Jurídicas, elaborado em 1964 por Haroldo Valladão, foi contemplada a *Resolução Unificadora da Jurisprudência do Supremo Tribunal Federal*, que seria tomada quando houvesse três acórdãos, por maioria absoluta, com caráter obrigatório, "que os tribunais e juízes deverão observar, enquanto não modificada segundo o mesmo processo ou disposição constitucional ou legal superveniente".

---

106 V., a respeito, J. M. de Carvalho Santos, *Código de Processo Civil interpretado*, v. 9, São Paulo, Freitas Bastos, 1947, p. 419.

107 Cf. Victor Nunes Leal, *Passado e futuro da súmula do S.T.F.*, Ajuris, 25(1982):55-56.

Vinha, assim, proposta a *súmula* ou *prejulgado* com caráter vinculante, embora Valladão ressalvasse que essa eficácia não poderia ser instituída sem expressa previsão constitucional ou legal.[108]

Ressalte-se, por fim, que o Anteprojeto do Código de Processo Civil de 1973 disciplinava, nos arts. 516 a 520, um procedimento de *uniformização de jurisprudência*, perante o Supremo Tribunal Federal, que se encerrava com a edição de *assento*, "com força de lei em todo o território nacional" (art. 518).

O art. 520 do Anteprojeto atribuia ainda aos tribunais estaduais, nos limites das respectivas Constituições e leis estaduais, a mesma faculdade, sendo expresso o seu parágrafo único, mandando aplicar "quanto ao pronunciamento, à decisão e à publicidade do assento, as disposições dos artigos antecedentes", em nada diferenciando-se, destarte, o modo de interpretar as leis federais e estaduais.[109]

É de ser relembrado que durante o desenrolar do processo legislativo esta orientação foi integralmente modificada, não tendo sido contemplada na versão definitiva do Código Buzaid, visto que o instituto regrado nos arts. 476 a 479 tem por escopo precípuo o de produzir precedente de uniformização da interpretação e aplicação do direito, embora despido de eficácia vinculante *inter alios*.

Quanto à divulgação da jurisprudência, o art. 128, § 1º, do primeiro Regimento Interno do Supremo Tribunal Federal, de 1891, já previa a publicação de seus arestos no Diário Oficial.

Além disso, o periódico intitulado *Direito* foi responsável pela conservação dos precedentes judiciais no trânsito do século XIX e início do século XX.

Com a publicação da *Revista do Supremo Tribunal Federal*, durante a década de 20, viu-se enriquecido tal importante subsídio. Não obstante, "essa revista, de edição privada, tornou-se um escândalo, porque a editora foi acusada de receber benefícios fiscais para importação de todo o material (papel, tintas de impressão etc.), e desviar essa finalidade em projetos próprios da editora. Morreu. Surgiu, em 1957, a *Revista Trimestral de Jurisprudência*, editada até hoje pelo próprio Supremo Tribunal Federal. Ao lado, de grande importância e de notáveis contribuições, a *Revista Forense* (desde 1904) e a *Revista dos Tribunais* (desde 1912)".[110]

---

108 *Súmula da jurisprudência do Supremo Tribunal Federal – I*, Enciclopédia Saraiva do Direito, 71, 1982; *A reforma do Poder Judiciário*, Revista da OAB, Rio de Janeiro, 15(1975):17. V., ainda, José de Moura Rocha, *Súmula – II*, Enciclopédia Saraiva do Direito, 71(1982):320.

109 Álvaro Villaça Azevedo, *Os assentos no direito processual civil*, cit., p. 131.

110 Roberto Rosas, *Direito sumular*, 11ª ed., São Paulo, Malheiros, 2002, p. 8.

VIII

LEGADO DA HISTÓRIA AO DIREITO CONTEMPORÂNEO

1. Generalidades

Reafirmando o crescente protagonismo dos tribunais superiores na sociedade brasileira contemporânea e a consequente importância de seus respectivos pronunciamentos judiciais, o vigente Código de Processo Civil brasileiro, de 2015, procura valorizar a jurisprudência, embora sem critério científico algum, nesse original capítulo introdutório do Título I do Livro III, que disciplina a ordem dos processos nos tribunais, nos arts. 916 a 918.

Saliente-se que a redação destes novos dispositivos legais foi alterada na fase de conclusão do processo legislativo, sendo que, sob o ponto de vista técnico, a despeito das evidentes imprecisões de ordem dogmática, é muito superior à esdrúxula e absurda redação do art. 520, constante da proposta da Câmara dos Deputados, que, sob a rubrica *Do precedente judicial*, continha notória confusão, evidenciando completo desconhecimento do significado técnico de jurisprudência, precedente judicial e súmula.

Vale observar, de início, que tais regras destacam, com clareza, a louvável preocupação do legislador com o aspecto pedagógico no trato da matéria, sobretudo no que respeita à função institucional que é atribuída aos tribunais, visando à uniformização da interpretação e aplicação do ordenamento jurídico.

2. Função e relevância dos pronunciamentos decisórios dos tribunais

Nos horizontes do direito brasileiro, não há dúvida de que, ao longo da história, a atividade judicial sempre desempenhou importantíssimo papel, tanto no exercício da prática forense, quanto no próprio aperfeiçoamento dogmático de inúmeros institutos jurídicos.

Nenhum operador do direito, de época contemporânea, pode negar a utilidade e eficiência dos pronunciamentos judiciais acerca das várias teses que deve sustentar na defesa de um caso ou para fundamentar uma decisão; qualquer acadêmico sabe a importância do conhecimento da jurisprudência como um dos mais poderosos instrumentos de persuasão.

É simplesmente indispensável, para o exercício profissional, a consulta em repertórios de julgados e em coletâneas de jurisprudência, selecionados por matérias tópicas e/ou anotadas; estas, aliás, com sucessivas edições atualizadas.

Os próprios tribunais de um modo geral, zelosos em difundir os seus respectivos precedentes, disseminam-nos pela rede mundial de computadores, e até mesmo interagem e "dialogam", *on line*, com os usuários, chegando a "responder consultas" pontuais sobre determinada questão.

Diante da desmedida pletora de recursos que pendem de julgamento em nossas cortes de justiça, a experiência tem demonstrado que os acórdãos, via de regra, são fundamentados na jurisprudência e nos precedentes, em particular, dos tribunais superiores, fator esse que aumenta em muito a previsibilidade do resultado do processo.

Na verdade, a exigência de interpretação e aplicação, tanto quanto possível, homogênea do *ius positum* tem efetivamente ocupado a atenção do legislador pátrio, inclusive, por certo, como meio de minimizar o afluxo exagerado de demandas.

Ocorre que, com o passar do tempo, a mudança dos paradigmas sociais implica saudável evolução das teses jurídicas e, consequentemente, do posicionamento dos tribunais. Isso significa que os precedentes judiciais do passado, sobre inúmeras questões, vão sendo superados e substituídos por novas orientações que decorrem da inexorável dinâmica do direito.

Seja como for, é certo que tais alterações normalmente não são abruptas, até porque a uniformidade da jurisprudência garante a certeza e a previsibilidade do direito. Os cidadãos de um modo geral, informados por seus advogados, baseiam as suas opções não apenas nos textos legais vigentes, mas, também, na tendência dos precedentes dos tribunais, que proporcionam àqueles, na medida do possível, o conhecimento de seus respectivos direitos. Na verdade, a harmonia pretoriana integra o cálculo de natureza econômica, sendo a previsibilidade e a confiança que daquela decorrem pressuposto inafastável para o seguro desenvolvimento do tráfico jurídico-comercial: uma mudança abrupta e não suficientemente justificada da posição dos tribunais solapa a estabilidade dos negócios.

Ademais – o que não é menos importante -, como antes frisado, a jurisprudência consolidada garante a igualdade dos cidadãos perante a distribuição da justiça, porque situações análogas devem ser julgadas do mesmo modo, sobretudo no Brasil, em que há grande número de tribunais. O tratamento desigual é forte indício de injustiça em pelo menos um dos casos encerrados.

Em suma, ao preservar a estabilidade, orientando-se pelas decisões judiciais em situações sucessivas assemelhadas, os tribunais contribuem, a um só tempo, para a certeza do direito e para a proteção da confiança na escolha do caminho trilhado pela decisão judicial.

Em nosso país, na órbita da tutela jurisdicional, avulta, a respeito dessa relevante temática, a importância do Superior Tribunal de Justiça, como corte federal, cuja vocação precípua é a de uniformizar a interpretação e aplicação do direito nacional infraconstitucional. Sob a ótica constitucional, esta significativa missão é reservada ao Supremo Tribunal Federal.

E tal inequívoca função nomofilácica foi reiterada, em tom de exortação, pelo ministro Humberto Gomes de Barros, em conhecido voto proferido no Agravo Regimental no Recurso Especial 228.432-RS, julgado pela Corte Especial: "O Superior Tribunal de Justiça foi concebido para um escopo especial: orientar a aplicação da lei federal e unificar-lhe a interpretação, em todo o Brasil. Se assim ocorre, é necessário que sua jurisprudência seja observada, para se manter firme e coerente. Assim sempre ocorreu em relação ao Supremo Tribunal Federal, de quem o Superior Tribunal de Justiça é sucessor, nesse mister. Em verdade, o Poder Judiciário mantém sagrado compromisso com a justiça e a segurança. Se deixarmos que nossa jurisprudência varie ao sabor das convicções pessoais, estaremos prestando um desserviço a nossas instituições. Se nós – os integrantes da Corte – não observarmos as decisões que ajudamos a formar, estaremos dando sinal, para que os demais órgãos judiciários façam o mesmo. Estou certo de que, em acontecendo isso, perde sentido a existência de nossa Corte. Melhor será extingui-la" (j. un., 1º.2.2002, DJ 18.3.2002).

Todavia, a despeito dessa premissa notória, o exercício profissiobal revela que acerca de inúmeras questões importantes há flagrante e indesejada instabilidade nos precedentes dos tribunais superiores. E isso ocorre – o que é pior – num mesmo momento temporal e, em princípio, sem qualquer justificação plausível!

É indiscutível que o juiz não pode ser escravo do precedente judicial, em sentido amplo, porque certamente haveria aí uma abdicação da independência da persuasão racional, assegurada pelo art. 371 do diploma processual.

Contudo, se o tribunal resolver afastar a incidência de determinado precedente judicial cabe-lhe o ônus de apresentar argumentação contrária. Gino Gorla[1], em um de seus últimos ensaios, pondera, acerca desse verdadeiro dever, que seria até temerário permitir, sem uma justificação consistente, que um posicionamento jurisprudencial sedimentado deixasse de ser aplicado em hipótese similar.

A tutela do cidadão, que confiou no Judiciário, não pode jamais ser relegada a pretexto de poder discricionário (inexistente) da magistratura!

Decorre daí a lógica da regra do *caput* do art. 926, que exalta a função uniformizadora dos tribunais, em geral, e das cortes superiores, em particular.

E, para tanto, o § 1º do preceito legal sob análise, com todas as letras, estimula os tribunais a criarem súmulas, a partir de precedentes divergentes, com fundamento na "jurisprudência dominante" *interna corporis*[2], isto é, da própria corte. Tal técnica hermenêutica mostra-se essencial para atender à aspiração de estabilidade, integridade e coerência da atividade judicante nos quadrantes de um determinado tribunal. É, na verdade, o mínimo que os jurisdicionados esperam!

3. Jurisprudência, precedente judicial e súmula

É de observar-se que, sob o ponto de vista técnico, reina, na prática do direito, inequívoca imprecisão daquilo que se concebe por jurisprudência, precedente judicial e súmula (e suas respectivas classificações dogmáticas). Assim, entendemos que se torna necessário traçar os respectivos conceitos, para que os juízes possam orientar-se ao proferir as suas decisões e os advogados invocá-los e argumentar corretamente em seus arrazoados.

Nota-se, de logo, que os comentários sobre o Código de Processo Civil vigor, que até este momento vieram a lume, não se preocupara, com esta relevante distinção.

Dúvida não há de que a jurisprudência, os precedentes judiciais e as súmulas são pronunciamentos produzidos exclusivamente pelos tribunais colegiados[3].

---

1 *Precedente giudiziale*, Enciclopedia giuridica treccani, v. 23, 1990, pp. 11-12.

2 Em diversas ocasiões, criticando a infeliz expressão *jurisprudência dominante*, tivemos a oportunidade de questionar qual teria sido a verdadeira intenção do legislador, ao introduzir inúmeras reformas no texto do CPC/1973: *jurisprudência qualitativa ou quantitativamente dominante*?... O novo CPC, embora restringindo a poucos dispositivos, não perdeu o vício de utilizá-la.

3 As sentenças monocráticas, quando invocadas em casos análogos, constituem exemplos e importante subsídio, mas não são consideradas "jurisprudência" na acepção do termo.

3.1. Jurisprudência

Em sistemas jurídicos de *civil law*, como o nosso, nos quais predomina a legislação escrita, o termo jurisprudência – que é polissêmico – geralmente indica uma pluralidade de decisões relativas a vários casos concretos, atinente a um determinado assunto, mas não necessariamente sobre uma idêntica questão jurídica. Esse modo de lidar com a jurisprudência, cujo conhecimento hoje em dia é, via de regra, fornecido pela consulta rápida nos sítios eletrônicos dos próprios tribunais, revela, em algumas hipóteses, apenas a tendência do posicionamento pretoriano sobre a interpretação de determinado texto legal.

Invoca-se, por exemplo, a jurisprudência, aludindo-se, de um modo geral, a muitas decisões justapostas, causando sempre certa dificuldade para estabelecer qual tese é realmente relevante, ou mesmo para aferir qual ou quais julgados tratam especificamente da interpretação de um fundamento no qual lastreada a questão sob apreciação judicial.

Como bem observa Michele Taruffo, não é fácil desvendar, entre inúmeros arestos citados à guisa de jurisprudência, qual a posição realmente dominante.[4]

Na verdade, em nossa experiência jurídica, num cenário forense com mais de 50 tribunais de segundo grau, a respeito de muitas teses desvendam-se, não raro, num mesmo momento temporal, acórdãos contraditórios, evidenciando significativa ausência de uniformidade da jurisprudência e, como natural decorrência, consequente insegurança jurídica, que surpreende até os profissionais mais experientes. E esse grave inconveniente pode ser inclusive constatado, por paradoxal que possa parecer, num mesmo tribunal, revelando divergência de entendimento, *intra muros*, entre câmaras, turmas ou sessões.

Não obstante, afirma ainda Taruffo, que a jurisprudência pode desfrutar de acentuada eficácia persuasiva se ficar demonstrado que o julgamento sobre determinada *quaestio iuris*, reiterado em vários acórdãos, desponta uniforme e sedimentado.

3.2. Precedente judicial (em sentido estrito)

Saliente-se, por outro lado, que os órgãos judicantes, no exercício regular de pacificar os cidadãos, descortinam-se como celeiro inesgotável de atos decisórios. Assim, o núcleo de cada um destes pronunciamentos potencia, em princípio, um precedente judicial. O alcance eficacial deste somente pode ser inferido aos poucos,

---

4 *Precedente e giurisprudenza*, Rivista trimestrale di diritto e procedura civile, 2007, p. 714.

depois de decisões posteriores.[5] O precedente então nasce como uma regra de um caso concreto e, em seguida, terá ou não o destino de tornar-se o *leading* de uma série de casos análogos.

Bem é de ver que, pressupondo, sob o aspecto temporal, uma decisão já proferida, todo precedente judicial é composto por duas partes distintas: *a*) as circunstâncias de fato que embasam a controvérsia; e *b*) a tese ou o princípio jurídico assentado na motivação (*ratio decidendi*) do provimento decisório, que aspira certo grau de universalidade.

O precedente, sob essa perspectiva, sempre corresponde a um pronunciamento judicial emergente de um caso concreto. Não é possível conceber um julgado como precedente se a interpretação da norma por ele aplicada não estiver diretamente conectada à questão concreta que foi objeto de decisão.[6]

Quando se alude a precedente refere-se, geralmente, a um ato decisório relativo a uma situação particular, enquanto, como acima visto, a citação da jurisprudência encerra uma pluralidade de decisões concernentes a vários e diversos casos concretos, ainda que sobre um tema comum, mas abordado sob diversificados enfoques.

A diferença não é apenas semântica. O fato é que nos sistemas de *common law*, que se fundam tradicional e tipicamente na máxima do *stare decisis*, geralmente, a decisão que é considerada precedente é apenas uma[7]; ou, no máximo, poucas decisões sucessivas que vêm citadas para sustentar o precedente. Desse modo, é fácil identificar quais pronunciamentos realmente "geram precedente".

Diferentemente da citação da jurisprudência, na qual são extraídos trechos ou extratos mais ou menos sintéticos da motivação, o precedente somente é compreendido pela interpretação da controvérsia antes resolvida. É assim do cotejo – técnica do *distinguish* – da integralidade de pelo menos duas situações fáticas (a já julgada e a que está sob julgamento), que o juiz estabelece a relação de preceden-

---

5 Cf., nesse sentido, Chaïm Perelman e Lucie Olbrechts-Tyteca, *Tratado da argumentação. A nova retórica*, p. 404.

6 Cf., também, Taruffo, *Precedente e giurisprudenza*, Rivista trimestrale di diritto e procedura civile, p. 712. Esclareça-se, de logo, que a locução "precedente judicial", sob o ponto de vista técnico-processual, significa "a decisão individualizada de um caso concreto", da qual se extrai uma tese jurídica que constitui o cerne do respectivo provimento, ou seja, a denominada *ratio decidendi*, prestando-se a predeterminar ou apenas nortear futuros julgamentos sobre idêntica questão (cf., a respeito da ambigüidade e polissemia da expressão "precedente judicial", Pierluigi Chiassoni, *Il precedente giudiziale: tre esercizi di disincanto*, Analisi e diritto, pp. 77 ss.).

7 É por esta razão que os operadores do *common law* invocam na maioria das vezes um determinado caso para indicar um precedente, como, p. ex., *Golden State Transit Corp. v. Los Angeles, 493 U. S. 103, 107 [1989].*

te aplicável ou não incidente ao caso concreto. Ressalte-se, a propósito, segundo precisa observação de Thomas Bustamante, que o distanciamento do precedente não implica seu completo abandono – "ou seja, sua validade como norma universal não é infirmada" -, mas tão-somente a sua não aplicação em determinada hipótese concreta.[8]

Ademais, sob outra ótica – ainda segundo Taruffo -, não é simplesmente uma questão quantitativa: o precedente produz uma regra universal, que pode ser aplicada como critério de decisão num caso sucessivo em função da identidade ou da analogia entre os fatos do primeiro e os fatos do segundo caso. "Naturalmente, a analogia dos dois casos concretos não é dada *in re ipsa*... É, com efeito, o juiz do caso sucessivo que estabelece se existe ou não existe o precedente e, portanto, 'cria' o precedente. A estrutura fundamental do raciocínio que leva a aplicar o precedente ao caso sucessivo é fundada sobre a comparação dos fatos. Se esta análise justifica a incidência no segundo caso da *ratio decidendi* aplicada no primeiro, o precedente é eficaz e pode determinar a decisão do segundo caso. Note-se que, quando se descortinam estas condições, apenas um único precedente é suficiente para fundamentar a decisão do caso sucessivo".[9]

Sob o aspecto institucional, a situação típica de aplicação do precedente é aquela de eficácia vertical, decorrente da autoridade hierárquica do órgão que emitiu o precedente em relação ao órgão incumbido de decidir o litígio posterior.

Diante desta importante perspectiva, os tribunais superiores são atualmente concebidos, especialmente em países federados, como o Brasil, para exercer a importante função nomofilácica em prol da uniformização da interpretação e aplicação do direito, ou seja, de verdadeiras cortes de precedentes.[10]

3.3. *Súmula*

Ao enfrentarem questões polêmicas ou teses jurídicas divergentes, os tribunais também produzem máximas ou súmulas que se consubstanciam na enunciação, em algumas linhas ou numa frase, de uma "regra jurídica", de conteúdo preceptivo. Trata-se de verdadeira redução substancial do precedente. A aplicação da súmula não se funda sobre a analogia dos fatos, mas sobre a subsunção do caso sucessivo a uma regra geral de natureza pretoriana.[11]

---

8 Thomas da Rosa Bustamante, *Teoria do precedente judicial*, p. 471.

9 *Precedente e giurisprudenza*, Rivista trimestrale di diritto e procedura civile, p. 712.

10 V., nesse sentido, dentre outros, Luiz Guilherme Marinoni, *A ética dos precedentes*, p. 102.

11 Cf. Taruffo, *Precedente e giurisprudenza*, p. 713. V., na literatura pátria, Tiago Asfor Rocha Lima, *Precedentes judiciais civis no Brasil*, pp.197-198.

A construção de súmulas remonta a prática tradicional e consolidada do sistema judiciário luso-brasileiro. Não deriva da decisão de um caso concreto, mas de um enunciado interpretativo, extraído de reiterados julgamentos, formulado em termos gerais e abstratos. Por consequência, o *dictum* sumulado não faz referência aos fatos que estão na base da questão jurídica julgada e assim não pode ser considerado um precedente em sentido próprio, "mas apenas um pronunciamento judicial que traduz a eleição entre opções interpretativas referentes a normas gerais e abstratas. Sua evidente finalidade consiste na eliminação de incertezas e divergências no âmbito da jurisprudência, procurando assegurar uniformidade na interpretação e aplicação do direito".[12]

3.4. Súmula vinculante

A Emenda Constitucional nº 45, de 2004, a seu turno, voltou a instituir, no sistema jurídico brasileiro, de forma limitada, a denominada "súmula vinculante", ao adicionar no texto da Constituição Federal o art. 103-A, com a seguinte redação: "*O Supremo Tribunal Federal poderá, de ofício ou por provocação, mediante decisão de dois terços dos seus membros, após reiteradas decisões sobre matéria constitucional, aprovar súmula que, a partir de sua publicação na imprensa oficial, terá efeito vinculante em relação aos demais órgãos do Poder Judiciário e à administração pública direta e indireta, nas esferas federal, estadual e municipal, bem como proceder à sua revisão ou cancelamento, na forma estabelecida em lei*".

Trata-se, como facilmente se denota, de verdadeira norma legal dotada de plena eficácia vertical obrigatória.

O enunciado da súmula, a teor do § 1º do art. 2º da Lei nº 11.417/2006, que regulamentou o instituto em apreço, deve ter por "*objeto a validade, a interpretação e a eficácia de normas determinadas, acerca das quais haja, entre órgãos judiciários ou entre esses e a administração pública, controvérsia atual que acarrete grave insegurança jurídica e relevante multiplicação de processos sobre idêntica questão*".

A desobediência enseja o ajuizamento de reclamação ao Supremo Tribunal Federal, contra o órgão que desrespeitou o princípio sumulado.

Até hoje foram editadas mais de 50 súmulas vinculantes e, ainda, persistem mais de 700 enunciados sumulados, fixados sob a égide do antigo sistema, que não foram revistos e que atualmente detêm apenas eficácia persuasiva.

---

12 Michele Taruffo, *Las funciones de las Cortes Supremas: entre uniformidad y justicia*, Proceso y Constitución – El rol de las Altas Cortes y el derecho a la impugnación, pp.136-137.

A indigitada Lei nº 11.417 introduziu ainda um importante mecanismo democrático de participação popular, na forma de *amicus curiae*, no processo de elaboração, revisão e cancelamento da súmula vinculante. Dispõe, com efeito, o § 2º do art. 3º que: *"No procedimento de edição, revisão ou cancelamento de enunciado da súmula vinculante, o relator poderá admitir, por decisão irrecorrível, a manifestação de terceiros na questão, nos termos do Regimento Interno do Supremo Tribunal Federal"*.

3.5. Dos fatos à regra sumulada

O subsequente § 2º do art. 926, mantendo ainda o cunho didático de que se reveste toda a redação dessa norma legal, circunscreve os limites pelos quais deve se pautar o tribunal na tarefa de construção das súmulas. A partir da contemplação dos fatos marcantes de reiterados julgamentos sobre teses geralmente polêmicas, o órgão judicante conclui que, para atender à exigência nomofilácica de interpretação e aplicação uniforme do texto legal, deve ser editada súmula.

O respectivo enunciado, pois, considerando a hipótese fática análoga e reiterada, sempre extraído do entendimento majoritário, persuasivo ou vinculante, assim, mesmo com eficácias assimétricas, deverá servir de norte para o julgamento dos casos futuros.

4. Repercussão do precedente judicial nos futuros julgamentos

É interessante notar, já sob outro enfoque, que a dimensão da eficácia do precedente concerne à intensidade da influência que ele exerce sobre a decisão de um caso futuro. O ponto de referência normativo no âmbito do *common law* é exatamente o precedente judicial, enquanto, no tradicional sistema de fontes do direito que vigora nos países regidos pelo *civil law*, o precedente, geralmente dotado de força persuasiva, é considerado fonte secundária ou fonte de conhecimento do direito.[13]

O precedente judicial é, pois, um fenômeno extremamente difuso, presente e relevante nos modelos jurídicos de época contemporânea, cada vez mais reforçado pela função de interpretação e aplicação uniforme (nomofilácica) do direito pelas Supremas Cortes.[14]

---

13 Cf. Larenz, *Metodologia da ciência do direito*, p. 615.

14 Taruffo, *Dimensioni del precedente giudiziario, Scintillae iuris* – Studi in memoria di Gino Gorla, t. 1, p. 387; Francesco Galgano, *Il precedente giudiziario in civil law*, Atlante di diritto privato comparato, p. 31.

Existem, como se observa, "degraus" ou "parâmetros" de eficácia das decisões judiciais em relação a subseqüentes julgamentos. A doutrina estrangeira, de fato, refere-se a "*degrees of normative force*".[15]

Taruffo e La Torre[16], a seu turno, observam que, no sistema italiano, é a posição hierárquica do tribunal que determina o "grau de força persuasiva" dos precedentes. Desse modo, aqueles provenientes da Corte Constitucional, da Corte de Cassação e do Conselho de Estado (em matéria administrativa) detêm maior eficácia em relação àqueles proferidos pelos demais tribunais da Itália.

Com efeito, o valor intrínseco do precedente judicial, que constitui o ponto de referência normativo de toda a teoria do *stare decisis* (da expressão latina: *stare decisis et non quieta movere = mantenha-se a decisão e não se moleste o que foi decidido*), projeta uma eficácia de altíssimo grau, dita vinculante, nos julgamentos sucessivos proferidos em causas análogas.

Anota Schauer que os tribunais do *common law* devem se curvar ao precedente da mesma forma que devem seguir a Constituição e ainda outros textos legais (*statutes*).[17]

O conceito de *ratio decidendi* (ou também *holding*) na qual se escuda a *doctrine of binding precedent*, mostra que é a tese jurídica suficiente a decidir o caso concreto (*rule of law*), e não a parte dispositiva da decisão, que produz eficácia vinculante e que deve nortear a interpretação judicial em momento posterior.

Ressalte-se, por outro lado, que, nos sistemas jurídicos de *civil law*, o precedente judicial ostenta, em regra, apenas força persuasiva. Tal eficácia, dependendo de inúmeras variantes, pode ser maior ou menor.

Importa esclarecer outrossim que em determinados ordenamentos jurídicos de direito escrito, como, *e. g.*, o da Espanha e o do Brasil, adota-se um modelo *misto*, vale dizer, de precedentes vinculantes (decisões no controle direto de constitucionalidade) e de precedentes persuasivos.

Em nosso sistema, as súmulas, que, como visto, não se confundem com os precedentes judiciais, também podem ser vinculantes (apenas aquelas instituídas pelo STF) ou meramente persuasivas.

---

15 V., p. ex., Robert Alexy e Ralf Dreier, *Precedent in the Federal Republic of Germany*, Interpreting Precedents – A Comparative Study, obra coletiva dir. Neil MacCormick e Robert Summers, p. 26.

16 *Precedent in Italy*, Interpreting Precedents, p. 159.

17 *Thinking like a Lawyer*, pp. 68-69.

5. Duas palavras sobre a melhor técnica de citação das decisões judiciais

Na minha assídua atividade profissional tenho me deparado, ao longo do tempo, com excelentes colegas que enchem de orgulho os quadros da advocacia brasileira. São causídicos que conhecem muito bem o relevante papel que o advogado desempenha em prol da construção da cidadania no seio de uma sociedade livre, plural e democrática. São profissionais que sabem lidar com o direito de seus respectivos clientes, jamais se afastando dos importantes princípios deontológicos que vivificam o exercício da defesa de direitos alheios.

Discorrendo sobre as boas relações entre juízes e advogados, afirmava Calamandrei que a postura ética do advogado é fundamental para o crescimento do prestígio social de toda uma classe. Nesta mesma linha, asseverava que, assim como os magistrados, porta-vozes da soberania estatal, não devem se afastar da sobriedade que reveste os atos decisórios, os advogados também não podem fazer pilhéria, mínima que seja, em seus arrazoados.

O capricho, aliás, é recomendável em toda petição, por mais simples que seja a demanda. Torna-se criticável, sob todos os aspectos, a apresentação de um requerimento com equívoco de digitação ou mesmo – o que é muito pior – com erro de português. Negligência, preguiça e desleixo definitivamente não combinam com o precioso ofício tão valorizado por Rui Barbosa, em seu famoso *Dever do Advogado*!

Ressalte-se, nesse particular, que os advogados devem cooperar com o julgador, procurando esclarecer, com clareza e coerência, qual a tese jurídica que embasa o direito de seu cliente. O art. 6º do novo diploma processual, que encerra o denominado princípio da cooperação, tem, de fato, como corolário, o dever de esclarecimento das partes, pelo qual os respectivos patronos, como é curial, têm a "obrigação" profissional de zelar pela boa interpretação das normas jurídicas aplicáveis à causa.

Assim também, devem demonstrar ao juiz, tanto quanto possível, quais decisões – jurisprudência, precedente ou súmula – incidem no caso concreto, fazendo sempre o cotejo entre os elementos fáticos da questão a ser julgada e uma precedente decisão que tenha o condão de iluminar a melhor interpretação da regra de direito que embasa os argumentos deduzidos.

Cumprindo esta relevante tarefa, com o devido afinco e cuidado, torna-se bem mais coerente e produtiva a atuação desempenhada pelo profissional do direito.

A minha experiência de advogado aconselha os colegas mais jovens, quando oportuna a referência aos pronunciamentos dos tribunais, que invoquem, preferencialmente, nas hipóteses em que cabível, a súmula vinculante do Supremo Tribunal Federal pela sua evidente eficácia vertical, em tudo equiparada à lei. Incidindo a súmula vinculante num caso concreto, cuja demonstração, a rigor, é ônus do advogado, não se exige citação de qualquer outra decisão para reforçar a argumentação expendida.

Não havendo incidência de súmula vinculante, torna-se necessário verificar se existe "súmula persuasiva", editada pelo Supremo Tribunal Federal ou pelo Superior Tribunal de Justiça, a qual, embora não tenha a mesma força da vinculante, ostenta inegável importância intrínseca.

Na sequência, um acórdão atual, colacionado como paradigma, numa hipótese concreta análoga, mesmo com a sua eficácia simplesmente persuasiva, constitui eloquente subsídio. Nesta situação, cabe ao advogado cotejar os fatos do precedente judicial com aqueles do caso a ser julgado. Não se deve citar simplesmente a ementa. O advogado deve esquadrinhar a *ratio decidendi* e procurar demonstrar ao juiz a tese jurídica sufragada pela turma julgadora que, em tudo, deve abonar aquela por ele defendida na defesa do direito de seu cliente. Ressalte-se, a propósito, que o precedente das cortes superiores, diante da autoridade que decorre da hierarquia judiciária (precedente vertical), possui, em tese, um valor persuasivo maior do que um julgado proveniente de tribunal postado no mesmo grau hierárquico (precedente horizontal). De qualquer modo, quanto mais recente for a decisão, tanto melhor para o fim a que se destina a sua respectiva citação.

É certo que, em qualquer uma destas situações, a quantidade conspira contra a qualidade. Não é necessária a alusão a muitos julgados; basta que aqueles colacionados retratem o "mesmo caso" *sub judice*.

Já naquelas hipóteses nas quais as cortes superiores ainda não tiveram oportunidade de enfrentar a questão objeto do litígio, o advogado deve selecionar julgados dos tribunais de segundo grau, optando, antes de quaisquer outros, pelos acórdãos do tribunal em que tramita o recurso ou, se ainda não tiver sido proferida a sentença, daquela corte à qual o juiz de primeiro grau encontra-se hierarquicamente subordinado. Aqui também a quantidade não deve prevalecer sobre a qualidade. O advogado tem a tarefa de garimpar os mais recentes julgados e trabalhar com a fundamentação dos julgados trazidos como paradigma, inclusive declinando o nome dos integrantes da turma julgadora, sobretudo quando gozar ela de prestígio perante a comunidade jurídica.

É assim imprescindível que se tenha esse mínimo de zelo, revestido de absoluta fidelidade, precisão e ética profissional nas respectivas citações das decisões judiciais, visando a persuadir o julgador a favor da tese sustentada.

Anoto, ainda, que estas recomendações também se aplicam ao trabalho diuturno dos magistrados, que, além de tudo, devem preservar a atualidade de suas decisões. À guisa de exemplo, é de considerar-se anacrônico aresto da 5ª Câmara de Direito Privado do Tribunal de Justiça de São Paulo, no Agravo de Instrumento 2124612-88.2014.8.26.0000, o qual, a despeito de ter sido proferido em 17 de setembro de 2014, desponta totalmente divergente do julgamento da Corte Especial do Superior Tribunal de Justiça, em incidente de recurso repetitivo (art. 543-C, § 1º, CPC/1973), no Recurso Especial 1.102.467-RJ, relatado pelo ministro Massami Uyeda, que, desde 2 de maio de 2012, alterou a orientação, rígida e formalista, que então prevalecia naquela Corte superior, para ensejar oportunidade à parte agravante de complementar o instrumento, com eventuais peças obrigatórias faltantes quando da interposição do recurso.

6. Técnica do procedente judicial no Código de Processo Civil

A regra do art. 917 do diploma processual civil brasileiro, de 2015, delineia-se complexa, visto que encerra várias disposições coligadas, que bem poderiam ter sido desdobradas em diferentes artigos, como aliás recomenda a melhor técnica legislativa.

A despeito desse aspecto de natureza formal, a redação em apreço, modificada na última fase do processo legislativo, continua revelando acentuada despreocupação do legislador acerca da diferença conceitual e genética entre súmula, precedente judicial e jurisprudência.

Ademais, salta aos olhos o lamentável equívoco constante desse dispositivo, que impõe aos magistrados, de forma cogente – "os tribunais observarão" -, submissão aos mencionados pronunciamentos, como se todos aqueles arrolados tivessem a mesma força vinculante vertical. É evidente que os acórdãos proferidos nos incidentes de assunção de competência e de resolução de demandas repetitivas, nos julgamentos de recursos extraordinário e especial repetitivos, as súmulas do Supremo Tribunal Federal em matéria constitucional e do Superior Tribunal de Justiça em matéria infraconstitucional, e, ainda, a orientação do plenário ou do órgão especial dos tribunais aos quais estiverem subordinados os julgadores, à luz do regime constitucional vigente, *não* ostentam força vinculante.

Daí, em princípio, a inconstitucionalidade *prima facie* da regra examinada, visto que a Constituição Federal, no art. 103-A, reserva efeito vinculante apenas e tão somente às súmulas fixadas pelo Supremo, mediante devido processo com quórum de dois terços, e, ainda, aos julgados originados de controle direto de constitucionalidade.

À míngua de uma dogmática própria, o legislador pátrio perdeu uma excelente oportunidade para regulamentar um regime adequado das decisões de nossos tribunais, entre as várias espécies de provimentos judiciais, a partir de sua natureza, considerando a sua respectiva origem.

7. Tipologia da eficácia das decisões dos tribunais na experiência jurídica brasileira

Na atualidade, a despeito da promulgação do vigente Código de Processo Civil, o direito brasileiro continua adotando um modelo *misto* quanto à eficácia das decisões dos tribunais, a saber: *a*) súmulas e precedentes com eficácia vinculante; *b*) súmulas e precedentes com relativa eficácia vinculante; e *c*) precedentes e jurisprudência, com eficácia meramente persuasiva.[18]

7.1. Súmulas com eficácia vinculante

Hoje, no Brasil, possuem eficácia obrigatória *erga omnes*: *i*) as súmulas vinculantes do Supremo Tribunal Federal; e *ii*) as decisões proferidas pelo Supremo Tribunal Federal e pelos Tribunais de Justiça, no âmbito do controle concentrado de constitucionalidade.

A Emenda Constitucional nº 45/2004 inseriu, no texto da Constituição Federal, o art. 103-A, que outorga ao Supremo Tribunal Federal a atribuição de aprovar súmula com eficácia vinculante vertical. A superveniente Lei nº 11.417/2006 regulamentou o respectivo procedimento referente à súmula vinculante.

Por meio de iniciativa dos próprios integrantes do Supremo Tribunal Federal ou mediante requerimento dos legitimados[19], as súmulas poderão ser aprovadas por dois terços dos ministros e desde que se trate de matéria constitucional sobre a qual haja reiterados pronunciamentos em sentido convergente.

A expressão "reiteradas decisões" (art. 103-A), dada a sua evidente imprecisão, deverá ser interpretada a partir da existência de alguns precedentes uniformes sobre determinada questão. A análise objetiva da Suprema Corte é que irá estabelecer se a validade, a interpretação e os efeitos de uma *quaestio iuris*, de

---

18 V., em senso análogo, Patrícia Perrone Campos Mello, *Precedentes*, pp. 104-105.

19 Cf. art. 3º da Lei n. 11.417: "São legitimados a propor a edição, a revisão ou o cancelamento de enunciado de súmula vinculante: I – o Presidente da República; II – a Mesa do Senado Federal; III – a Mesa da Câmara dos Deputados; IV – o Procurador-Geral da República; V – o Conselho Federal da Ordem dos Advogados do Brasil; VI – o Defensor Público-Geral da União; VII – partido político com representação no Congresso Nacional; VIII – confederação sindical ou entidade de classe de âmbito nacional; IX – a Mesa de Assembleia Legislativa ou da Câmara Legislativa do Distrito Federal; X – o Governador de Estado ou do Distrito Federal; XI – os Tribunais Superiores, os Tribunais de Justiça de Estados ou do Distrito Federal e Territórios, os Tribunais Regionais Federais, os Tribunais Regionais do Trabalho, os Tribunais Regionais Eleitorais e os Tribunais Militares. § 1º O Município poderá propor, incidentalmente ao curso de processo em que seja parte, a edição, a revisão ou o cancelamento de enunciado de súmula vinculante, o que não autoriza a suspensão do processo...".

natureza constitucional, já se encontram suficientemente consolidados, a ponto de ser alçada à categoria de precedente sumulado.

O § 1º do art. 103-A traça, como pressuposto para a instauração do "procedimento de elaboração da súmula", a existência de "controvérsia atual" acerca de certa norma de conteúdo constitucional entre órgãos judiciários inferiores ou entre esses e a administração pública, que possa colocar em crise a segurança jurídica e que redunde em significativa multiplicação de demandas similares.

Sendo aprovada, a eficácia da tese jurídica sumulada projetar-se-á, com força vinculante, a todos os demais órgãos jurisdicionais, de quaisquer instâncias, inclusive, no âmbito da administração pública direta e indireta, em todos os níveis da federação.

Atribui-se, outrossim, ao próprio Supremo Tribunal Federal, no *caput* do mesmo art. 103-A, a faculdade de revisão ou cancelamento da regra sumulada, *"na forma estabelecida em lei"*.

Preceitua, a propósito, o § 2º do aludido dispositivo que: *"Sem prejuízo do que vier a ser estabelecido em lei, a aprovação, revisão ou cancelamento da súmula poderá ser provocada por aqueles que podem propor a ação direta de inconstitucionalidade"*.

Cumpre destacar que se autoriza expressamente, como se observa, a possibilidade de revisão ou mesmo de revogação da regra sumulada. Não é preciso dizer, que, do contrário, ou seja, sem essa flexibilidade, haveria o perigo de estagnação da jurisprudência, "que não convém a sistema algum. O mais nobre dos predicados do chamado *direito jurisprudencial* é a sua capacidade de adaptar-se às mutações sociais e econômicas da nação, de modo a extrair dos textos constitucionais e legais a norma que no momento atenda aos reclamos axiológicos da sociedade".[20]

Anote-se, por outro lado, que, desde o advento da República, na esteira do modelo norte-americano, adotou-se no Brasil o controle difuso, por via incidental, outorgando-se competência a qualquer órgão do Poder Judiciário para conhecer, incidente e prejudicialmente, a questão da inconstitucionalidade.

Editada a Constituição de 16 de julho de 1934, todavia, passou-se a admitir o controle concentrado, direto, por via principal, ainda que bem limitado.

A supra referida Emenda Constitucional nº 45/2004, alterando a redação do art. 103 da Constituição Federal, unificou a legitimação ativa para a propositura da ação direta de inconstitucionalidade e da ação declaratória de constitucionalidade.[21]

---

20 Cf. Dinamarco, *Súmulas vinculantes*, Revista Forense, 347(1999):64.

21 Hoje, a teor do art. 103 da CF, são legitimados: *a*) o Presidente da República; *b*) a Mesa do Senado Federal; *c*) a Mesa da Câmara dos Deputados; *d*) a Mesa da Assembléia Legislativa ou da Câmara

É bem de ver que, no plano federal, a competência para o controle jurisdicional de constitucionalidade de lei ou ato normativo federal ou estadual continua especificada, com exclusividade, ao Supremo Tribunal Federal, a quem também compete processar e julgar, originariamente, a ação direta de inconstitucionalidade por omissão, contemplada no art. 103, § 2º, da CF, quando a norma legal que deveria ter sido regulamentada pelo legislador ordinário, e não o foi, estiver contida no texto constitucional e, ainda, a arguição de descumprimento de preceito fundamental, a teor do disposto no art. 102, § 1º.

Ressalte-se, outrossim, que a Emenda Constitucional nº 3/93, além de inúmeras modificações na ordem tributária, introduziu no art. 102, I, da CF, a denominada ação declaratória de constitucionalidade, de competência originária do Supremo Tribunal Federal.

Importa notar que essa aludida reforma, no § 2º do art. 102, determinou ainda que: *"As decisões definitivas de mérito, proferidas pelo Supremo Tribunal Federal, nas ações declaratórias de constitucionalidade de lei ou ato normativo federal, produzirão eficácia contra todos e efeito vinculante, relativamente aos demais órgãos do Poder Judiciário e ao Poder Executivo"*.

Observa-se, assim, que a primordial razão política inspiradora do Legislativo federal foi, sem dúvida, a de instituir um mecanismo destinado a subordinar o desfecho de demandas em curso perante juízos inferiores – monocráticos e colegiados – à decisão do Excelso Pretório pátrio.

O procedimento da referida ação declaratória de constitucionalidade somente foi regulamentado pela Lei nº 9.868, de 1999, que também disciplinou aquele da tradicional ação direta de inconstitucionalidade.

Pois bem, verifica-se que a CF acabou ampliando de modo expressivo a eficácia vinculante dos precedentes do Supremo Tribunal Federal no tocante ao controle direto da constitucionalidade das leis. Abriu-se assim, a passos largos, o caminho de adoção, no Brasil, do precedente judicial com força vinculante em situações que se encontram em jogo importantes *quaestiones iuris*, de inequívoco peso político.

Dispõe, a respeito, o art. 28 da referida Lei nº 9.868 que: *"Dentro do prazo de 10 (dez) dias após o trânsito em julgado da decisão, o Supremo Tribunal Federal fará publicar em seção especial do Diário da Justiça e do Diário Oficial da União a parte dispositiva do acórdão. Parágrafo único. A declaração de constitucionalida-*

Legislativa do Distrito Federal; *e*) o Governador de Estado ou do Distrito Federal; *f)* o Procurador-Geral da República; *g*) o Conselho Federal da OAB; *h*) partido político com representação no Congresso Nacional; e *i*) a confederação sindical ou entidade de classe de âmbito nacional.

de ou de inconstitucionalidade, inclusive a interpretação conforme a Constituição e a declaração parcial de inconstitucionalidade sem redução de texto, têm eficácia contra todos e efeito vinculante em relação aos órgãos do Poder Judiciário e à Administração Pública federal, estadual e municipal".

Procurando imprimir certeza jurídica nessa matéria, o respectivo acórdão delineia-se irrecorrível, não podendo igualmente ser objeto de ação rescisória (art. 26). Produz coisa julgada material, que vincula as autoridades aplicadoras da lei, que não mais poderão dar-lhe execução sob pena de afrontar a *res iudicata*, "uma vez que a declaração de inconstitucionalidade em tese visa precisamente a atingir o efeito imediato de retirar a aplicabilidade da lei. Se não fosse assim, seria praticamente inútil a previsão constitucional de ação direta de inconstitucionalidade genérica".[22]

Cumpre ainda acrescentar que a Lei nº 9.882/99, que regulamentou o processo e julgamento da arguição de descumprimento de preceito fundamental, seguindo a mesma diretriz dos já aludidos mecanismos de controle direito da constitucionalidade da lei, determina, no art. 10, § 3º, que, em caso de procedência do pedido: "*A decisão terá eficácia contra todos e efeito vinculante relativamente aos demais órgãos do Poder Público*".

Não há dúvida, outrossim, que a força vinculante *erga omnes*, supra referenciada, acentua o caráter de fonte de direito dos referidos precedentes judiciais do Supremo Tribunal Federal.

Como bem pontuado, a propósito, a imutabilidade do conteúdo das decisões sobre a constitucionalidade dos textos legais, prevista expressamente no ordenamento jurídico, alça a produção da atividade judicial, nos sistemas nos quais esta ocupa preeminente posição, ao mesmo nível da hierarquia da lei.[23]

7.2. Súmulas e precedentes com relativa eficácia vinculante ("force de facto")

Certo é que os precedentes sumulados do Superior Tribunal de Justiça gozam de vigorosa força persuasiva ("*binding de facto*"), como, *e. g.*, pode-se extrair de pronunciamento, exarado no Agravo Regimental em Agravo de Instrumento 428.452-MS, relatado pelo ministro Castro Filho, *in verbis*: "A exigência da certidão de publicação do acórdão recorrido é entendimento pacificado não apenas neste STJ, como também no Pretório Excelso... Ainda que as súmulas não sejam lei em

22 Cf. José Afonso da Silva, *Curso de direito constitucional positivo*, 16ª ed., pp. 56-57.

23 Julio Cueto Rua, *Fuentes del derecho*, p. 169; Cruz e Tucci, *Precedente judicial como fonte do direito*, p. 275.

sentido formal, traduzem elas o entendimento reiterado dos tribunais no que diz respeito à interpretação de determinada questão...".[24]

Proferindo o voto condutor no julgamento do Recurso Especial 14.945-MG, concluiu o ministro Sálvio de Figueiredo Teixeira que, realmente, "não se justifica que os órgãos julgadores se mantenham renitentes à jurisprudência sumulada, cujo escopo, dentro do sistema jurídico, é alcançar a exegese que dê certeza aos jurisdicionados em temas polêmicos, uma vez que ninguém ficará seguro de seu direito ante jurisprudência incerta".[25]

Ademais, no modelo brasileiro então vigente e agora confirmado pelo novel diploma processual, tão eficaz é a jurisprudência sumulada, ou até mesmo "dominante", que, consoante dispõe o art. 332: "*Nas causas que dispensem a fase instrutória, o juiz, independentemente da citação do réu, julgará liminarmente improcedente o pedido que contrariar: I – enunciado de súmula do Supremo Tribunal Federal ou do Superior Tribunal de Justiça...*"; e, outrossim, segundo preceitua o art. 932 do Código de 2015: "*Incumbe ao relator:... IV – negar provimento a recurso que for contrário a: a) súmula do Supremo Tribunal Federal, do Superior Tribunal de Justiça ou do próprio tribunal...*".

Incide, nesse caso, a denominada *súmula impeditiva de recurso*.[26]

Cite-se, como exemplo, o julgamento do Superior Tribunal de Justiça, no Agravo Regimental no Recurso Especial 331.024-SP, relatado pelo ministro Luix Fux, no qual ficou assentado que: "Em conseqüência, o recorrente que pretende seja reavaliado o seu direito líquido e certo, esbarra na *súmula impeditiva* de número 07 do E. STJ e de seguinte teor: 'A pretensão de simples reexame de prova não enseja recurso especial'...".[27]

Mas não é só. O inc. V do mesmo art. 932 dispõe que o relator também pode: "*depois de facultada a apresentação de contrarrazões, dar provimento ao recurso se a decisão recorrida for contrária a: a) súmula do Supremo Tribunal Federal, do Superior Tribunal de Justiça ou do próprio tribunal* ".

Frise-se que, nessa derradeira hipótese, os efeitos ("quase") vinculantes do enunciado sumulado, chegam até a autorizar que decisão monocrática substitua o tradicional julgamento colegiado de segundo grau!

---

24 3ª Turma, j. u., DJ 5.8.2002.

25 4ª Turma, j. u., DJ 13.4.1992.

26 Cf. Roberto Rosas, *Direito sumular*, 14ª ed., p. 12. V., criticando o sistema adotado, Lenio Luiz Streck, *Jurisdição constitucional e hermenêutica. Uma nova crítica do direito*, pp. 403-405.

27 1ª Turma, j. u., DJ 19.12.2002.

A jurisprudência reiterada e convergente, consagrada em súmula, adquire, assim, a dignidade que flui do elevado órgão de que emana, embora "não a autoridade intrínseca de fonte do direito"[28], porque apenas revela o sentido da lei. A súmula "não cria, não inova, não elabora lei; cinge-se a aplicá-la, o que significa que é a própria voz do legislador".[29]

A teor do art. 124 do Regimento Interno do Superior Tribunal de Justiça, a jurisprudência sumulada dispensa o recorrente de invocar precedentes judiciais em abono de seu direito.

Cumpre esclarecer que, a despeito das inúmeras referências, constantes do vigente Código de Processo Civil, os acórdãos, proferidos pelo Supremo Tribunal Federal e pelo Superior Tribunal de Justiça, nos incidentes de resolução de demandas repetitivas, de recursos repetitivos ou de assunção de competência, não desfrutam, como acima já observado, de eficácia vinculante.

Nessa linha de raciocínio, ao arrepio da letra da CF, causa espécie a norma do art. 988, IV, do Código de Processo Civil de 2015, ao preceituar que: "*Caberá reclamação da parte interessada ou do Ministério Público para:... IV – garantir a observância de enunciado de súmula vinculante e de precedente proferido em julgamento de casos repetitivos ou em incidente de competência*".

A tentativa do legislador de infundir ao intérprete a força obrigatória dos apontados precedentes resulta falaciosa e, outrossim, presta um enorme desserviço aos estudiosos e estudantes do direito processual civil.

7.3. Precedentes e jurisprudência com eficácia meramente persuasiva

A doutrina civilista pátria de época contemporânea, claramente dominada pelos influxos do condicionamento histórico, apresenta marcante tendência de admitir apenas eficácia persuasiva aos acórdãos proferidos pelos tribunais pátrios.

Entre aqueles que cuidaram do tema, Mário Guimarães, na obra (sempre atual) que escreveu sobre *O juiz e função jurisdicional*[30], foi incisivo em afirmar que a jurisprudência dos tribunais é fruto da sabedoria dos experientes; é "o conselho precavido dos mais velhos. Quem conhece a lei e ignora a jurisprudência, diz, com exagero embora, Dupliant, não conhece quase nada".

28 Oliveira Ascensão, *O direito. Introdução e teoria geral – uma perspectiva luso-brasileira*, 11ª ed., 2001, p. 317, nt. 476.

29 Cf. Buzaid, *Uniformização da jurisprudência*, Ajuris, 34(1985):215.

30 Rio de Janeiro, Forense, 1958, p. 327.

A monografia clássica de Rubens Limongi França traz um rol de *"jurisprudencialistas"* de ontem e de hoje, que enalteceram a posição da atividade judicial como forma de expressão do direito. Emitindo a sua própria opinião, Limongi França escreve que a regra básica, na esfera do *civil law*, é a de que os julgados anteriores não vinculam necessariamente o magistrado, ainda que provenham do mesmo tribunal ou de corte superior.[31]

Não obstante, em caráter excepcional – conclui – a repetição constante, racional e pacífica dos precedentes judiciais, que, nesta hipótese, forma a jurisprudência, pode efetivamente adquirir valor de preceito geral: "é, a nosso ver, quando, pela força da reiteração e, sobretudo, da necessidade de bem regular, de modo estável, uma situação não prevista, ou não resolvida expressamente pela lei, ela assume os caracteres de verdadeiro *costume judiciário*".[32]

Realmente, entendo também que os precedentes judiciais, em sentido amplo, constituem valioso subsídio que auxilia a hermenêutica de casos concretos, embora careçam de força vinculante. É importante relevar, a tal propósito, a constante possibilidade de revisão da jurisprudência sedimentada não apenas por iniciativa dos órgãos jurisdicionais, mas, igualmente, por provocação das partes interessadas.

Os processualistas mais ortodoxos que escreveram há algumas décadas seguiram também essa corrente de pensamento que sempre preponderou nos países de direito codificado.

Alfredo Buzaid, à luz do sistema processual civil então vigente, assevera que os precedentes judiciais (*exemplis*), por mais prestigiados que sejam, não podem obrigar os juízes, que permanecem independentes, livres de qualquer subserviência hierárquica superior no exercício da atividade jurisdicional.[33]

Conclui-se, pois, que atualmente os precedentes horizontais e os auto-precedentes e, ainda, a jurisprudência produzem de eficácia meramente persuasiva.

8. Proibição de decisão proferida com base em "fundamento-surpresa" e imposição do dever de motivação

Dispõe o § 1º do art. 927, já referido, que, na dinâmica da utilização das decisões arroladas nos respectivos incs. I a V, os juízes e tribunais deverão considerar as regras dos arts. 10 e 489, § 1º.

---

31 *O direito, a lei e a jurisprudência*, p. 175.

32 Cf. Limongi França, *O direito, a lei e a jurisprudência*, pp. 178-179; *Jurisprudência*, Enciclopédia Saraiva do Direito, 47(1980):167.

33 Alfredo Buzaid, *Uniformização da jurisprudência*, p. 211.

Isso significa que, ao ser invocada súmula, precedente judicial ou jurisprudência, como fundamento da decisão, a tese nela sufragada não poderá surpreender as partes.

Saliente-se que o enunciado do art. 10 do Código de Processo Civil de 2015 constitui desdobramento do art. 9º, ao vedar, com todas as letras, o denominado "fundamento-surpresa", ainda que se trate de matéria cognoscível de ofício.

Fácil é verificar que estas regras estão definitivamente afinadas com a moderna ótica da ciência processual, que não admite, em hipótese alguma, a surpresa aos litigantes, decorrente de decisão escudada em ponto jurídico fundamental por eles não alvitrado. O tribunal deve, portanto, dar conhecimento prévio de qual direção o direito subjetivo encontra-se vulnerável, aproveitando apenas os fatos sobre os quais as partes tenham tomado posição. Dessa forma, é evidente que os litigantes terão oportunidade de defender o seu direito e, sobretudo, influir na decisão judicial.

É certo que a liberdade outorgada ao tribunal, no que se refere à eleição da melhor interpretação pretoriana a ser aplicada, independentemente de ser ela invocada pelos litigantes, não dispensa a prévia manifestação das partes acerca da questão alvitrada pelo juiz, em inafastável observância ao princípio do contraditório.

Verdadeiro *dever de consulta* do juiz, a cooperação aqui contemplada impõe ao tribunal conceder às partes a oportunidade de manifestação sobre qualquer questão de fato ou de direito. O juiz, antes de se pronunciar sobre determinada tese não debatida, deve abrir prazo para prévia discussão pelas partes, evitando, desse modo, seja proferida decisão calcada em "fundamento-surpresa", circunstância que acarreta a nulidade do pronunciamento judicial por violação à garantia da ampla defesa.

Não é preciso salientar que, quando se consegue a participação no *iter* de formação de um provimento decisório daqueles que serão os seus destinatários, obtém-se evidente legitimação da tutela do direito litigioso.

Cumpre advertir, no entanto – para evitar-se qualquer equívoco -, que o juiz ou tribunal não terá de abrir vista às partes senão quando a sua decisão, com fundamento na doutrina e/ou em precedentes judiciais, tomar um rumo que não foi objeto do contraditório. Assim, é claro que ao invocar doutrina ou um determinado julgado, para sustentar a decisão, não se exige a manifestação dos litigantes. A tal propósito, apenas por ilustração, se a controvérsia tem como aspecto fulcral a cobertura securitária aos herdeiros do segurado que se suicida, independentemente do período de carência previsto no art. 798 do CC, é certo que não haverá surpresa alguma às partes, se o julgador fundamentar a sua decisão na nova orientação da 2ª Seção do Superior Tribunal de Justiça, sufragada no julgamento do

Recurso Especial 1.334.005-GO, o qual, por maioria de votos, decidiu que a seguradora não tem obrigação de indenizar hipótese de suicídio cometido dentro do prazo de carência de dois anos da celebração do contrato de seguro de vida.

Ademais, atento, ainda uma vez, ao mandamento constitucional do dever de motivação, o aludido § 1º do art. 489 do atual Código de Processo Civil, de forma até pedagógica, estabelece os vícios mais comuns que comprometem a higidez do ato decisório.

No que ora interessa, o juiz ou tribunal não poderá fundamentar o seu respectivo *decisum* baseando-se exclusivamente em precedentes pronunciamentos, sem qualquer argumentação adicional, revelando a *ratio decidendi* própria, pertinente ao *thema decidendum*.

Se de fato o referido dispositivo legal (art. 489, § 1º) for observado com rigor, verifica-se facilmente que inúmeros provimentos judiciais, inclusive do Superior Tribunal de Justiça, serão formalmente "reprovados", porque, como a praxe evidencia, reportam-se ou simplesmente transcrevem a ementa de precedentes, à guisa de fundamentação, não acrescentando nada que evidencie o convencimento pessoal do autor da decisão!

Assim, sob a vigência do atual diploma processual, estão, pois, acoimadas de inarredável nulidade decisões que forem lançadas com o seguinte conteúdo: "*... Trata-se de recurso especial no qual se alega ofensa a dispositivos de lei federal e dissídio jurisprudencial. O recurso não reúne condições de admissibilidade. Quanto à alegada vulneração aos dispositivos arrolados, observe-se não ter sido demonstrada sua ocorrência, eis que as exigências legais na solução das questões de fato e de direito da lide foram atendidas pelo acórdão ao declinar as premissas nas quais assentada a decisão. Ademais, o acórdão, ao decidir da forma impugnada, assim o fez em decorrência de convicção formada pela Turma Julgadora diante das provas e das circunstâncias fáticas próprias do processo sub judice, sendo certo, por esse prisma, aterem-se as razões do recurso a uma perspectiva de reexame desses elementos. A esse objetivo, todavia, não se presta o reclamo, a teor do disposto na súmula 7 do Superior Tribunal de Justiça, suficiente para obstar o seguimento do recurso, quer pela alínea a, quer pela alínea c do permissivo constitucional. Ante o exposto, nego seguimento ao recurso especial...*".

Pelo que representa em termos de respeito ao devido processo legal, afinal, a garantia do acesso a justiça só poderá ser considerada implementada, se, ao fim, as alegações das partes forem levadas em consideração pelos juízes; e, ainda, pela inestimável contribuição proveniente de anteriores pronunciamentos judiciais. Não é exagero afirmar que o art. 489, § 1º, tão atacado pelas entidades representativas de magistrados, constitui uma das principais inovações do

Código atual, o que estimula o intérprete, portanto, a rebater tantas quantas forem as objeções suscitadas em desfavor de sua vigência, ou que tentem limitar de alguma forma a sua respectiva aplicação.

9. Possibilidade de participação da sociedade no procedimento de revisão do precedente

Considerando as consequências prejudiciais que acarreta a alteração *ex abrupta* de orientação pretoriana sedimentada, o § 2º do art. 927 faculta ao tribunal abrir a possibilidade de amplo debate em prol da rediscussão de determinada tese, até então sufragada *"em enunciado de súmula ou em julgamento de casos repetitivos"*.

Lembre-se que esta importante novidade não é nova, uma vez que a supra mencionada Lei nº 11.417/2006, que regulamentou o procedimento da súmula vinculante, estabelece, no art. 2º, § 2º, que: *"No procedimento de edição, revisão ou cancelamento de enunciado da súmula vinculante, o relator poderá admitir, por decisão irrecorrível, a manifestação de terceiros na questão, nos termos do Regimento Interno do Supremo Tribunal Federal"*.

A possibilidade de discussão aberta e participativa, de cunho verdadeiramente republicano, destaca a ideologia liberal e democrática que norteou o legislador do novel diploma processual.

10. Determinantes do superamento do precedente e modulação temporal da eficácia

10.1. O problema da eficácia retroativa do precedente

Cumpre frisar, ainda sob esse mesmo enfoque, outro problema correlato que ainda se encontra em aberto, uma vez que nem pelo prisma da história e tampouco pela dogmática moderna obteve solução satisfatória.

Referimo-nos à árdua questão da eficácia retroativa do "novo" precedente judicial.

Na verdade, a incerteza que nasce do advento de um novo precedente em substituição à orientação consolidada, acarreta um custo social e econômico elevadíssimo, mesmo nos sistemas que não conhecem força vinculante da jurisprudência, uma vez que a situação de insegurança gerada pela mudança somente poderá ser eliminada depois de um período relativamente considerável para que seja consolidada a *nova regula*.

Estipulada a "regra do jogo" deve ser evitada, com efeito, a perversa retroatividade de novel posicionamento pretoriano, circunstância que impede a perpetração de qualquer emboscada aos advogados, preservando-se, como precípuo escopo da jurisdição, o direito material dos litigantes.

Decorre desse importante comportamento a consciência de lealdade que deve fluir da função judicante, ao infundir confiança e segurança jurídica à sociedade e, em particular, aos jurisdicionados.

Esse problema foi enfrentado pelo Supremo Tribunal Federal da Alemanha, que revelou grande perplexidade com o fato de que a mudança de rumo dos precedentes judiciais pode mesmo ensejar o "desaparecimento da base do negócio, quando as partes de um acordo partiram em consonância com a situação jurídica que resultava da jurisprudência anterior".[34]

No entanto, sem embargo da possibilidade de ocorrência dessa inevitável situação, tanto o Supremo quanto a Corte Constitucional Federal alemães consideram que as regras que proíbem a retroatividade das leis não poderiam estender-se às decisões dos tribunais. Se tal fosse possível, "conduziria a que os tribunais houvessem de estar vinculados a uma jurisprudência outrora consolidada, mesmo quando esta se revela insustentável à luz do conhecimento apurado ou em vista da mudança das relações sociais, políticas ou econômicas".[35]

Assim, diante do interesse da coletividade, a modulação dos efeitos pretéritos, a critério do tribunal, constitui técnica oportuna e deveras significativa, a evitar injustiça.

10.2. Anacronismo do precedente e modulação temporal da eficácia

Durante toda a evolução histórica da atividade judicial, a força vinculante das decisões sofreu profundas alterações, sendo correto afirmar-se que, hoje, nem mesmo a *House of Lords* encontra-se absolutamente adstrita às suas próprias decisões.

Aduza-se que, sob tal perspectiva, as técnicas do *overruling* (*common law*) e do *revirement* (*civil law*) representam situações específicas e excepcionais com o escopo de excluir do ordenamento jurídico determinado precedente, para substituí-lo por outro que melhor se ajuste à hipótese *sub examine*.

Em princípio, nos sistemas dominados pelas regras do *common law*, todo precedente deve ser considerado nos julgamentos futuros de casos análogos.

Schauer, discorrendo sobre a eficácia vinculante, ínsita às *rules of law* moldadas nos pretéritos julgamentos, assevera que, paradoxalmente, as cortes de

---

34 Cf. Karl Larenz, *Metodologia da ciência do direito*, p. 617.

35 Larenz, *Metodologia da ciência do direito*, p. 618.

justiça, em princípio, têm o dever de seguir o precedente não apenas quando imaginam estar ele correto, mas, ainda, quando entendem que o precedente emerge incorreto.[36]

Observam, nesse mesmo sentido, Atiyah e Summers[37]: "A concepção do sistema de precedentes é de tal sorte rígida, que acaba constrangendo juízes, em determinados casos, a proferir decisões com as quais eles mesmos não concordam".

Todavia, a inexorável evolução do direito determinada pela dinâmica social dos países que se orientam pela *doctrine of binding precedent* permite que, em certas circunstâncias, venha oposta exceção à referida regra.

À luz do ordenamento jurídico brasileiro, considerando o papel das súmulas de jurisprudência, Miguel Reale afasta a relativa estabilidade destas dos efeitos dos *binding precedents* do *common law*, e ainda exorta os juristas a zelar para que não se enferruje o mecanismo jurisdicional, de modo que os *standards* pretorianos sejam constantemente revistos, em razão de mutações supervenientes no sistema legal, ou, o que não é menos importante, por exigência de novos valores socio-econômicos e/ou culturais.[38]

Apontando as causas de superamento de determinada tese jurídica, Patrícia Perrone Campos Mello, em sua sólida pesquisa sobre esta temática, destaca que o precedente judicial perde normalmente a seu *status* quando: *a*) desponta contraditório; *b*) torna-se ultrapassado; *c*) é colhido pela obsolescência em virtude de mutações jurídicas; ou, ainda, *d*) encontra-se equivocado.

Assinala, a propósito, que tais fatores conduzem, em síntese, a "duas razões para se revogar um precedente: sua *incongruência social* e sua *inconsistência sistêmica*. A incongruência social alude a uma relação de incompatibilidade entre as normas jurídicas e os *standards* sociais; corresponde a um vínculo negativo entre as decisões judiciais e as expectativas dos cidadãos. Ela é um dado relevante na revogação de um precedente porque a preservação de um julgado errado, injusto, obsoleto até pode atender aos anseios de estabilidade, regularidade e previsibilidade dos técnicos do direito, mas aviltará o sentimento de segurança do cidadão comum". Já a idéia de inconsistência sistêmica aponta para uma desarmonia entre as diversas regras que compõem um determinado ordenamento jurídico...[39]

Com efeito, as cortes superiores podem então substituir – *overruled* – um determinado precedente por ser considerado ultrapassado ou, ainda, errado (*per in-*

36 Frederick Schauer, *Thinking like a Lawyer*, p. 41.

37 *Form and Substance in Anglo-American Law*, p. 121.

38 *Fontes e modelos do direito*, p. 72.

39 Patrícia Perrone Campos Mello, *Precedentes*, pp. 237 ss.

curiam ou *per ignorantia legis*). A decisão que acolhe nova orientação incumbe-se de revogar expressamente a *ratio decidendi* anterior (*express overruling*). Nesse caso, o antigo paradigma hermenêutico perde todo o seu valor vinculante.

É possível também que, sem qualquer alusão ao posicionamento jurisprudencial assentado, a nova decisão siga diferente vetor. Tem-se aí, embora mais raramente, uma revogação implícita do precedente (*implied overruling*), similar à ab-rogação indireta de uma lei.[40]

Distinguem-se ainda, como exceção à regra do precedente vinculante:

a) a *retrospective overruling*: quando a revogação opera efeito *ex tunc*, não permitindo que a anterior decisão, então substituída, seja invocada como paradigma em casos pretéritos, que aguardam julgamento;

b) a *prospective overruling*: instituída pela Suprema Corte americana, na qual o precedente é revogado com eficácia *ex nunc*, isto é, somente em relação aos casos sucessivos, significando que a *ratio decidendi* substituída continua a ser emblemática, como precedente vinculante, aos fatos anteriormente ocorridos;

c) a *anticipatory overruling*: introduzida, com inescondível arrojo, pelos tribunais dos Estados Unidos. Consiste na revogação preventiva do precedente, pelas cortes inferiores, ao fundamento de que não mais constitui *good law*, como já teria sido reconhecido pelo próprio tribunal *ad quem*. Basta portanto que na jurisprudência da corte superior tenha ocorrido, ainda que implicitamente, uma alteração de rumo atinente ao respectivo precedente. Ocorre aí "uma espécie de delegação tácita de poder para proceder-se ao *overruling*".[41]

É certo que todos estes mecanismos estão a evidenciar que a força vinculante do precedente não impede que uma determinada tese dominante, antes sedimentada, possa ser superada, passando-se a um novo processo de "normatização pretoriana". A mutação progressiva de paradigmas de interpretação de um determinado episódio da vida, dotado de relevância jurídica, sempre veio imposta pela historicidade da realidade social, constituindo mesmo uma exigência de justiça...

Saliente-se que o superamento do precedente judicial, pelas mesmas razões supra alinhadas, igualmente se observa nos sistemas de *civil law*.

---

40 Anote-se que a *Court of Appeal* inglesa, por exemplo, não tem a prerrogativa de revogar implicitamente as suas próprias decisões. Se porventura proferir julgamento substancialmente divergente de anterior pronunciamento, em caso análogo, sem manifestar a intenção clara de revogar o precedente, será criada uma duplicidade de orientações, gerando evidente incerteza para as cortes inferiores, até que a *House of Lords* intervenha para fixar qual *ratio decidendi* deve prevalecer (G. Moretti, *La dottrina del precedente giudiziario nel sistema inglese*, Contratto e impresa, p. 57).

41 Sartor, *Precedente giudiziale*, Contratto e impresa, pp. 1.345-1.346; Moretti, *La dottrina del precedente giudiziario nel sistema inglese*, pp. 56-57.

Seja como for, acerca deste assunto, deve ter-se presente que a abrupta alteração dos rumos da jurisprudência acarreta, em regra, gravíssimas consequências no plano da dinâmica do direito, visto que: *a*) vulnera a previsibilidade dos pronunciamentos judiciais; e, por via de consequência, *b*) produz insegurança jurídica.

Desse modo, para evitar estes sérios inconvenientes, é que foi instituída a denominada *prospective overruling*. Nesse sentido, o mecanismo hermenêutico da modulação dos efeitos constitui importantíssimo instrumento técnico, a ser prestigiado pelo legislador e pelos tribunais. É exatamente o que vem preceituado no § 3º do já aludido art. 927: "*Na hipótese de alteração de jurisprudência dominante do Supremo Tribunal Federal e dos tribunais superiores ou daquela oriunda de julgamento de casos repetitivos, pode haver modulação dos efeitos da alteração no interesse social e no da segurança jurídica*".

Assevera, a esse respeito, Marinoni, que: "quando nada indica provável revogação de um precedente, e, assim, os jurisdicionados nele depositam confiança justificada para pautar suas condutas, entende-se que, em nome da proteção da confiança, é possível revogar o precedente com efeitos puramente prospectivos (a partir do trânsito em julgado) ou mesmo com efeitos prospectivos a partir de certa data ou evento. Isso ocorre para que as situações que se formaram com base nos precedentes não sejam atingidas pela nova regra...".[42]

Ademais, o "abandono" do precedente, sobretudo no ambiente de uma experiência jurídica dominada pelo *case law*, exige do órgão judicial uma carga de argumentação que supõe não apenas a explicação ordinária das razões de fato e de direito que fundamentam a decisão, mas, ainda, justificação complementar. Essa imposição natural é geralmente esclarecida pelo denominado *princípio da inércia*, segundo o qual a orientação já adotada em várias oportunidades deve ser mantida no futuro (por ser presumivelmente correta, pelo desejo de coerência e pela força do hábito). Não pode, pois, ser desprezada sem uma motivação satisfatória.[43]

No direito norte-americano, tanto a Suprema Corte quanto os tribunais superiores dos respectivos Estados, ao longo da história, reveem seus precedentes quando manifestamente equivocados ou ultrapassados. Encontra-se expressivo

---

42 Luiz Guilherme Marinoni, *Eficácia temporal da revogação da jurisprudência consolidada dos tribunais superiores*, Revista dos Tribunais, 906(2011):259. V., sobre o tema da modulação, por último, Ravi Peixoto, *Superação do precedente e segurança jurídica*, pp. 313 ss.

43 Cf. Perelman e Olbrechts-Tyteca, *Tratado da argumentação. A nova retórica*, p. 120: "A inércia permite contar com o normal, o habitual, o real, o atual, e valorizá-lo, quer se trate de uma situação existente, de uma opinião admitida ou de um estado de desenvolvimento contínuo e regular. A mudança, em compensação, deve ser justificada; uma decisão, uma vez tomada, só pode ser alterada por razões suficientes"; Marina Gascón Abellán, *La técnica del precedente y la argumentación racional*, p. 40.

exemplo da técnica do *overruling* em uma conhecida situação na qual um consumidor acionou um fabricante de automóveis visando a receber indenização por danos pessoais, resultantes de defeito no carro. O tribunal de apelação reformou a sentença de primeiro grau, eximindo o fabricante de qualquer responsabilidade em relação ao demandante, porque este não era o comprador original. O automóvel havia sido adquirido de um terceiro.[44]

Ocorre que, posteriormente, por força de um *writ of error* (espécie de ação rescisória), a mesma corte, reexaminando a orientação que antes prevalecera e desconsiderando o caráter privado do contrato, julgou procedente o pedido de indenização, isto é, favorável ao consumidor, com fundamento em precedente do Tribunal de Apelação do Estado de New York (*Mac Pherson v. Buick Motor Co., 217 N.Y. 382, 111 N.E. 1050*).[45]

11. Ampla publicidade dos pronunciamentos dos tribunais

Dúvida não há de que um dos problemas mais sérios atualmente enfrentados pela nossa comunidade jurídica corresponde às enormes dificuldades de comunicação eficaz entre os mais de 50 tribunais de nosso país.

Focando esta questão, o entao Presidente do Conselho Nacional de Justiça, ministro Ricardo Lewandowski, visando a estimular a criação de canais de compartilhamento, unificação e disseminação da jurisprudência entre os tribunais,

---

44 *Johnson v. Cadillac Motor Co., 261 F. 878, 886, 8 A.L.R. 1023.* V., a respeito, Benjamin Nathan Cardozo, *A natureza do processo judicial*, pp. 146-147.

45 Anote-se que esse precedente judicial foi também invocado pelo Lord Atkin, perante a *House of Lords*, e é considerado o *leading case* em matéria de responsabilidade aquiliana, no qual se anteviu a inconsistência do princípio da relatividade dos efeitos contratuais.
Procurando explicar a filosofia dessa possibilidade inerente de "reforma do precedente", vale transcrever trecho de magnífica página da clássica obra de Benjamin Cardozo (Juiz da Suprema Corte dos Estados Unidos, de 1932 a 1938), na qual se reporta a passagem de Monroe Smith: "... O *common law* não opera com verdades preestabelecidas, de validade universal e inflexível, para chegar a conclusões derivadas delas, por um processo dedutivo. Seu método é indutivo e ela extrai as suas generalizações de particulares. Este processo foi admiravelmente fixado por Monroe Smith: ‹Em seus esforços para dar ao sentimento social de justiça expressão articulada em regras e em princípios jurídicos, o método dos profissionais na pesquisa do direito sempre foi experimental. As regras e princípios do direito consuetudinário (*case-law*) nunca foram tratados como verdades finais, mas como hipóteses de trabalho, continuamente reexaminadas nesses grandes laboratórios do direito que são os tribunais de justiça. Cada caso novo é uma experiência; e se as regras aceitas, provavelmente aplicáveis, conduzem a resultado que se sente injusto, a regra é reconsiderada. Pode não ser modificada imediatamente, pois a tentativa de fazer absoluta justiça em cada caso concreto tornaria impossível o desenvolvimento e a manutenção de regras gerais; mas se continua a produzir injustiças, será eventualmente reformulada'..." (*A natureza do processo judicial*, pp. 59-60).

baixou a Portaria 191, em 2 de dezembro de 2014, instituindo o *Conselho da Presidência do CNJ para disseminação nacional da jurisprudência uniformizada*, que já concluiu a sua missão, colhendo as informações necessárias para submeter, em breve, à apreciação daquele órgão uma proposta concreta em prol de maior sinergia entre as nossas inúmeras cortes de justiça.

Atento também a essa problemática, o Código em vigor, no § 5º do art. 927, recomenda aos tribunais que cuidem não apenas da devida divulgação de seus respectivos julgados pelas redes de informação eletrônica, como ainda que sejam eles selecionados por matéria.

Torna-se realmente recomendável que os órgãos judicantes providenciem ampla publicidade às suas decisões, sobretudo daquelas referentes às teses mais polêmicas, a nortear as demais cortes de justiça, evitando com isso, indesejada divergência pretoriana.

12. Força do precedente no julgamento dos processos repetitivos

Diante de redação um tanto inusitada, até mesmo pela evidente redundância que contém, o art. 928 do Código de Processo Civil, visando a evitar quaisquer dúvidas, estabelece que o julgamento de casos repetitivos, para os fins do novel diploma processual, é aquele proferido no incidente de demandas repetitivas (arts. 976 a 987) ou nos recursos extraordinário e especial repetitivos (arts. 1.036 a 1.041). Observe-se que – por paradoxal que possa parecer –, não há, no atual diploma processual, qualquer outro tipo de decisão em casos repetitivos!

Como o legislador insistiu em enfatizar, em inúmeros dispositivos, a eficácia vinculante do julgamento prolatado em casos repetitivos (cf., p. ex., art. 988, IV), entendeu por bem apontar as duas espécies dessa modalidade de decisão previstas no Código de 2015.

13. Objeto do julgamento dos casos repetitivos

Ainda em tom didático, assinala o parágrafo único, que a questão, objeto do julgamento em tais hipóteses, pode ser de natureza material ou processual.

Ora, antes mesmo da vigência do Código de Processo Civil, nota-se que, no âmbito do incidente de resolução de recursos repetitivos, regrado pelos arts. 543-B e 543-C do velho estatuto processual, o Supremo Tribunal Federal e o Superior Tribunal de Justiça enfrentaram, sem qualquer celeuma, questões de cunho processual ou de direito material.

Com efeito, apenas por ilustração, o Plenário da Suprema Corte, no julgamento do Recurso Extraordinário 633.703-MG, relatado pelo ministro Gilmar

Mendes, ficou patenteado que: "O recurso extraordinário é conhecido para: a) reconhecer a repercussão geral da questão constitucional atinente à aplicabilidade da LC 135/2010 às eleições de 2010, em face do princípio da anterioridade eleitoral (art. 16 da Constituição), de modo a permitir aos Tribunais e Turmas Recursais do país a adoção dos procedimentos relacionados ao exercício de retratação ou declaração de inadmissibilidade dos recursos repetitivos, sempre que as decisões recorridas contrariarem ou se pautarem pela orientação ora firmada.; b) dar provimento ao recurso, fixando a não aplicabilidade da Lei Complementar nº 135/2010 à eleições gerais de 2010". [46]

Abordando matéria de natureza processual, a 2ª Turma do Supremo, por ocasião do julgamento no Agravo Regimental no Recurso Extraordinário com Agravo 796.984-RN, cujo voto condutor é da lavra da ministra Cármen Lúcia, assentou que: "... O Tribunal de origem sobresteve o recurso especial interposto pelo ora Agravante para aguardar julgamento do Superior Tribunal de Justiça em processo analisado sob a sistemática dos recursos repetitivos e, uma vez julgada a matéria, o Tribunal *a quo* aplicou o inc. I do § 7º do art. 543-C do CPC. É incabível recurso de agravo previsto no art. 544 do CPC com o objetivo de admitir recurso extraordinário interposto contra decisão que aplica a sistemática de recursos repetitivos. Assim, por exemplo o Recurso Extraordinário com Agravo 787.432, Relator o ministro Luiz Fux, DJe 24.2.2014, transitado em julgado. Ademais, como afirmado na decisão agravada, a falta de interposição simultânea do recurso extraordinário torna preclusas eventuais questões constitucionais relativas à matéria julgada pelo Tribunal de origem...".[47]

Já no âmbito do Superior Tribunal de Justiça, também em sede de recurso repetitivo, no julgamento da 4ª Turma, no Agravo Regimental no Recurso Especial 1.273.214-ES, relatado pelo ministro Raul Araújo, restou decidido que: "... Nesse particular aspecto, em relação à obrigatoriedade de juntada de peças essenciais na formação do agravo de instrumento do art. 522 do CPC, esta Corte adotava o entendimento de que o conhecimento do agravo de instrumento pressupunha a juntada das peças de caráter obrigatório, além daquelas consideradas essenciais à compreensão da controvérsia, requisito esse que deveria estar preenchido no momento da interposição do recurso. No entanto, a Corte Especial, na sessão realizada em 2 de maio de 2012, ao julgar o REsp. 1.102.467-RJ, de relatoria do ministro Massami Uyeda, sob o regime do art. 543-C, § 1º, do CPC (recursos repetitivos) e da Resolução/STJ nº 8/2008, firmou nova orientação no sentido de que a ausência de peças facultativas no agravo de instrumento (CPC, art. 525,

46 J. u., DJe, 18.11.2011.

47 J. u., DJe, 05.05.2014.

II), consideradas necessárias ou essenciais à compreensão da controvérsia, não enseja a inadmissão liminar do recurso, devendo o Tribunal *a quo* dar oportunidade ao agravante de complementação do instrumento, fixando prazo para tanto... Logo, a manutenção da decisão monocrática agravada e o consequente provimento do recurso especial são medidas que se impõem...".[48]

Desse modo, ao lado desta questão de natureza processual, examinada no âmbito de recursos repetitivos, inúmeros outros arestos, submetidos ao procedimento dessa mesma técnica de julgamento, cuidaram de questões de direito material, como, por exemplo, extrai-se daquele proferido no Agravo Regimental no Agravo em Recurso Especial 617.348-MS, de relatoria do ministro Luis Felipe Salomão, *in verbis*: "A jurisprudência desta Corte é assente no sentido de que os juros remuneratórios cobrados pelas instituições financeiras não sofrem a limitação imposta pelo Decreto nº 22.626/33 (Lei de Usura), a teor do disposto na Súmula 596/STF. Esse posicionamento foi confirmado no julgamento do Resp. 1.061.530-RS, de 22.10.2008, afetado à 2ª Seção de acordo com o procedimento da Lei dos Recursos Repetitivos (Lei nº 11.672/08), sob a relatoria da ministra Nancy Andrighi... Agravo regimental a que se nega provimento".[49]

Continuo entendendo que o inconveniente desta técnica é que, a rigor, fere a garantia do devido processo legal, porque a parte em um recurso cuja tramitação foi sobrestada é diretamente atingida por decisão proferida em outro processo, sem a sua participação.

14. Sujeição do árbitro aos precedentes judiciais

Questão que tem sucitado polêmica em nível teórico concerne em saber se nos domínios da arbitragem prevalece a eficácia dos precedentes judiciais.

A sentença arbitral, no atual sistema processual brasileiro, equipara-se em tudo ao pronunciamento decisório estatal que resolve o litígio (art. 31 da Lei de Arbitragem), sendo inclusive classificado como título executivo judicial (art. 515, VII, do CPC).

O árbitro, a seu turno, a teor do art. 18 da Lei de Arbitragem, é juiz de fato e de direito.

Diante de tais premissas, escolhido de comum acordo pelas partes o direito brasileiro para reger determinada arbitragem, tal ordenamento jurídico, em todas

48 J. u., DJe, 23.04.2015.

49 J. u., DJe, 28.04.2015.

as suas dimensões, deverá então servir de norte para fundamentar a futura sentença que colocará termo ao respectivo processo arbitral.

Em outras palavras, o tribunal arbitral, para dirimir a controvérsia submetida à sua apreciação, tem o dever inafastável de julgar em consonância com o arcabouço de normas, regras e outras formas de expressão do direito que integram o direito positivo brasileiro.

Desse modo, assim como o juiz togado, o árbitro não poderá se afastar da interpretação, acerca de determinado texto legal, que desponta consagrada pelos tribunais pátrios. O precedente judicial, portanto, constitui valioso subsídio para que o árbitro, no processo hermenêutico de subsunção, possa aplicar a lei ao caso concreto, cumprindo adequadamente a missão que lhe foi outorgada pelas partes.

Importa reconhecer que, nesta hipótese, não é propriamente a autoridade hierárquica da qual provém o precedente que determina ao árbitro a sua observância. É por isso que, inexistindo qualquer interdependência funcional entre tribunal estatal e árbitro, não cabe reclamação se o precedente judicial não for aplicado pelo árbitro.

Na verdade, a eficácia persuasiva do precedente e a exigência de segurança jurídica é que impõem o seu respeito pelo tribunal arbitral, sobretudo quando aquele estiver consolidado ou até mesmo, pela reiteração, transformado em súmula.[50] É evidente que se for hipótese de incidência de súmula vinculante, com maior dose de razão, o árbitro não poderá desprezá-la, invocando simples questão de convicção íntima.

Não tem sentido algum admitir que, de um lado, o juiz estatal encontre-se sujeito à incidência do precedente e, de outro, o árbitro esteja livre para afastar a sua observância. Quando nada, maculado estaria o princípio da isonomia, a desacreditar o juízo arbitral.

Ressalte-se, apenas para argumentar, que se o tribunal arbitral tivesse sido constituído para julgar por equidade (e não com base no direito), poder-se-ia admitir, com efeito, toda liberdade daquele para recusar a incidência da norma ou de determinada orientação jurisprudencial por reputá-la, por exemplo, injusta na situação concreta.

Na "arbitragem de direito" isso não me parece permitido.

Cumpre enfatizar, contudo, que tanto o juiz togado quanto o árbitro não são "escravos do precedente", até porque, sendo exigido o dever de motivação para

50 Cf. recente artigo de Luis Felipe Salomão e Rodrigo Fux, *Arbitragem e precedentes judiciais*, O Globo, 21.7.2020.

ambos, poderão eles, em igualdade de condições, nas respectivas sentenças, justificar a inobservância de determinada exegese pretoriana.

Seja como for, é também importante ter presente que se o árbitro *tout court* não observar o precedente judicial, configura-se *error in iudicando* e, nesse caso, não cabe ação anulatória da sentença, porque vedado ao Judiciário o controle intrínseco da justiça ou injustiça do julgamento do processo arbitral.

No entanto, a regra do art. 489, § 1º, VI, do Código de Processo Civil, a qual, à evidência, também se aplica à arbitragem, é vocacionada à proteção da confiança, quando impede que o juiz (ou árbitro), ao proferir a sentença, despreze súmula ou precedente, colacionado como reforço argumentativo por uma das partes, não tomando o cuidado de explicar que o julgado paradigma não se aplica ao caso concreto, ou mesmo, que já se encontra superado pela obsolescência.

Entendo que, por força do importante aforismo, *iura novit curia*, mesmo que a tese jurisprudencial, embora relevante, não seja invocada pela parte interessada, a sentença encontra-se eivada de nulidade, se o árbitro a desprezar de forma injustificada.

Nos termos do inciso VI do § 1º do art. 489, configurando-se a hipótese aí prevista, o tribunal arbitral, assim como ocorre na esfera do processo judicial, tem o ônus de justificar que a súmula ou precedente invocado pela parte não tem incidência na hipótese concreta.

Caso contrário, a sentença arbitral é passível de controle pelo Poder Judiciário, devendo ser considerada formalmente viciada, por ausência de fundamentação.

Colocada em discussão a posição então secundada por Guilherme Rizzo Amaral, ao ensejo das XII Jornadas Brasileiras de Direito Processual Civil, Eduardo Talamini observou, em tom crítico, que se o árbitro deixar de aplicar os precedentes, assim como se equivocar ao aplicar a lei, haveria simplesmente *error in iudicando*, sem quaisquer consequências no plano do direito, já que incabível, nesta hipótese, o ajuizamento da ação de nulidade da sentença arbitral, prevista no art. 32 da Lei de Arbitragem.

Todavia, depois de meditar sobre a questão, continuo entendendo que, tal como o juiz togado, o árbitro não tem liberdade para recusar a aplicação dos precedentes judiciais no âmbito da arbitragem de direito.

Para afastar a incidência de determinada construção pretoriana ao construir a sentença arbitral, exatamente por ser de direito e não julgamento por equidade, em sua tarefa de subsunção, o tribunal arbitral tem o ônus da justificação para afastar a aplicação do precedente judicial, seja por não se amoldar bem à situação vertente, seja pela sua manifesta obsolescência. Se não o fizer, a sentença arbitral irrompe viciada, passível portanto de ser atacada pela ação declaratória de nulidade, com fundamento no inc. IV do aludido art. 32, porque certamente *"proferida fora dos limites da convenção de arbitragem"*.

Nesse caso, Guilherme Rizzo Amaral assevera, com acerto, que a sentença é dada com base na equidade, e não nas regras do ordenamento jurídico vigente![51]

Se tal questão merece atenção na esfera acadêmica, verifica-se, com efeito, que na experiência cotidiana, como corretamente ponderou Talamini, estamos diante de um falso problema!

Bem é de ver que toda esta discussão faria realmente sentido se, na prática, os árbitros se recusassem, de forma deliberada e com alguma frequência, a invocar precedentes, vinculantes ou não, no momento em que tivessem de elaborar a *ratio decidendi*, vale dizer, a fundamentação da sentença arbitral.

A propósito, ouso perguntar se algum profissional do direito, no ambiente ainda restrito da arbitragem, já esteve diante de uma sentença arbitral na qual consignado que os árbitros signatários, de comum acordo, deixavam de seguir determinado precedente porque considerado injusto ou equivocado?

Alguém já se deparou com sentença arbitral, na qual, por exemplo, o tribunal arbitral desconsiderou a orientação consolidada no Superior Tribunal de Justiça de que o prazo prescricional para o exercício da pretensão à reparação dos danos causados por fato do produto ou do serviço flui a partir da ciência inequívoca pela vítima dos efeitos do ato lesivo?

Ressalte-se, outrossim, ser firme a jurisprudência dos tribunais pátrios, em particular do Superior Tribunal de Justiça, no sentido de que há cerceamento de defesa quando a decisão afrontar a garantia constitucional do direito à prova, como corolário do devido processo legal. Pergunta-se: restaria hígida uma sentença arbitral que julgasse antecipadamente procedente o pedido, ao argumento de que a parte requerida não provou o fato modificativo do direito do autor, sem que tivesse tido a chance de produzir prova oral?

Conclui-se, pois, que, sob o prisma da praxe arbitral, o debate acerca da questão acima suscitada deixa de ter maior relevância, sobretudo se considerarmos um importante aspecto: a qualidade, a formação e a experiência da esmagadora maioria dos nossos árbitros, que, além de todos esses predicados, têm de ultrapassar duplo escrutínio: das partes e da respectiva câmara!

---

51 *Judicial Precedent and Arbitration*, London, Wildy, Simmonds and Hill Publishing, 2018, p. 123.

IX

À GUISA DE CONCLUSÃO

Sumário: 1. Valor do precedente no discurso judicial. **2.** Esboço de uma teoria geral do precedente judicial.

1. Valor do precedente no discurso judicial

Como tivemos oportunidade de esclarecer, no preâmbulo desta tese, uma teoria da argumentação jurídica que porventura deixasse de considerar a importância dos precedentes judiciais como objeto de reflexão perderia um de seus mais valiosos elementos.

Sim, porque além dos escopos teórico e político, a função prática do discurso judicial deve ser apta a oferecer subsídios úteis para o desempenho da tarefa de arrazoar, produzir, interpretar e aplicar o direito. Desse modo, os precedentes judiciais ingressam na complexa seara do raciocínio jurídico como elemento paradigmático visando, sobretudo, a persuadir e a convencer.

Verifica-se que, na atualidade, mesmo no ambiente jurídico da Europa continental, a transcendência dos precedentes vem sobrelevada, sendo que boa parte da doutrina, certamente influenciada pela longa e profícua experiência histórica, tece importantes considerações acerca da sua força vinculante.

Partindo do pressuposto de que o produto da atividade judicial (*Richterrecht*) constitui fonte "irrecusável" de conhecimento do direito, Giovanni Orrù, que escreveu importante monografia de comparação jurídica entre os direitos italiano e alemão, arrola, em abono da tese da eficácia obrigatória dos precedentes, os seguintes argumentos:

1º) a jurisprudência consolidada garante a certeza e a previsibilidade do direito, e, portanto, evita posteriores oscilações e discussões no que se refere à interpretação da lei. Os cidadãos baseiam as suas opções não apenas nos textos legais vigentes, mas, também, na tendência dos precedentes dos tribunais, que proporcionam àqueles, na medida do possível, o conhecimento de seus respectivos direitos. A uniformidade da jurisprudência integra o cálculo de natureza econômica, sendo a previsibilidade que daquela decorre um pressuposto inafastável para o seguro desenvolvimento do tráfico jurídico-comercial: uma mudança abrupta e não suficientemente justificada da orientação pretoriana solapa a estabilidade dos negócios;

2º) a jurisprudência consolidada garante a igualdade dos cidadãos perante a distribuição da justiça, porque situações assemelhadas são tratadas do mesmíssimo modo, e a democracia participativa exige a paridade de trato entre os membros da comunhão social. O tratamento desigual pelos tribunais é forte indício de injustiça em pelo menos um dos casos. Tão-somente justificadas razões peculiares autorizam o desvio dos precedentes judiciais;

3º) a jurisprudência consolidada evidencia submissão moral de respeito à sabedoria acumulada pela experiência, não de forma simplesmente mecânica, mas, sim, por meio de adesão crítica consciente, conseguindo detectar, entre várias situações, um núcleo central estável; e, por fim,

4º) a jurisprudência consolidada constrói uma presunção (relativa) em prol da justiça do precedente, até porque sem um razoável grau de confiança na anterior elaboração judicial, faltaria um dos fundamentos mais relevantes da evolução do direito. É despiciendo dizer, nesse sentido, que um juiz solitário, colocado diante do texto legal, sem qualquer mediação oferecida pelos precedentes judiciais, não poderia, em curto espaço de tempo, chegar a resultados de qualidade.

Orrù encerra a sua exposição afirmando que o juiz, contudo, jamais deve ser escravo do precedente judicial, porque certamente haveria aí uma abdicação da independência da livre persuasão racional, assegurada pelas modernas legislações.[1]

Colocando de lado a polêmica acerca da natureza ontológica dos precedentes judiciais, quanto a ser ou não fonte primária de direito, Robert Alexy, em obra específica sobre a argumentação jurídica, anota que a primordial justificação da utilização pragmática dos precedentes é ditada pelo "princípio da universalidade" ou da justiça formal, que impõe um tratamento isonômico para situações iguais.

A conciliação entre justiça e universalidade – segundo o referido jurista – pode ser alcançada, em regra, por meio da observância dos precedentes, sem embargo de admitir-se o abandono de uma determinada orientação pretoriana, desde que sobrevenham justificadas razões. E, ocorrendo esta hipótese, o ônus da argumentação deve ser imposto ao operador do direito que pretenda afastar-se do precedente. Alexy entende que, nesse particular, o princípio da inércia de Perelman é adequado, com sua exigência de que uma decisão só pode ser alterada se razões suficientes puderem ser aduzidas para tanto.[2]

Ao preservar a estabilidade, aplicando o precedente nas situações sucessivas análogas, os tribunais contribuem, a um só tempo, para a certeza jurídica e para a proteção da confiança na escolha do caminho trilhado pela decisão judicial.

Em conclusão, Alexy formula duas regras gerais do discurso jurídico para a utilização da jurisprudência dominante, a saber:

1 Cf. Giovanni Orrù, *Richterrecht. Il problema della libertà e autorità giudiziale nella dottrina tedesca contemporanea*, cit., pp. 74-85.

2 *Teoria da argumentação jurídica*, cit., p. 259.

a) *Quando vier invocado um precedente a favor ou contra uma decisão, ele deve, em princípio, ser seguido*;

b) *Quem pretender se afastar de um precedente, tem o ônus da justificação.*[3]

Procurando participar desse profícuo debate, Marina Gascón Abellán afirma, por sua vez, que o respeito ao precedente judicial gera duas importantes conseqüências, quais sejam:

i) existência de presunção favorável no sentido de que na solução de casos objetivamente iguais seja seguida a precedente linha interpretativa; e

ii) exigência de que sejam declinadas as razões da dissensão, na hipótese de ser considerado errôneo o anterior critério da jurisprudência, decidindo-se o caso de acordo com o critério que passa a ser considerado correto para solucionar questões futuras.[4]

A ruptura com a linha de argumentação que justificou a orientação pretérita emerge sempre legítima quando é fundamentada em razões jurídicas objetivas (*quaestio iuris*) e dotada de vocação para o futuro, ou seja, destinada a ser mantida com potencial continuidade em situações análogas.

Envolvido também nessas reflexões, Giovanni Sartor admite que a moderna doutrina em defesa da eficácia vinculante do precedente apresenta-se mais convincente, sobretudo se estiver garantida a prática do overruling, vale dizer, seja superada, com maior flexibilidade, a orientação da jurisprudência entendida perplexa, ultrapassada ou mesmo equivocada. Na verdade, Sartor idealiza um modelo de precedente com força obrigatória apenas *presumida*.[5]

Focando a vida cibernética do terceiro milênio e, por essa razão, desenvolvendo uma narrativa realística, o referido autor italiano destaca, como ponto de partida, o amadurecimento da ciência jurídica para conseguir, sobre certos temas, uma argumentação jurídica equilibrada e, provavelmente, uníssona. Nesse caso, sempre haveria a possibilidade de um controle buscando otimizar a interpretação então construída pelo diálogo necessário entre os operadores do direito.

Ademais, a carência de recursos humanos, intelectuais, materiais e temporais disponíveis para a desincumbência da tarefa de administrar o serviço judiciário também aconselha pensar na instituição de mecanismos efetivos que possam diminuir o tempo entre a lesão e a satisfação do direito.

---

3 *Teoria da argumentação jurídica*, cit., p. 261.

4 Marina Gascón Abellán, *La técnica del precedente y la argumentación racional*, cit., pp.98-99.

5 *Precedente giudiziale*, cit., p. 1.354.

E, assim, diante dessa duplicidade de pressupostos, o precedente vinculante constitui um instrumento essencial para fortalecer a certeza do direito e, simultaneamente, contribuir para a redução dos custos da distribuição da justiça.[6]

Cuidando também de mostrar que a jurisprudência acaba desempenhando papel de grande relevo na atividade do operador do direito continental, Martin Kriele esclarece que, em caso de dúvida, deve-se decidir de acordo com o precedente judicial, em decorrência do "princípio da presunção a favor do precedente".[7]

Esse "princípio" veio erigido pela *praxis* e corresponde à "natureza das coisas".

Tal presunção em prol do precedente, sob o prisma da argumentação, permite atingir, na visão de Kriele, importantes objetivos políticos-jurídicos:

1º) orienta a decisão judicial segundo máximas gerais, que, superando o caso julgado, atinge a igualdade de tratamento, preserva a certeza do direito e torna mais previsível o desfecho do processo;

2º) abre caminho para que a doutrina se transforme em direito positivo, ou seja, a opinião doutrinária que não se impõe perante a jurisprudência constitui apenas um simples parecer que não opera qualquer influência na realidade jurídica. Institutos jurídicos desenvolvidos pela dogmática irrompem traduzidos em direito positivo na medida em que são absorvidos pelos precedentes judiciais;

3º) diminui a discussão dogmática sobre figuras jurídicas já consagradas pela jurisprudência, como, por exemplo, lesão positiva do crédito, *culpa in contrahendo*, cessão da garantia;

4º) destaca o vínculo ético do juiz com a dimensão de universalidade do precedente, uma vez que sua decisão também irá estabelecer um precedente. Desse modo, a referida presunção em favor do precedente tem um duplo significado: para o passado e para o futuro. O juiz deve, portanto, considerar a jurisprudência já consolidada e, ainda, cuidar para que a decisão a ser proferida possa também, no futuro, ser invocada em casos análogos;

5º) favorece o progresso da ciência jurídica, com a natural evolução de inúmeros institutos jurídicos.

Assim, diante desse quadro auspicioso – conclui Kriele – se porventura o tribunal resolver desprezar o precedente judicial cabe-lhe o ônus do argumento contrário.[8]

---

6 Sartor, *Precedente giudiziale*, cit., p. 1.354.

7 *Il precedente nell'ambito giuridico europeu-continentale e angloamericano*, La sentenza in Europa, cit., p. 517.

8 *Il precedente nell'ambito giuridico europeu-continentale e angloamericano*, cit., pp. 517-520. V., ainda, considerando a doutrina de Kriele, Sartor, *Precedente giudiziale*, cit., pp. 1.351-1.352.

Gorla, em um de seus últimos ensaios, pondera, acerca dessa derradeira afirmação, que seria até temerário permitir, sem uma argumentação consistente, que um posicionamento jurisprudencial sedimentado deixasse de ser aplicado em hipótese similar. A tutela do cidadão que confiou no Judiciário para a prática de sua atividade negocial não pode jamais ser relegada a pretexto do poder discricionário da magistratura.

Sustenta, pois, que a observância do precedente, no contexto do discurso judicial, deve pautar-se, tanto quanto possível, pelo princípio da igualdade, entendido como igualdade de tratamento judicial à todas as pessoas envolvidas em situações substancialmente semelhantes.[9]

Acrescente-se que, na literartura brasileira de época contemporânea, Tércio Sampaio Ferraz Júnior exalta o inegável papel dos precedentes na constituição do direito. Não se pode desconhecer, destarte, a chamada *jurisprudência pacífica* dos tribunais, "que não obriga, mas *de fato* acaba por prevalecer". Esse *uso* jurisprudencial, fruto de decisões judiciais que se repetem, é, sem dúvida, "fonte" *interpretativa* da lei, "mas não chega a ser fonte do direito. No caso da criação normativa *praeter legem*, quando se suprem lacunas e se constituem normas gerais, temos antes um caso especial de costume".[10]

Importa, outrossim, esclarecer que também há vários juristas modernos cuja doutrina combate a eficácia vinculante dos precedentes.

Com efeito, em longa tratativa dedicada aos precedentes judiciais, Larenz os insere no contexto do discurso judicial, mostrando que não é a resolução do caso concreto que adquire força persuasiva, mas apenas a resposta dada pelo tribunal (a regra jurídica) contida na motivação da sentença.

É induvidoso – esclarece Larenz – que os precedentes, sobretudo os dos tribunais superiores, pelo menos quando não contenham uma significativa contradição, são considerados, com o passar do tempo, "direito vigente".

Não obstante, segundo a original exposição de Larenz, "todo o juiz que haja de julgar de novo a mesma questão pode e deve, em princípio, decidir independentemente, segundo a sua convicção formada em consciência, se a interpretação expressa no precedente, a concretização da norma ou o desenvolvimento judicial do direito são acertados e estão fundados no direito vigente".[11]

---

9 Cf. Gino Gorla, *Precedente giudiziale*, cit., pp. 11-12. V., ainda, na esteira da mesma lição, Sartor, *Precedente giudiziale*, cit., p. 1.352.

10 Tércio Sampaio Ferraz Júnior, *Introdução ao estudo do direito*, cit., pp. 221-222.

11 *Metodologia da ciência do direito*, cit., pp. 611-612.

Criticando, nesse mesmo sentido, a aplicação "cega" do precedente vinculante, Giampaolo Peressutti, em trabalho específico sobre esse tema, adverte que a justiça do caso concreto não pode tornar-se a justiça de um caso futuro. Não parece realmente lógico admitir-se que uma turma julgadora possa, ao eleger uma determinada regra jurídica, indicar a seus pares, a norma que deve ser reputada idônea para decidir um caso análogo. E, diante dessa perspectiva, a técnica do precedente persuasivo é infinitamente mais coerente e segura.[12]

É certo que os precedentes contam com uma relativa presunção de correção, mas nem por essa razão o tribunal deve entregar-se a eles sem qualquer prevenção. É imperioso que elabore, sempre, um juízo próprio, pelo menos quando surjam dúvidas sobre a legalidade e/ou justiça de um determinado precedente judicial.[13]

Concluímos que, de um modo geral, a doutrina contemporânea, com maior ou menor intensidade, insere a iteração das decisões dos tribunais em um importante contexto da hermenêutica jurídica para a solução de casos semelhantes.

Compreende-se, assim, sem grande dificuldade, que o equilíbrio entre a eficácia vinculante do precedente judicial e a persuasão racional do juiz representa, sem dúvida, fator essencial de uma eficiente distribuição da justiça.

2. Esboço de uma teoria geral do precedente judicial

Assim, diante dessa perspectiva, parece-nos possível traçar algumas linhas mestras que podem ser consideradas comuns à dinâmica das decisões judiciais.

Na verdade, uma teoria sobre os precedentes que aspire a ser geral, e portanto desfrutar de alguma utilidade heurística, deve, segundo entendemos, partir da premissa de que o precedente é uma realidade em sistemas jurídicos histórica e estruturalmente heterogêneos, e que apresenta características próprias em diferentes legislações.

Desse modo, as distinções dogmáticas entre ratio decidendi e obiter dictum, e entre eficácia vinculante e eficácia persuasiva do precedente judicial, constituem elementos difusos e por demais imprecisos. Parece possível, no entanto, imaginar uma teoria do precedente de espectro realmente mais abrangente, e talvez capaz de definir como a repetição de julgados opera em diversos contextos jurídicos.

12 Giampaolo Belloni Peressutti, *Metodo e strategia nell'utilizzazione dei precedenti giudiziali: riflessioni di um avvocato civilista*, Il valore dei precedenti giudiziali nella tradizione europea (obra coletiva dir. Umberto Vincenti), cit., p. 155.

13 Cf. Larenz, *Metodologia da ciência do direito*, cit., p. 614.

Segundo essa proposta teórica, na visão de Michele Taruffo, o precedente deve ser conceituado, em cada ordenamento, em função da combinação de quatro diferentes fatores, ou pela intersecção de quatro dimensões. Cada uma dessas dimensões inclui várias possibilidades, graus ou peculiaridades; cada qual (em maior ou menor intensidade) existe em qualquer legislação.

Em outras palavras, o regime do precedente opera em todo sistema jurídico a partir da interação de vários fatores, que podem ser classificados nos seguintes vetores: 1. a dimensão institucional; 2. a dimensão objetiva; 3. a dimensão estrutural; e 4. a dimensão da eficácia.[14]

A primeira delas – a *dimensão institucional* – deve ser analisada à luz da organização judiciária e a forma pela qual a relação de subordinação hierárquica entre os tribunais é escalonada. Entram aqui em cena as espécies de precedente vertical, horizontal e auto-precedente.

Desde que exista uma estrutura burocrática de sobreposição de tribunais, é natural que o precedente de tribunal superior exerça um grau de influência maior no âmbito das cortes e juízos inferiores.

É claro que o denominado auto-precedente, via de regra, também se impõe, interna corporis, como medida de coerência, além, é claro, da segurança jurídica que deve ser preservada pelos tribunais.

Pelo contrário, os precedentes horizontais, provenientes de órgãos postados no mesmo patamar hierárquico, possuem relativa eficácia persuasiva. Ressalte-se que, nessa hipótese, a autoridade intrínseca do julgado, sobretudo quando estiver enfrentando matéria nova, poderá realmente ser seguida por outros tribunais.

A dimensão objetiva do precedente, por outro lado, diz respeito à determinação de sua influência na decisão de casos futuros. Tem aqui relevância a distinção entre ratio decidendi e obiter dictum, tendo-se em vista que o predicado formal de precedente é atribuído apenas à *ratio decidendi.*

Nos sistemas de direito codificado essa distinção também se faz importante, visto que a persuasão advinda da anterior decisão se prende ao caso, à tese jurídica, efetivamente julgada e não, à evidência, às impressões pessoais do julgador, muitas vezes declinadas na fundamentação do acórdão.

Outro aspecto que também resulta importante, nesse particular, é a seleção e respectiva documentação das decisões.

É bem de ver que, entre nós, a conservação e a respectiva difusão da jurisprudência é reputada satisfatória. Além do prestígio que continuam tendo os

---

14 Cf. Taruffo, *Dimensioni del precedente giudiziario*, cit., pp. 387-388.

repertórios tradicionais (*Revista Forense* e *Revista dos Tribunais*), hoje, há periódicos estampados pelos próprios tribunais, outorgando-lhes um cunho de publicação oficial.

O rápido incremento da comunicação eletrônica na última década, como é notório, tem auxiliado o armazenamento e a consulta dos precedentes judiciais.

É de ter-se presente, contudo, que muitos repertórios de jurisprudência, visando a chamar a atenção para determinado assunto, constroem a *ementa* dos arestos afastando-se do verdadeiro *thema decidendum*. Essa prática, não raro, induz o profissional, que não teve o cuidado de ler a íntegra do acórdão, a equivocar-se.

Já no tocante à *dimensão estrutural*, ou seja, ao conceito substancial de precedente, no âmbito do *common law*, como visto, uma única decisão pode perfeitamente produzir eficácia de *binding precedent*. Na órbita do direito codificado exige-se, via de regra, um número considerável de decisões similares, para chegar-se à concepção de "jurisprudência consolidada" ou "unânime".

Assinale-se que, nessa hipótese, o fator temporal também é importante, porque uma orientação pretoriana sedimentada reclama, normalmente, um longo período.

Precedentes contraditórios, em qualquer sistema jurídico, também geram um problema que deve ser resolvido pelo tribunal que está incumbido de decidir o caso sucessivo.

Finalmente, a *dimensão da eficácia* deriva do grau de influência que o precedente exerce sobre a futura decisão em um caso análogo.

Durante toda a evolução histórica da atividade judicial, a força vinculante das decisões sofreu profundas alterações, sendo correto afirmar-se que, hoje, nem mesmo a *House of Lords* encontra-se absolutamente adstrita às suas próprias decisões.

Aduza-se que, sob tal perspectiva, as técnicas do *overruling* (*common law*) e do *revirement* (*civil law*) representam situações específicas e excepcionais com o escopo de excluir do ordenamento jurídico determinado precedente, para substituí-lo por outro que melhor se ajuste à hipótese *sub examine*.[15]

Não é preciso dizer, a esse respeito, que a preservação, na medida do possível, das correntes predominantes da jurisprudência, constitui obra de boa política judiciária, porque infunde na sociedade confiança no Poder Judiciário.[16]

---

15 Seguimos, em parte, a lúcida exposição de Taruffo, *Dimensioni del precedente giudiziario*, cit., pp. 389 ss.

16 Cf. Mário Guimarães, *O juiz e a função jurisdicional*, cit., p. 327.

Cumpre destacar, por fim, uma questão que ainda se encontra em aberto, uma vez que nem pelo prisma da história e tampouco pela dogmática moderna obteve solução satisfatória.

Referimo-nos ao árduo problema da eficácia retroativa do "novo" precedente judicial.

A orientação jurisprudencial predominante em um determinado momento presta-se, como é curial, a que o jurisdicionado decida se vale ou não a pena recorrer ao Poder Judiciário em busca do reconhecimento de um determinado direito.

É evidente que o acervo de julgados possibilita que os eventuais litigantes, consultando os precedentes, tenham uma idéia da solução que poderá ser dada se um deles decidir ir a juízo. Infere-se, destarte, que o estudo da jurisprudência não permite apenas conhecer as regras de direito material, mas, igualmente, as soluções que possivelmente poderão ser obtidas e, ainda, ter uma noção das dificuldades que serão encontradas, das chances de vitória e do custo que será ncessário experimentar para conseguir esta ou aquela vantagem.[17]

Ocorre, no entanto, que, iniciado o respectivo processo, pode ser alterada a interpretação pretoriana antes sedimentada, selando a sorte daquela demanda.

Cite-se, a propósito, como exemplo, o significativo número de ações judiciais que foram aforadas, após ter sido firmada a tendência no sentido de que os prejuízos decorrentes da variação cambial do dólar norte-americano, a partir de janeiro de 1999, nos contratos de *leasing*, deveriam ser suportados pela arrendadora.

Tal entendimento decorria da incidência do disposto no art. 6º, V, do Código de Defesa do Consumidor, autorizando modificar as cláusulas contratuais que estabeleçam prestações desproporcionais ou sua revisão em razão de fatos supervenientes, que as tornem excessivamente onerosas.[18]

Não obstante, no recente julgamento do *Recurso Especial nº 472.594*, a 2ª Seção do Superior Tribunal de Justiça, por maioria de votos, modificou totalmente aquela corrente, ao argumento de que a probabilidade de desvalorização cambial era previsível, e, por esse motivo, cada contratante tem uma parcela de responsabilidade.

A linha de argumentação que prevaleceu foi a seguinte: "*se houve pedido de empréstimo em dólar, é correto o repasse do custo da transação ao consumidor na mesma moeda. Não parece, pois, razoável que estando autorizada a arrenda-*

---

17 V., nesse sentido, Marc Galanter, *A justiça não se encontra apenas nas decisões dos tribunais*, Justiça e litigiosidade: história e prospectiva (obra coletiva coord. António M. Hespanha), Lisboa, Fundação C. Gulbenkian, 1993, p. 69.

18 Cf., *e. g.*, STJ, 3ª Turma, *REsp. n. 417.927-SP*, rel. Min. Nancy Andrighi, *D.J.U.* de 1º-07-2002.

dora a contratar pela variação cambial e assim acordando o mutuário, tenha de arcar com o ônus integral, já que é igualmente vítima da drástica desvalorização do real".

Assim, fixada essa nova orientação, todas as demandas em curso, em princípio, terão esse desfecho, vale dizer, o reajuste das prestações vencidas, a partir de 19 de janeiro de 1999, deverá ser feito pela metade da variação cambial.

Do cotejo entre as ações que se encerraram antes dessa decisão e os futuros julgamentos verifica-se que a jurisprudência tratou de modo desigual situações jurídicas substancialmente idênticas.

Importa esclarecer que essa tormentosa questão, da retroatividade dos precedentes, foi objeto de preocupação pelo menos em um única decisão de que temos notícia, proferida pelo Min. César Asfor Rocha, ao examinar a *Medida Cautelar 2.454-RJ* (DJU 13/03/2000), repetida dias depois na *Medida Cautelar 2.501-MG* e referendada por unanimidade pela 4ª Turma do Superior Tribunal de Justiça.

Esse provimento afastou-se da orientação até então, *tout court*, predominante, que admitia a medida cautelar para "destrancar" recurso especial que ficara retido no tribunal de origem.

Manifestou-se então o referido Magistrado com o seguinte entendimento: "... concluo que a Medida Cautelar não é meio processual adequado para se decidir sobre se deve ou não incidir a regra contida no § 3º do art. 542 do Código de Processo Civil, mas, sim, o agravo de instrumento. Devo destacar, ademais, ser este o caminho menos dificultoso para as partes e para seus advogados adversarem decisão que determinar a retenção do especial, quando nada por ser desnecessário o deslocamento até Brasília para ingressarem com tal Medida. Contudo, tendo em conta que já há algumas decisões do Superior Tribunal de Justiça admitindo o manejo da Medida Cautelar para esse fim de liberar o processamento do recurso especial que ficou retido, bem como em face das muitas dúvidas reinantes na comunidade jurídica sobre qual o procedimento a ser adotado contra a mencionada decisão de retenção – se Medida Cautelar, Reclamação ou Agravo de Instrumento -, *para não causar surpresa nem prejuízo genericamente* às partes e aos advogados, deve-se admitir, em tese e nos seis primeiros meses do ano de 2000, o manejo de Medida Cautelar para esse fim, se antes não houver definição pela Corte Especial do Superior Tribunal de Justiça. Por isso, e só por isso, é que transponho esse óbice e continuo a apreciar a Medida Cautelar...".

Esse pronunciamento judicial, além de claro e corajoso, ostenta um inegável cunho técnico-pedagógico, ao definir o remédio cabível contra a decisão que determina a retenção indevida do recurso especial: *agravo de instrumento.* Revela, ademais, notável consciência da lealdade que deve fluir da função judicante, ao transmitir segurança jurídica aos jurisdicionados tendo em vista situação processual já consolidada (alicerçada, com toda certeza, em precedentes do próprio STJ).

Estipulada a "regra do jogo", de antemão e dentro de um prazo suficiente, evita-se, com efeito, a retroatividade de orientação jurisprudencial, fato que impede a perpetração de qualquer "emboscada" aos advogados.

Na verdade, a incerteza que nasce do advento de um novo precedente em substituição à orientação consolidada, acarreta um custo social e econômico elevadíssimo, mesmo nos sistemas que não conhecem força vinculante da jurisprudência, uma vez que a situação de incerteza gerada pela mudança somente poderá ser eliminada depois de um período relativamente considerável para que seja consolidada a *nova regula*.[19]

Esse problema foi enfrentado pelo Supremo Tribunal Federal da Alemanha, que revelou grande perplexidade com o fato de que a mudança de rumo dos precedentes judiciais pode mesmo ensejar o "desaparecimento da base do negócio, quando as partes de um acordo partiram, em consonância, da situação jurídica que resultava da jurisprudência anterior".[20]

No entanto, sem embargo da possibilidade de ocorrência dessa inevitável situação, tanto o Supremo como a Corte Constitucional Federal alemães consideram que as regras que proíbem a retroatividade das leis não poderiam estender-se às decisões dos tribunais. Se tal fosse possível, "conduziria a que os tribunais houvessem de estar vinculados a uma jurisprudência outrora consolidada, mesmo quando esta se revela insustentável à luz do conhecimento apurado ou em vista da mudança das relações sociais, políticas ou econômicas".[21]

O princípio da unidade do direito deve ser entendido em relação ao espaço e não em relação ao tempo. Essa mesma observação vale igualmente para a uniformidade da jurisprudência.

Assim como o direito evolui em um constante devenir, torna-se absolutamente indispensável que a legislação codificada seja submetida, em breves intervalos, àquelas reformas impostas pelo desenvolvimento natural das condições sociais; "por mais forte razão seria absurdo desejar que a jurisprudência, que pela mutabilidade no tempo é a mais sensível e a mais preciosa registradora

19 Salvatore Mazzamuto, *Relazione introduttiva*, Lo stile delle sentenze e l'utilizzazione dei precedenti (obra coletiva dir. Letizia Vacca), cit., p. 20.

20 Larenz, *Metodologia da ciência do direito*, cit., p. 617.

21 Larenz, *Metodologia da ciência do direito*, cit., pp. 617-618.

das oscilações, ainda que leves, da consciência jurídica, fosse cristalizada e contida na sua liberdade de movimento e de expansão".[22]

22 Cf., com apoio em Calamandrei, Castanheira Neves, *O instituto dos "assentos" e a função jurídica dos Supremos Tribunais*, cit., pp. 641-642.

BIBLIOGRAFIA

AGUIAR JÚNIOR, Ruy Rosado. *Arbitragem, os precedentes e a ordem pública, Doutrina* – Edição comemorativa 30 anos do STJ, Brasília, maio de 2019.

ALEXY, Robert. *Teoria da argumentação jurídica*, tr. port. Zilda Hutchinson Schild Silva, São Paulo, Landy, 2001.

ALMAGRO NOSETE, José. *Concepto y fuentes del derecho procesal*, Derecho procesal (obra coletiva), t. 1, v. 1, 3ª ed., Valencia, Tirant lo Blanch, 1988.

ALMEIDA JÚNIOR, João Mendes de. *O processo criminal brasileiro*, v. 1, 3ª ed., Max Limonad, Rio de Janeiro, 1920.

ALMEIDA, Candido Mendes de. *Auxiliar jurídico*, 14ª ed., Rio de Janeiro, TIP, 1869.

ALPA, Guido. *I principi generali*, Trattato di diritto privato, dir. Giovanni Iudica e Paolo Zatti, Milano, Giuffrè, 1993

ALPA, Guido. *L'arte di giudicare*, Roma, Laterza, 1996.

ALPA, Guido. *Relazione conclusiva*, Lo stile delle sentenze e l'utilizzazione dei precedenti. Profili storico-comparatistici (obra coletiva dir. Letizia Vacca), Torino, Giappichelli, 2000.

AMARAL, Guilherme Rizzo. *Judicial Precedent and Arbitration*, London, Wildy, Simmonds and Hill Publishing, 2018.

ANDRIOLI, Virgilio. *Massime consolidate della Corte di Cassazione*, Rivista di diritto processuale, 1948, fasc. 1.

ANZON, Adele. *Il valore del precedente nel giudizio sulle leggi*, Milano, Giuffrè, 1995.

ARAÚJO, Justino Magno de. *A renovação do processo civil brasileiro e os desafios do Judiciário no século XXI*, Revista da Escola Paulista da Magistratura, 3, 2002.

ARCHI, Gian Gualberto. *Il classicismo di Giustiniano*, Giustiniano legislatore, Bologna, Mulino, 1970.

ARCHI, Gian Gualberto. *Scopi e metodi della codificazione teodosiana*; *L'imperatore e le fonti del diritto*, Teodosio II e la sua codificazione, Napoli, ESI, 1976.

ARMINJON, Pierre, NOLDE, Baron Boris, e WOLFF, Martin. *Traité de droit comparé*, t. 1, Paris, LGDJ, 1950.

ARNDTS, Ludwig. *Trattato delle pandette*, v. 1, 3ª ed., tr. it. Filippo Serafini, Bologna, Fava e Garagnani, 1877 (reed. 1981).

ASCENSÃO, José de Oliveira. *O direito. Introdução e teoria geral – uma perspectiva luso-brasileira*, 11ª ed., Coimbra, Almedina, 2001.

ATIENZA, Manuel. *As razões do direito – teorias da argumentação jurídica*, tr. port. Maria Cristina G. Cupertino, 2ª ed., São Paulo, Landy, 2002.

ATIYAH, Patrick S. *An Introduction to the Law of Contract*, 5ª ed., Oxford, Clarendon, 2000.

ATIYAH, Patrick S. *Judgments in England*, La sentenza in Europa – metodo, tecnica e stile (obra coletiva), Padova, Cedam, 1988.

AUBRY, C., e RAU, C. *Cours de droit civil français d'après la méthode de Zachariae*, t. 1, 4ª ed., Paris, LGJ, 1869.

AZEVEDO, Álvaro Villaça. *Do concubinato ao casamento de fato*, tese, Belém, Cejup, 1986.

AZEVEDO, Álvaro Villaça. *Os assentos no direito processual civil*, Justitia – Órgão do Ministério Público de São Paulo, 74, 1971.

AZEVEDO, Antonio Junqueira de. *Insuficiências, deficiências e desatualização do Projeto de Código Civil na questão da boa-fé objetiva nos contratos*, Revista dos Tribunais, 775, 2000.

AZEVEDO, Luiz Carlos de, e CRUZ E TUCCI, José Rogério. *Lições de processo civil canônico (história e direito vigente)*, São Paulo, Ed. RT, 2001.

AZEVEDO, Luiz Carlos de, e CRUZ E TUCCI, José Rogério. *Lições de história do processo civil romano*, São Paulo, Ed. RT, 1996.

BAKER, J. H. *Law Reports and English Legal History: the Editorial Problem, Scintillae iuris* – Studi in memoria di Gino Gorla, t. 1, Milano, Giuffrè, 1994.

BAPTISTA, Francisco de Paula, *Compêndio de hermenêutica jurídica*, Clássicos do direito brasileiro, São Paulo, Saraiva, 1984.

BARATTA, Alessandro. *Le fonti del diritto ed il diritto giurisprudenziale*, Materiali per una storia della cultura giuridica, t. 20, nº 1, 1990.

BARBOSA MOREIRA, José Carlos. Comentários ao Código de Processo Civil, v. 5, 10ª ed., Rio de Janeiro, Forense, 2002.

BARCELLONA, Pietro. *Formazione e sviluppo del diritto privato moderno*, Napoli, Jovene, 1995.

BAUDRY-LACANTINERIE, G., e HOUQUES-FOURCADE, M. *Trattato teorico-pratico di diritto civile*, tr. it., v. 1, Milano, Vallardi, s/d.

BELLET, Pierre. *France: la Cour de Cassation*, La Cour Judiciaire Suprême – une enquête comparative (obra coletiva dir. Pierre Bellet e André Tunc), Paris, Economica, 1978.

BENDITT, Theodore M. *The Rule of Precedent*, Precedent in Law (obra coletiva ed. Laurence Goldstein), Oxford, Clarendon, 1991.

BEVILAQUA, Clóvis. *Código Civil dos Estados Unidos do Brasil commentado*, v. 1, 8ª ed., at. Achilles Bevilaqua, São Paulo, Francisco Alves, 1949.

BEVILAQUA, Clóvis. *Theoria geral do direito civil*, 2ª ed., São Paulo, Francisco Alves, 1929.

BIN, Marino. *Il precedente giudiziario – valore e interpretazione*, Padova, Cedam, 1995.

BIONDI, Biondo. *Il diritto romano-cristiano*, 3 vv., Milano, Giuffrè, 1952-1954.

BITTAR, Carlos Alberto. *Os direitos da personalidade*, Rio de Janeiro, Forense Universitária, 1989.

BLACKSTONE, William. *Commentaries on the Laws of England*, v. 1, ed. comemorativa da 9ª ed., London, Cavendish, 2001.

BOBBIO, Norberto. *Teoria do ordenamento jurídico*, 9ª ed., tr. port. Maria Celeste C. L. dos Santos, Brasília, UnB, 1997.

BRETONE, Mario. *La fondazione del "ius civile" nel manuale pomponiano*, Tecniche e ideologie dei giuristi romani, Roma, ESI, 1971.

BRONAUGH, Richard. *Persuasive Precedent*, Precedent in Law (obra coletiva ed. Laurence Goldstein), Oxford, Clarendon, 1991.

BUENO FILHO, Edgard Silveira. *Os precedentes no direito brasileiro*, Revista dos Tribunais, 716, 1995.

BURIL DE MACÊDO, Lucas. Precedentes judiciais e o direito processual civil, 3ª ed., Salvador, JusPodivum, 2019.

BUZAID, Alfredo. *Nova conceituação do recurso extraordinário na Constituição do Brasil*, Estudos de direito, São Paulo, Saraiva, 1972.

BUZAID, Alfredo. *Uniformização da jurisprudência*, Ajuris, 34, 1985.

CAENEGEM, R. Ch. van. *El nacimiento del common law inglés*, separata da *Interpretatio* – Revista de história del derecho, Madrid, Universidad Complutense, 4, 1998.

CAETANO, Marcello. *História do direito português*, v. 1 – Fontes-direito público, Lisboa, Verbo, 1981.

CALAMANDREI, Piero. *La cassazione civile*, Opere giuridiche, v. 6, dir. Mauro Cappelletti, Napoli, Morano, 1976.

CALASSO, Francesco. *Il concetto di "diritto comune"; Il problema storico del diritto comune*, Introduzione al diritto comune, Milano, Giuffrè, 1951.

CALASSO, Francesco. *Medio evo del diritto*, 1 – Le fonti, Milano, Giuffrè, 1954.

CAMBI, Eduardo. *Jurisprudência lotérica*, Revista dos Tribunais, 786, 2001.

CANARIS, Claus-Wilhelm. *Pensamento sistemático e conceito de sistema na ciência do direito*, 2ª ed., tr. port. António Menezes Cordeiro, Lisboa, Fundação C. Gulbenkian, 1996.

CANNATA, Carlo Augusto. *Lineamenti di storia della giurisprudenza romana*, 1, 2ª ed., Torino, Giappichelli, 1976 (= *Historia de la ciencia jurídica europea*, tr. esp. Laura Gutiérrez-Masson, Madrid, Tecnos, 1996).

CAPPELLETTI, Mauro. *Il processo come fenomeno sociale di massa*, Giustizia e società, Milano, Comunità, 1977.

CARDOZO, Benjamin Nathan. *A natureza do processo judicial*, 3ª ed., tr. port. Lêda Boechat Rodrigues, Porto Alegre, Ajuris, 1978.

CARNELUTTI, Francesco. *Sistema del diritto processuale civile*, 2, Padova, Cedam, 1938.

CARVALHO, Fernando Martins de. *Algumas tendências dos nossos tribunais – os chamados "assentos" do Supremo*, O Direito, 68, 1936.

CASSANDRO, Giovanni. *La genesi del diritto comune*, Il diritto comune e la tradizione giuridica europea, Università di Perugia, 1980.

CASSANDRO, Giovanni. *Lezioni di diritto comune*, 1, Napoli, ESI, 1980.

CASELLI, Eduardo Piola. *Giurisprudenza*, Il digesto italiano, 12, 1900-1904.

CERVENCA, Giuliano. *Lineamenti di storia del diritto romano* (obra coletiva dir. Mario Talamanca), Milano, Giuffrè, 1979.

CÉZAR-BRU, Ch., e GARSONNET, E. *Traité théorique et pratique de procédure civile et commerciale*, t. 1, 3ª ed., Sirey, Paris, 1912.

CHORÃO, Mário Bigotte. *Introdução ao direito*, vol. 1 – O conceito de direito, Coimbra, Almedina, 2000.

COGLIOLO, Pietro. *Filosofia del diritto privato*, 3ª tir., Firenze, G. Barbèra, 1912.

COING, Helmut. *Derecho privado europeo*, t. 1 – Derecho común más antiguo; t. 2 – El siglo XIX, tr. esp. Antonio Pérez Martín, Madrid, Fund. Cul. Not., 1996.

COLESANTI, Vittorio. *Giurisprudenza*, Novissimo digesto italiano, 7, 1961.

COLLINET, Paul. *Les preuves directs de l'influence de l'enseignement de Beyrouth su la Codification de Justinien*, Liège, Vaillant-Carmanne, 1927.

COMOTTI, Giuseppe. *Il valore del precedente giudiziale nella tradizione canonica*, Il valore dei precedenti giudiziali nella tradizione europea (obra coletiva dir. Umberto Vincenti), Padova, Cedam, 1998.

CORDEIRO, António Menezes. *Tratado de direito civil português*, v. 1, t. 1, 2ª ed., Coimbra, Almedina, 2000.

CORREIA, Alexandre, e SCIASCIA, Gaetano. *Manual de direito romano*, v. 1, 4ª ed., São Paulo, Saraiva, 1961.

COSTA, Emilio. *Cicerone giureconsulto*, Bologna, Zanichelli, 1927.

COSTA, Mário Júlio de Almeida. *História do direito português*, Coimbra, Almedina, 1989.

COSTA, Mário Júlio de Almeida. *Romanismo e bartolismo no direito português*, Boletim da Faculdade de Direito, Universidade de Coimbra, 36, 1960.

COSTA, Moacyr Lobo da. *A revogação da sentença na Península Ibérica*, São Paulo, s/ed., 1979.

COSTA, Moacyr Lobo da. *A revogação da sentença no direito lusitano (perfil histórico)*, Revista da Faculdade de Direito da USP, 76, 1981.

COSTA, Moacyr Lobo da. *A revogação da sentença*, São Paulo, Edusp/Ícone, 1995.

COSTA, Moacyr Lobo da. *Gaio. Estudo bio-bibliográfico*, São Paulo, Saraiva, 1989.

CRISAFULLI, Vezio. *Fonti del diritto (dir. cost.)*, Enciclopedia del diritto, 17, 1968.

CROSS, Rupert. *Precedent in English Law*, 3ª ed., Oxford, Clarendon, 1977.

CRUZ E TUCCI, José Rogério, e AZEVEDO, Luiz Carlos de. *Lições de história do processo civil romano*, São Paulo, Ed. RT, 1996.

CRUZ E TUCCI, José Rogério, e AZEVEDO, Luiz Carlos de. *Lições de processo civil canônico (história e direito vigente)*, São Paulo, Ed. RT, 2001.

CRUZ E TUCCI, José Rogério, e TUCCI, Rogério Lauria. *Constituição de 1988 e processo*, São Paulo, Saraiva, 1989.

CRUZ E TUCCI, José Rogério. *Jurisdição e poder*, São Paulo, Saraiva, 1987.

CRUZ E TUCCI, José Rogério. *Aspectos processuais da denominada ação declaratória de constitucionalidade*, Ação declaratória de constitucionalidade, obra coletiva coord. Ives Gandra da Silva Martins e Gilmar Ferreira Mendes, São Paulo, Saraiva, 1994.

CRUZ E TUCCI, José Rogério. *Ineficiência da administração da justiça e dano moral*, Questões práticas de processo civil, 2ª ed., São Paulo, Atlas, 1998.

CRUZ E TUCCI, José Rogério. *Lineamentos da nova reforma do CPC*, 2ª ed., São Paulo, Ed. RT. 2002.

CRUZ E TUCCI, José Rogério. *Tempo e processo*, São Paulo, Ed. RT, 1997.

CRUZ, Guilherme Braga da. *História do direito português*, Coimbra, s/ed., 1955.

CRUZ, Guilherme Braga da. *O direito subsidiário na história do direito português*, separata da Revista portuguêsa de história, Coimbra, 14, 1975.

CUETO RUA, Julio. *Fuentes del derecho*, Buenos Aires, Abeledo-Perrot, 1994.

CUJACI, Jacobi. *Operum priorum*, 3, Napoli, Michaelis Aloysii, 1722.

DAVID, René. *Les grands systèmes de droit contemporains*, 7ª ed., Paris, Dalloz, 1978.

DAWSON, John Philip. *The Oracles of the Law*, Ann Arbor, William S. Hein, 1986 (reed.).

DEFLORIAN, Luisa Antoniolli. *Il precedente giudiziario come fonte di diritto: l'esperienza inglese*, Rivista di diritto civile, 39, 1993.

DEFLORIAN, Luisa Antoniolli. *Il ruolo del precedente giudiziale del common law inglese*, Il valore dei precedenti giudiziali nella tradizione europea (obra coletiva dir. Umberto Vincenti), Padova, Cedam, 1998.

DE FRANCISCI, Pietro. *La prova giudiziale (a proposito di Gellio, N. A., 14.2)*, Helikon, 4, 1961.

DELLA ROCCA, Fernando. *Tribunali ecclesiastici*, Novissimo digesto italiano, 19, 1973.

DE MARINI AVONZO, Franca. *La giustizia nelle province agli inizi del basso impero in un editto di Costantino*, 1 (I principi generali del processo in un editto di Costantino), Studi urbinati, 31, 1962-63.

DE MARTINO, Francesco. *Storia della costituzione romana*, v. 5 (reed.), Napoli, Jovene, 1971.

DERNBURG, Heinrich. *Pandette*, v. 1, pt. 1, tr. it. Francesco B. Cicala, Torino, Fratelli Bocca, 1906.

DE PAGE, Henri. *Traité élémentaire de droit civil belge*, t. 1, 2ª ed., Bruxelles, Émile Bruylant, 1948.

DINAMARCO, Cândido Rangel. *Relativizar a coisa julgada material*, Revista da Escola Paulista da Magistratura, 2, 2001.

DINAMARCO, Cândido Rangel. *Súmulas vinculantes*, Revista Forense, 347, 1999.

DINAMARCO, Júlia Raquel de Quiroz. *Súmula vinculante*, tese de doutoramento, FADUSP, 2002.

DOLEZALEK, Gero. *Precedenti giudiziali nello* ius comune, Il valore dei precedenti giudiziali nella tradizione europea (obra coletiva dir. Umberto Vincenti), Padova, Cedam, 1998.

D'ORS, Álvaro. *El Código de Eurico*, Estudios visigoticos, 2, Roma-Madrid, 1960.

DWORKIN, Ronald. *O império do direito*, tr. port. Jefferson Luiz Camargo, São Paulo, Martins Fontes, 1999.

ENGISCH, Karl. *Introdução ao pensamento jurídico*, 3ª ed., Lisboa, F. Calouste Gulbenkian, 1977.

ENNECCERUS, Ludwig, e NIPPERDEY, Hans Carl. *Derecho civil (parte general)*, tr. esp. da 39ª ed. alemã, v. 1, 2ª ed. dir. José Puig Brutau, Barcelona, Bosch, 1953.

EVANS, Jim. *Change in the Doctrine of Precedent During the Nineteenth Century*, Precedent in Law (obra coletiva ed. Laurence Goldstein), Oxford, Clarendon, 1991.

FERNANDES DEL TORCO, José Maldonado y. *Las relaciones entre el derecho canonico y el derecho secular en los concilios espanõles del siglo XI*, Anuario de Historia del Derecho Español, 14, 1942.

FERNANDEZ BARREIRO, A., e PARICIO, Javier. *História del derecho romano y su recepción europea*, 5ª ed., Madrid, Paideia, 2000.

FERRARI DALLE SPADE, Giannino. *Diritto bizantino*, Novissimo digesto italiano, 5, 1960.

FERRAZ JÚNIOR, Tércio Sampaio. *Introdução ao estudo do direito*, São Paulo, Atlas, 1989.

FIGUEIREDO, José Anastácio de. *Sobre qual seja o verdadeiro sentido da palavra "façanhas"*, Memórias de litteratura portugueza, t. 1, Lisboa, Academia Real de Sciencias, 1792.

FONT RIUS, José Maria. *La recepción del derecho romano en la Península Ibérica durante la Edad Media*, Recueil de mémoires et travaux, Faculté de Droit et des Sciences Économiques de Montpellier, 1967.

FRANÇA, Rubens Limongi. *Jurisprudência*, Enciclopédia Saraiva do Direito, 47, 1980.

FRANÇA, Rubens Limongi. *O direito, a lei e a jurisprudência*, São Paulo, Ed. RT, 1974.

FREZZA, Paolo. *La cultura di Ulpiano*, Studia et Documenta Historiae et Iuris, 1968.

GACTO FERNÁNDEZ, Enrique. *Temas de historia del derecho: derecho medieval*, Sevilla, Universidad de Sevilla, 1977.

GALANTER, Marc. *A justiça não se encontra apenas nas decisões dos tribunais*, Justiça e litigiosidade: história e prospectiva (obra coletiva coord. António M. Hespanha), Lisboa, Fundação C. Gulbenkian, 1993.

GALGANO, Francesco. *Il precedente giudiziario in civil law*, Atlante di diritto privato comparato, Bologna, Zanichelli, 1999.

GALGANO, Francesco. *L'interpretazione del precedente giudiziario*, Contratto e impresa (obra coletiva dir. Francesco Galgano), Padova, Cedam, 1985.

GARCÍA FAÍLDE, Juan José. *Nuevo derecho procesal canónico*, 3ª ed., Salamanca, Universidad Pontificia, 1995.

GARCIA, Dínio de Sanctis. *Efeito vinculante dos julgados da Corte Suprema e dos Tribunais Superiores*, Revista dos Tribunais, 734, 1996.

GARCIA-GALLO, Alfonso. *Manual de historia del derecho español*, 1, 6ª ed., Madrid, s/ed., 1975.

GARSONNET, E. e CÉZAR-BRU, Ch. *Traité théorique et pratique de procédure civile et commerciale*, t. 1, 3ª ed., Sirey, Paris, 1912.

GASCÓN ABELLÁN, Marina. *La técnica del precedente y la argumentación racional*, Madrid, Tecnos, 1993.

GAUDEMET, Jean. Église et cité. Histoire du droit canonique, Paris, Montchrestien, 1994.

GAUDEMET, Jean. *La formation du droit séculeir et du droit de l'Eglise aux IVe et Ve siècles*, 2ª ed., Paris, Sirey, 1979.

GAUDEMET, Jean. *L'Empereur, intérprete du droit*, Festschrift für E. Rabel, v. 2, Tübingen, Mayer, 1954.

GENY, François. *Méthode d'interprétation et sources en droit prive positif*, t. 1, 2ª ed., Paris, LGDJ, 1954.

GIBERT, Rafael. *El "nuevo Savigny" em España. Estado de las investigaciones sobre derecho romano en la Hispania medieval*, Colloquio internazionale su 'cultura iberica e diritto romano', texto original, Sassari, 1980.

GIBERT, Rafael. *Historia general del derecho español*, Madrid, s/ed., 1975.

GILISSEN, John. *Introdução histórica ao direito*, tr. port. António M. Hespanha e L. M. Macaísta Malheiros, Lisboa, Fundação C. Gulbenkian, 1979.

GLASSON, E., e TISSIER, Albert. *Traité théorique et pratique d'organisation judiciaire, de compétence et de procédure civile*, t. 1, 3ª ed., Paris, Sirey, 1925.

GLÜCK, Cristiano Federico. *Commentario alle pandette*, tr. it. Contardo Ferrini, dir. Filippo Serafini e Pietro Cogliolo, v. 1, Milano, Vallardi, 1888.

GOODHART, A. L. *Precedent in English and Continental Law and Case Law: a Short Replication*, Law Quartely Review, 50, 1934.

GORLA, Gino. *Giurisprudenza*, Enciclopedia del diritto, 19, 1970.

GORLA, Gino. *I tribunali supremi degli stati italiani preunitari quali fattori della unificazione del diritto nello stato e della sua uniformazione fra stati*; *La giurisprudenza*, Diritto comparato e diritto comune europeo, Milano, Giuffrè, 1981.

GORLA, Gino. *Precedente giudiziale*, Enciclopedia giuridica treccani, 23, 1990.

GRECO FILHO, Vicente. *Direito processual civil brasileiro*, v. 2, 11ª ed., São Paulo, Saraiva, 1996.

GROSSO, Giuseppe. *Lezioni di storia del diritto romano*, 5ª ed., Torino, Gippichelli, 1965.

GUIMARÃES, Mário. *O juiz e a função jurisprudencial*, Rio de Janeiro, Forense, 1958.

HABSCHEID, Walter J. *Introduzione al diritto processuale civile comparato*, Rimini, Maggioli, 1985.

HALE, Matthew. *The History of the Common Law of England*, Chicago, Universidade de Chicago, 1971.

HART, H. L. A. *O conceito de direito*, 3ª ed., tr. port. A. Ribeiro Mendes, Lisboa, Fundação C. Gulbenkian, 2001.

HAZARD, Geoffey C., e TARUFFO, Michele. *American Civil Procedure. An Introduction*, New Haven, Yale University, 1993 (= *La giustizia civile negli Stati Uniti*, Bologna, Mulino, 1993).

HESPANHA, António Manuel B. *História das instituições. Épocas medieval e moderna*, Coimbra, Almedina, 1982.

HESPANHA, António Manuel B. *Panorama histórico da cultura jurídica europeia*, Mem Martins, Europa-América, 1998.

HONORÉ, Tony. *Emperors and Lawyers*, 2ª ed., Oxford, Clarendon, 1994.

HORAK, Franz. *Dogmática e casuística no direito romano e nos direitos modernos*, Revista de direito civil, imobiliário, agrário e empresarial, tr. port. Eduardo César Silveira V. Marchi, 28, 1984.

HORAK, Franz. *Osservazioni sulla legge, la casistica e il case law nel diritto romano e nel diritto moderno*, Legge, giudici, giuristi (obra coletiva), Milano, Giuffrè, 1982.

HOUQUES-FOURCADE, M., e BAUDRY-LACANTINERIE, G. *Trattato teorico-pratico di diritto civile*, tr. it., v. 1, Milano, Vallardi, s/d.

IHERING, Rudolf von. *De la* culpa in contrahendo *ou des dommages-intérêts dans les conventions nulles ou restées imparfaites*, Oeuvres choisies, tr. fr. de O. de Meulenaere, t. 2, Paris, Libr. A. Marescq, 1893.

IHERING, Rudolf von. *Lo scopo nel diritto*, dir. Mario G. Losano, Torino, Einaudi, 1972.

IHERING, Rudolf von. *Savigny*, Jahrbücher für die Dogmatik des heutigen römischen und deutschen Privatrecht, 5,1861.

JONES, A. Hugo M. *Il tardo impero romano (284-602 d.C.)*, 2, tr. it. Eligio Petretti, Milano, Saggiatore, 1974.

JOSSERAND, Louis. *Cours de droit civil positif français*, 1, 12ª ed., Paris, Sirey, 1932.

KALINDÉRO, Jean. *Droit prétorien et réponses des prudents*, Paris, Chevalier-Marescq, 1883.

KASER, Max. *Gli inizi della "cognitio extra ordinem"*, Antologia giuridica romanistica e antiquaria, 1, Milano, Giuffrè, 1968.

KASER, Max. *Zur Methode der römischen Rechtsfindung*, Göttingen, Vandenhoeck e Ruprecht, 1962 (= *En torno al metodo de los juristas romanos*, tr. esp. Juan Miquel, Facultad de Derecho de Valladolid, 1964).

KATZOFF, Ranon. *Precedents in the Courts of Roman Egypt*, Zeitschrift der Savigny-Stifitung (Romanistische Abteilung), 82, 1972.

KATZOFF, Ranon. *Sources of Law in Roman Egypt*, Aufstieg und Niedergang der römischen Welt, 2, Principat, 13, Recht, Berlim, 1980.

KELSEN, Hans. *Teoria pura do direito*, tr. port. Fernando de Miranda, São Paulo, Acadêmica, 1939.

KEMPIN JR., Frederick G. *Historical Introduction to Anglo-American Law*, 2ª ed., St. Paul, West, 1973.

KING, P. D. *Derecho y sociedad en el reino visigodo*, tr. esp. M. Rodrigues Alonso, Madrid, Alianza, 1981.

KING, P. D. *King Chindasvind and the First Territorial Law-code of the Visigothic Kingdon*, Visigothic Spain: New Approaches, Oxford, Clarendon, 1980.

KOSCHAKER, P. *Europa y el derecho romano*, tr. esp. José Santa Cruz Teijeiro, Madrid, Rer. Der. Privado, 1955.

KRIELE, Martin. *Il precedente nell'ambito giuridico europeu-continentale e angloamericano*, La sentenza in Europa – metodo, tecnica e stile (obra coletiva), Padova, Cedam, 1988.

LALINDE ABADIA, Jesús. *Derecho histórico español*, Barcelona, Ariel, 1974.

LAMBERTINI, Renzo. *La codificazione di Alarico II*, 2ª ed., Torino, Giappichelli, 1991.

LARENZ, Karl. *Metodologia da ciência do direito*, 3ª ed., tr. port. José Lamego, Lisboa, Fundação C. Gulbenkian, 1997.

LEAL, Antonio Luiz da Camara. *Código do Processo Civil e Commercial do Estado de São Paulo commentado*, v. 5, São Paulo, Academica, 1933.

LEAL, Victor Nunes. *Passado e futuro da súmula do S.T.F.*, Ajuris, 25, 1982.

LOPES, José Reinaldo de Lima. *O direito na história. Lições introdutórias*, São Paulo, Max Limonad, 2000.

LOSANO, Mario G. *Os grandes sistemas jurídicos*, Lisboa, Presença/Martins Fontes, 1978.

MAC CORMICK, Neil. *The Motivation of Jugement in the Common Law*, La motivation des décisions de justice (obra coletiva), Bruxelles, É. Bruylant, 1978.

MAC CORMICK, Neil. *Legal Reasoning and Legal Theory*, ed. revisada, Oxford, Clarendon, 1994.

MAC CORMICK, Neil. *Why Cases have* Rationes *and what these are*, Precedent in Law (obra coletiva ed. Laurence Goldstein), Oxford, Clarendon, 1991.

MACHADO, J. Baptista. *Introdução ao direito e ao discurso legitimador*, 10ª reimpr., Coimbra, Almedina, 1997.

MAIA, Paulo Carneiro. *Da cláusula* rebus sic stantibus, tese, São Paulo, 1959.

MANCUSO, Rodolfo de Camargo. *Divergência jurisprudência e súmula vinculante*, 2ª ed., São Paulo, Ed. RT, 2002.

MARKY, Thomas. *Curso elementar de direito romano*, São Paulo, Ed. Franciscana, 1971.

MARQUES, Mário Reis. *História do direito português, medieval e moderno*, Coimbra, Almedina, 2002.

MARRONE, Matteo. *Su struttura della sentenza, motivazione e "precedenti" nel processo privato romano*, Lo stile delle sentenze e l'utilizzazione dei precedenti. Profili storico-comparatistici (obra coletiva dir. Letizia Vacca), Torino, Giappichelli, 2000.

MARTIN MARTINEZ, Isidoro. *Los principios orientadores de la compilación justinianea*, Murcia, Nogués, 1945.

MARTINS-COSTA, Judith. *A boa-fé no direito privado*, 1ª ed., 2ª tir., São Paulo, Ed. RT, 2000.

MAXIMILIANO, Carlos. *Hermenêutica e aplicação do direito*, 6ª ed., Rio de Janeiro, Freitas Bastos, 1957.

MAZZA, Mario. *Lineamenti di storia del diritto romano* (obra coletiva dir. Mario Talamanca), Milano, Giuffrè, 1979.

MAZZAMUTO, Salvatore. *Relazione introduttiva*, Lo stile delle sentenze e l'utilizzazione dei precedenti. Profili storico-comparatistici (obra coletiva dir. Letizia Vacca), Torino, Giappichelli, 2000.

MERRYMAN, J. H. *La tradición jurídica romano-canónica*, tr. esp. Carlos Sierra, México-DF, Fondo de Cultura Económica, 1971.

MONATERI, Pier Giuseppe. *Il precedente in Inghilterra*, Lo stile delle sentenze e l'utilizzazione dei precedenti. Profili storico-comparatistici (obra coletiva dir. Letizia Vacca), Torino, Giappichelli, 2000.

MONCADA, L. Cabral de. *O "século XVIII" na legislação de Pombal*, Boletim da Faculdade de Direito, Universidade de Coimbra, 19, 1925-1926.

MONTEIRO, Washington de Barros. *Da jurisprudência*, Revista Forense, 202, 1963.

MOR, Carlo Guido. *Il digesto nell'età preirneriana e la formazione della "vulgata"*, Per il XIV Centenario delle Pandette e del Codice di Giustiniano, Facoltà di Giurisprudenza della Università di Pavia, 1934.

MOR, Carlo Guido. *Per la storia dei libri giustinianei nell'età preirneriana*, Atti del Congresso Internazionale di Diritto Romano e di Storia del Diritto, v. 1, Milano, Giuffrè, 1953.

MORAES, Walter. *Direito da personalidade*, Enciclopédia Saraiva do Direito, 26, 1979.

MOREIRA ALVES, José Carlos. *Direito romano*, v. 1, 5ª ed., Rio de Janeiro, Forense, 1983.

MORETTI, G. *La dottrina del precedente giudiziario nel sistema inglese*, Contratto e impresa (obra coletiva dir. Francesco Galgano), Padova, Cedam, 1990.

MURGA GENER, José Luis. *Derecho romano clasico II: el proceso*, Universidad de Zaragoza, 1980.

MUSCARI, Marco Antonio Botto. *Súmula vinculante*, São Paulo, Juarez de Oliveira, 1999.

NEVES, António Castanheira. *As fontes do direito e o problema da positividade jurídica*, Boletim da Faculdade de Direito, Universidade de Coimbra, 51, 1975; 52, 1976.

NEVES, António Castanheira. *O instituto dos "assentos" e a função jurídica dos Supremos Tribunais*, Coimbra, Almedina, 1983.

NEVES, António Castanheira. *O problema da constitucionalidade dos assentos*, Coimbra, Almedina, 1994.

NIPPERDEY, Hans Carl, e ENNECCERUS, Ludwig. *Derecho civil (parte general)*, tr. esp. da 39ª ed. alemã, v. 1, 2ª ed. dir. por José Puig Brutau, Barcelona, Bosch, 1953.

NOCERA, Guglielmo. *"Iurisprudentia". Per una storia del pensiero giuridico romano*, Roma, Bulzoni, 1973.

NOLDE, Baron Boris, WOLFF, Martin, e ARMINJON, Pierre. *Traité de droit comparé*, t. 1, Paris, LGDJ, 1950.

NUNES, A. J. Avelãs. *O direito de exclusão de sócios nas sociedades comerciais*, São Paulo, Cultural Paulista, 2001.

OLBRECHTS-TYTECA, Lucie, e PERELMAN, Chaïm. *Tratado da argumentação. A nova retórica*, tr. port. Maria Ermantina Galvão, São Paulo, Martins Fontes, 2002.

OLLERO TASSARA, Andrés. *Igualdad en la aplicación de la ley y precedente judicial*, Centro de Estudios Constitucionales, Madrid, s/ed., 1989.

ORESTANO, Riccardo. *I fatti di produzione normativa nell'esperienza giuridica romana*, Torino, Giappichelli, 1967.

ORESTANO, Riccardo. *Il potere normativo degli imperatori e le costituzioni imperiali*, Torino, Giappichelli, 1937.

ORRÙ, Giovanni. *Richterrecht. Il problema della libertà e autorità giudiziale nella dottrina tedesca contemporanea*, Milano, Giuffrè, 1983.

PADOA-SCHIOPPA, Antonio. *Ricerche sull'appello nel diritto intermedio*, 1, Milano, Giuffrè, 1967.

PADOA-SCHIOPPA, Antonio. *Il diritto nella storia d'Europa*, 1 – Il medioevo, Padova, Cedam, 1995.

PALAZZOLO, Nicola. *Potere imperiale ed organi giurisdizionali del II secolo d.C.*, Giuffrè, Milano, 1974.

PALAZZOLO, Nicola. *Processo civile e politica giudiziaria nel principato*, Torino, Giappichelli, 1980.

PARESCE, Enrico. *Fonti del diritto (filosofia)*, Enciclopedia del diritto, 17, 1968.

PARICIO, Javier, e FERNANDEZ BARREIRO, A. *História del derecho romano y su recepción europea*, 5ª ed., Madrid, Paideia, 2000.

PEREIRA, Caio Mário da Silva. *Lesão nos contratos*, 6ª. ed., Rio de Janeiro, Forense, 1999.

PERELMAN, Chaïm, e OLBRECHTS-TYTECA, Lucie. *Tratado da argumentação. A nova retórica*, tr. port. Maria Ermantina Galvão, São Paulo, Martins Fontes, 2002.

PERESSUTTI, Giampaolo Belloni. *Metodo e strategia nell'utilizzazione dei precedenti giudiziali: riflessioni di um avvocato civilista*, Il valore dei precedenti giudiziali nella tradizione europea (obra coletiva dir. Umberto Vincenti), Padova, Cedam, 1998.

PICARDI, Nicola. *Appunti sul precedente giudiziale*, Rivista trimestrale di diritto e procedura civile, 39, 1985.

PIERI, Georges. *Ius et iurisprudentia*, Archives de Philosophie du Droit, t. 30 – La jurisprudence, Paris, Sirey, 1985.

PLÖCHL, Willibald M. *Storia del diritto canonico*, v. 1, tr. it. Pasquale Giani, Milano, Massimo, 1963.

POMPEDDA. Mario F. *La giurisprudenza come fonte di diritto nell'ordinamento canonico matrimoniale*, Studi di diritto processuale canonico, Milano, Giuffrè, 1995.

PONTES DE MIRANDA, F. C. *Comentários à Constituição de 1967 (com a Emenda nº 1, de 1969)*, t. 4, 2ª ed., São Paulo, Ed. RT, 1971.

PONTES DE MIRANDA, F. C. *Embargos, prejulgado e revista no direito processual brasileiro*, 2ª tir., Rio de Janeiro, Coelho Branco, 1937.

PONTES DE MIRANDA, F. C. *Fontes e evolução do direito civil brasileiro*, Rio de Janeiro, Forense, 1928.

POSNER, Richard. *Droit et littérature*, tr. fr. Christine Hivet e Philippe Jouary, Paris, PUF, 1996.

POSNER, Richard. *Economic Analysis of Law*, 5ª ed., New York, Aspen Law, 1998.

POUND, Roscoe. *El espíritu del "common law"*, tr. esp. José Puig Brutau, Barcelona, Bosch, s/d.

PUGLIESE, Giovanni. *Istituzioni di diritto romano*, I, Padova, Piccin, 1985.

PUGSLEY, David F. *L'origine della regola* stare decisis *nella House of Lords e il caso London Tramways (1898)*, tr. it. Luisa Antoniolli Deflorian, Il valore dei precedenti giudiziali nella tradizione europea (obra coletiva dir. Umberto Vincenti), Padova, Cedam, 1998.

PUIG BRUTAU, José. *La jurisprudencia como fuente del derecho (interpretación creadora y arbitrio judicial)*, Barcelona, Bosch, s/d.

PURPURA, Gianfranco. *Diritto, papiri e scrittura*, Torino, Giappichelli, 1995.

RAMALHO, Joaquim Ignácio. *Cinco lições de hermenêutica jurídica*, Clássicos do direito brasileiro, São Paulo, Saraiva, 1984.

RAU, C., e AUBRY, C. *Cours de droit civil français d'après la méthode de Zachariae*, t. 1, 4ª ed., Paris, LGJ, 1869.

REALE, Miguel. *Fontes e modelos do direito*, São Paulo, Saraiva, 1994.

RE, Edward D. *Stare Decisis*, Revista Jurídica, tr. port. Ellen Gracie Northfleet, Porto Alegre, 198, 1994.

RECASENS SICHES, Luis. *Historicismo jurídico*, Enc. Jur. Omeba, 14, Buenos Aires, 1961.

REIS, José Alberto dos. *A função do Supremo Tribunal de Justiça segundo o Código de Processo Civil português*, Studi in onore di Enrico Redenti nel XL anno del suo insegnamento, v. 1, Milano, Giuffrè, 1951.

REIS, José Alberto dos. *Código de Processo Civil anotado*, v. 6, Coimbra, Coimbra Ed., 1953.

RIBAS, Antonio Joaquim. *Curso de direito civil brasileiro*, 1, 4ª ed., Rio de Janeiro, Jacintho Ribeiro dos Santos, 1915.

ROCHA, José de Moura. *Súmula – II*, Enciclopédia Saraiva do Direito, 71, 1982.

ROSAS, Roberto. *Direito sumular*, 11ª ed., São Paulo, Malheiros, 2002.

ROSAS, Roberto. *Direito sumular*, Revista Jurídica Lemi, 148, 1980.

ROSAS, Roberto. *Do assento e do prejulgado à súmula do S.T.F.*, Revista dos Tribunais, 404, 1969.

SALGER, Hannskarl. *La Cour Fédérale de Justice de la République Fédérale d'Allemagne*, tr. fr. Francis Dillenschneider e Alfred Rieg, La Cour Judiciaire Suprême – une enquête comparative (obra coletiva dir. Pierre Bellet e André Tunc), Paris, Economica, 1978.

SALOMÃO, Luis Felipe e FUX, Rodrigo. *Arbitragem e precedentes judiciais*, O Globo, 21.7.2020.

SALVIOLI, Giuseppe. *Storia del diritto italiano* (dir. Pasquale del Giudice), v. 3, p. 2, Frankfurt, Sauer e Auvermann, 1969.

SANTARELLI, Umberto. *L'esercizio della funzione giudiziaria nell'esperienza giuridica medievale: una riflessione preliminare*, Lo stile delle sentenze e l'utilizzazione dei precedenti. Profili storico-comparatistici (obra coletiva dir. Letizia Vacca), Torino, Giappichelli, 2000.

SANTOS, J. M. de Carvalho. *Código de Processo Civil interpretado*, v. 9, São Paulo, Freitas Bastos, 1947.

SARGENTI, Manlio. *Il diritto privato nella legislazione di Costantino*, Studi sul diritto del tardo impero, Padova, Cedam, 1986.

SARTOR, Giovanni. *Precedente giudiziale*, Contratto e impresa (obra coletiva dir. Francesco Galgano), Padova, Cedam, 1995.

SAVIGNY, F. Carl von. *Sistema del diritto romano attuale*, tr. it. Vittorio Scialoja, v. 1, Torino, Utet, 1886.

SAVIGNY, F. Carl von. *Storia del diritto romano del medio evo*, 3 vv., tr. it., Firenze, V. Batelli, 1844-1845.

SAVIGNY, F. Carl von. *Von Beruf unsrer Zeit für Gesetzgebung und Rechtswissenschaft*, Heidelberg, Mohr und Zimmer, 1814.

SCHIAVONE, Aldo. *Nascita della giurisprudenza*, 2ª ed., Bari, Laterza, 1977.

SCHULZ, Fritz. *History of Roman Legal Science*, Oxford, Clarendon, 1946.

SCIASCIA, Gaetano, e CORREIA, Alexandre. *Manual de direito romano*, v. 1, 4ª ed., São Paulo, Saraiva, 1961.

SERRAO, Feliciano. *La "iurisdictio" del pretore peregrino*, Milano, Giuffrè, 1954.

SIDOU, J. M. Othon. *Bicentenário de Savigny*, Revista do Curso de Direito da Univ. Fed. de Uberlândia, 9, 1980.

SILVA, Nuno Espinosa Gomes da. *História do direito português. Fontes de direito*, Lisboa, Fundação C. Gulbenkian, 1985.

SILVA, Nuno Espinosa Gomes da. *O sistema de fontes nas Ordenações Afonsinas (1446) em Portugal*, Colloquio internazionale su 'cultura iberica e diritto romano', texto inédito, Sassari, 1980.

SIMPSON, A. W. Brian. *A History of the Common Law of Contract. The Rise of the Action of Assumpsit*, Oxford, Clarendon, 1996.

SLAWINSKI, Célia Barbosa Abreu. *Breves reflexões sobre a eficácia atual da boa-fé objetiva no ordenamento jurídico brasileiro*, Problemas de direito civil-constitucional, (obra coletiva coord. Gustavo Tepedino), Rio de Janeiro, Renovar, 2000.

SOARES, Guido Fernando Silva. *Common law. Introdução ao direito dos EUA*, 2ª ed., São Paulo, Ed. RT, 2000.

SOMMARIVA, Gisella Bassanelli. *La legislazione di Giustino I*, Studia et Documenta Historiae et Iuris, 37, 1971.

SOMMARIVA, Gisella Bassanelli. *L'imperatore unico creatore ed interprete delle leggi e l'autonomia del giudice nel diritto giustinianeo*, Milano, Giuffrè, 1983.

SQUELLA, Agustin. *Savigny y su idea de la ciencia del derecho y la labor de los juristas*, Savigny y la ciencia del derecho, 2, Revista de Ciencias Sociales, Universidad de Chile, Valparaiso, Edeval, 1979.

STEIN, Peter. *I precedenti nella "common law"*, Legge, giudici, giuristi (obra coletiva), Milano, Giuffrè, 1982.

STRECK, Lenio Luiz. *Jurisdição constitucional e hermenêutica. Uma nova crítica do direito*, Porto Alegre, Livr. do Advogado, 2002.

STRECK, Lenio Luiz. *Súmulas no direito brasileiro – eficácia, poder e função*, 2ª ed., Porto Alegre, Livr. do Advogado, 1998.

STRENGER, Irineu. *Da dogmática jurídica – contribuição do Conselheiro Ribas à dogmática do direito civil brasileiro*, 2ª ed., São Paulo, LTr, 2000.

SURGIK, Aloísio. *Compêndio de direito processual canônico*, Curitiba, Livro é Cultura, 1988.

SURGIK, Aloísio. *Gens gothorum. As raízes bárbaras do legalismo dogmático*, Curitiba, Livro é Cultura, 2002.

SURGIK, Aloísio. *Lineamentos do processo civil romano*, Curitiba, Livro é Cultura, 1990.

TALAMANCA, Giuliana Foti. *Ricerche sul processo nell'Editto greco-romano*, 1, Milano, Giuffrè, 1974.

TALAMANCA, Mario. *Il diritto in Grecia*, Il diritto in Grecia e a Roma, Roma, Laterza, 1981.

TALAMANCA, Mario. *Lineamenti di storia del diritto romano* (obra coletiva dir. Mario Talamanca), Milano, Giuffrè, 1979.

TALAMANCA, Mario. *Lo schema "genus-species" nelle sistematiche dei giuristi romani*, La filosofia greca e il diritto romano, t. 2, Roma, Ac. Naz. dei Lincei, 1977.

TARUFFO, Michele, e HAZARD, Geoffey C. *American Civil Procedure. An Introduction*, New Haven, Yale University, 1993 (= *La giustizia civile negli Stati Uniti*, Bologna, Mulino, 1993).

TARUFFO, Michele. *Dimensioni del precedente giudiziario, Scintillae iuris* – Studi in memoria di Gino Gorla, t. 1, Milano, Giuffrè, 1994.

TELLES, Inocêncio Galvão. *Verney e o iluminismo italiano*, Boletim da Faculdade de Direito, Universidade de Lisboa, 7, 1950.

TELLES, José Homem Corrêa. *Comentário crítico à Lei da Boa Razão*, Auxiliar Jurídico, apêndice às Ordenações Filipinas, vol. 2, Lisboa, Fundação C. Gulbenkian, 1985.

TEPEDINO, Gustavo. *O Código Civil, os chamados microssistemas e a Constituição: premissas para uma reforma legislativa*, Problemas de direito civil-constitucional (obra coletiva coord. Gustavo Tepedino), Rio de Janeiro, Renovar, 2000.

TESHEINER, José Maria Rosa. *Uniformização de jurisprudência*, Ajuris, 50, 1990.

THIBAUT, Anton F. Justus. *Ueber die Nothwendigkeit eines allgemeinen bürgerlichen Rechts für Deutschland*, Heidelberg, Mohr und Zimmer, 1814.

TISSIER, Albert, e GLASSON, E. *Traité théorique et pratique d'organisation judiciaire, de compétence et de procédure civile*, t. 1, 3ª ed., Paris, Sirey, 1925.

TOMÁS, Helena Cristina Costa. *Em torno do regime dos assentos em processo civil*, Lisboa, AAFDL, 1990.

TRÍPOLI, César. *História do direito brasileiro (ensaio)*, v. 1 – Época colonial, São Paulo, Ed. RT, 1936.

TROCKER, Nicolò. *Processo civile e costituzione – problemi di diritto tedesco e italiano*, Milano, Giuffrè, 1974.

TROPER, Michel. *Hans Kelsen et la jurisprudence*, Archives de Philosophie du Droit, t. 30 – La jurisprudence, Paris, Sirey, 1985.

TUCCI, Rogério Lauria, e CRUZ E TUCCI, José Rogério. *Constituição de 1988 e processo*, São Paulo, Saraiva, 1989.

TUCCI, Rogério Lauria. *Súmula da jurisprudência do Supremo Tribunal Federal – II*, Enciclopédia Saraiva do Direito, 71, 1982.

VACCA, Letizia. *Contributo allo studio del metodo casistico nel diritto romano* (reed. com apêndice), Milano, Giuffrè, 1982.

VACCA, Letizia. *I precedenti e i responsi dei giuristi*, Lo stile delle sentenze e l'utilizzazione dei precedenti. Profili storico-comparatistici (obra coletiva dir. Letizia Vacca), Torino, Giappichelli, 2000.

VACCA, Letizia. *La giurisprudenza nel sistema delle fonti del diritto romano*. Corso di lezioni, Torino, Giappichelli, 1989.

VALLADÃO, Haroldo. *A reforma do Poder Judiciário*, Revista da OAB, Rio de Janeiro, 15, 1975.

VALLADÃO, Haroldo. *Súmula da jurisprudência do Supremo Tribunal Federal – I*, Enciclopédia Saraiva do Direito, 71, 1982.

VIGLIAR, José Marcelo Menezes. *Uniformização de jurisprudência. Segurança jurídica e dever de uniformizar*, São Paulo, Atlas, 2003.

VINCENTI, Umberto. Duo genera sunt testium. *Contributo allo studio della prova testimoniale nel processo romano*, Padova, Cedam 1989.

VINCENTI, Umberto. *I precedenti giudiziali: prospettive romanistiche*, Il valore dei precedenti giudiziali nella tradizione europea (obra coletiva dir. Umberto Vincenti), Padova, Cedam, 1998.

VINCENTI, Umberto. *Il valore dei precedenti giudiziali nella compilazione giustinianea*, 2ª ed., Padova, Cedam, 1995.

VOLTERRA, Edoardo. *Il problema del testo delle costituzioni imperiali*, La critica del texto. Atti del II Congresso internazionale della Società Italiana di Storia del Diritto, Firenze, s/ed., 1971.

VOLTERRA, Sara. *La giurisprudenza statunitense nelle pronunce della Corte Suprema Federale del Canada*, *Scintillae iuris* – Studi in memoria di Gino Gorla, t. 1, Milano, Giuffrè, 1994.

WATSON, Alan. *Law Making in the Later Roman Republic*, Oxford, Clarendon, 1974.

WIEACKER, Franz. *Storia del diritto privato moderno*, 2 vv., tr. it. U. Santarelli, Milano, Giuffrè, 1981 (= *História do direito privado moderno*, tr. port. Antonio M. Botelho Hespanha da 2ª ed. alemã, Lisboa, F. Calouste Gulbenkian, 1980).

WILBERFORCE (Lord). *La Chambre des Lords*, La Cour Judiciaire Suprême – une enquête comparative (obra coletiva dir. Pierre Bellet e André Tunc), Paris, Economica, 1978.

WINCKLER, Antoine. *Précédent: l'avenir du droit*, Archives de Philosophie du Droit, t. 30 – La jurisprudence, Paris, Sirey, 1985.

WINDSCHEID, Bernard. *Diritto delle pandette*, tr. it. Carlo Fadda e Paolo Emilio Bensa, v. 1, p. 1, Torino, Utet, 1902.

WOLFF, Martin, ARMINJON, Pierre, e NOLDE, Baron Boris. *Traité de droit comparé*, t. 1, Paris, LGDJ, 1950.

WRÓBLEWSKI, Jerzy. *Concepto y función del precedente en sistemas de* statutory law, Sentido y hecho en el derecho, Universidad del País Vasco, San Sebastián, s/d.

ZEUNER, Albrecht. *La sentenza in germania*, tr. it. C. Dalbosco, La sentenza in Europa – metodo, tecnica e stile (obra coletiva), Padova, Cedam, 1988.

ZILLETTI, Ugo. *Studi sul processo civile giustinianeo*, Milano, Giuffrè, 1965.

Impressão e acabamento
psi7 | book7
psi7.com.br book7.com.br